澄观治库文丛

博弈与合作

区域共治之路

王 轩◎著

·北京·

国家行政学院出版社
NATIONAL ACADEMY OF GOVERNANCE PRESS

图书在版编目（CIP）数据

博弈与合作：区域共治之路 / 王轩著. —北京：国家行政学院出版社，2022.6

（澄观治库文丛）

ISBN 978-7-5150-2629-9

Ⅰ.①博… Ⅱ.①王… Ⅲ.①区域—行政管理—研究—世界 Ⅳ.①D035

中国版本图书馆 CIP 数据核字（2022）第 066480 号

书　　名	博弈与合作：区域共治之路 BOYI YU HEZUO：QUYU GONGZHI ZHI LU
作　　者	王　轩　著
责任编辑	王　莹　马文涛
出版发行	国家行政学院出版社 （北京市海淀区长春桥路 6 号　100089）
综 合 办	（010）68928903
发 行 部	（010）68928866
经　　销	新华书店
印　　刷	北京中献拓方科技发展有限公司
版　　次	2022 年 6 月北京第 1 版
印　　次	2022 年 6 月北京第 1 次印刷
开　　本	170 毫米×240 毫米　16 开
印　　张	13
字　　数	200 千字
定　　价	50.00 元

澄观治库文丛编委会

序言

在我国，区域一体化是一个永葆活力和非常重要的研究主题，不仅是经济发展动能再造的持久动力，也是国家层面的重大战略布局。党的十九大报告指出：“实施区域协调发展战略”，“建立更加有效的区域协调发展新机制”。党的十九届四中全会亦提出，要“构建区域协调发展新机制，形成主体功能明显、优势互补、高质量发展的区域经济布局”。2019 年中央经济工作会议特别指出，要进一步推进京津冀协同发展、长三角一体化发展、粤港澳大湾区建设。党的十九届五中全会再次强调，坚持实施区域重大发展战略、区域协调发展战略，健全区域协调发展体制机制，推动区域协调发展。

在国家战略的推动引领下，区域一体化成为区域经济协调发展的有效途径且取得了巨大成就，然而在区域一体化的推进过程中，也遇到了复杂的区域公共问题，尤其是地方政府难以形成区域共治且使其发挥治理合力。为了解决这一问题，使区域一体化向纵深推进，应当逐渐从政策引导转向立法规范，形成制度权威。这也是本书研究之主旨——区域立法。当前区域立法在各地方政府注重自身经济发展和自身利益最大化的背景下，立法主体组织化、规范化不足，过度依赖中央协调，缺乏国家立法规范等问题层出不穷。

本书从五个方面对区域一体化与区域立法展开了研究。第一部分，以区域合作为背景对区域立法进行了界定，并指出区域内规范冲突的原因在于不同的政府间不同的利益诉求。在此基础上，梳理了区域立法的相关基础理论，并且从比较法的角度，对美国、日本以及德国的相关区域法治实践的探索进行了考察。第二部分，主要探讨了区域立法的依据与模式建构，从国家政策、宪法序言以及其他单行法律、行政法规的分散规定寻求区域立法的依据，此外，阐释了我国当前区域联合立法模式，并指出区域合作已经深入到公法契约领域。第三部分，主要从权力机关的审查与监督、上级行政机关的监督以及诉讼外审查监督三条路径论述区域立法的监督审查机制，并提出引入机关诉讼构筑司法监督的可行性。第四部分，比较国内外区域合作制度，并且借鉴美国的州际协定制度和日本的广域行政制度，为我国区域一体化与区域立法提供了国际经验。第五部分，以京津冀区域一体化为抓手，爬梳了其发展历程，并指出了当前的现状与问题是区域内部不平衡，地位严重不对等以及制度供给不足导致了区域协作机制不健全。在此基础上，深刻分析了问题产生的根源是中央与地方、地方与地方之间的财权事权体制不均衡，进而提出区域共同立法的可能性，即政治一体化、经济一体化的推动及权力共享与合作治理的良好制度环境。

区域一体化是提升区域总体资源利用效率和经济综合实力的必然路径。深层次、高水平地推进区域一体化，不应局限于经济层面，更应当形成一体化的立法和制度规范作为保障，从制度层面推进区域一体化向纵深发展与融合，形成有效的区域治理合力与合作共治的局面，为中国的经济社会发展和治理体系与能力现代化做出贡献。

王轩博士是刘莘教授的学生，也是我的学生和同事。2013 年她从北京来到由我负责的广州大学公法研究中心任职至今。2018 年刘莘病重住院，王轩在广州和北京之间来回奔波探视，床前照顾无微不至，对恩师的情谊感人至深。王轩的为人与治学都力求做到尽善尽美。我看着她在羊城安家、结婚生女、生活美满，也看着她在学术上不断耕耘开拓，从关注京津冀地区区域合作与区域立法，到以粤港澳大湾区为主要研究对象，并持续推进这一问题的深入研究。我们曾共同完成了一系列粤港澳合作方面的研究课题，有一些案例也充实并体现在了本书当中。如今终于看到她的大作付梓，很为她高兴。希望王轩继续努力，为我国的区域一体化与区域发展以及法治建设再做贡献！

是为序。

北京师范大学法学院

中国法学会行政法学研究会副会长

2022 年 1 月 22 日

目　录

第一章

区域一体化与区域立法的提出

“经济全球化和区域一体化是大势所趋。”

——2018 年 6 月 10 日习近平主席在上海合作组织青岛峰会上的讲话

一、区域合作的背景

为顺应我国经济社会发展的趋势，党的十九大报告指出：“实施区域协调发展战略”，“建立更加有效的区域协调发展新机制”。[①] 党的十九届四中全会提出：“构建区域协调发展新机制，形成主体功能明显、优势互补、高质量发展的区域经济布局。”[②] 党的十九届五中全会再次强调，坚持实施区域重大发展战略、区域协调发展战略，健全区域协调发展体制机制，推动区域协调发展[③]。加快推进区域协调发展与合作，不仅需要国家层面的大力推动，还取决于以下因素。

（一）区域和区域经济

区域的形成和区域经济发展，通常情况下既有人类社会自身发展的集聚

① 习近平：《决胜全面建成小康社会 夺取新时代中国特色社会主义伟大胜利——在中国共产党第十九次全国代表大会上的报告》，人民出版社 2017 年版，第 32—33 页。

② 《中共中央关于坚持和完善中国特色社会主义制度 推进国家治理体系和治理能力现代化若干重大问题的决定》，《人民日报》2019 年 11 月 6 日。

③ 参见《中共十九届五中全会在京举行》，《人民日报》2020 年 10 月 30 日。

效应，也有通过规划进行的设计和引导因素，二者一般是相互作用、互相尊重的关系。即规划一般会在地缘连接或相近的几个行政区之间进行，会充分考虑区域内部的经济联系以及作为一个区域整体的未来发展。但也有完全根据规划而进行的区域设计，例如京津冀地区的雄安新区，其区域功能的发挥和自身的未来发展，则是根据中央规划而进行的全新设计。因此在对区域发展和区域一体化的观察过程中，能够清晰地看到制度和经济发展之间的张力或者说博弈。目前有文献可查的对区域作出的最早界定来自全俄中央执行委员会直属经济区划委员会，他们认为："所谓区域应该是国家的一个特殊的在经济上尽可能完整的地区。这种地区由于自然特点、以往的文化积累和居民及其生产活动能力的结合而成为国民经济总链条中的一个环节。"① 此后的研究进一步扩展，等到 20 世纪中叶以后的研究，就已经不再单单把区域看作是一种经济现象，美国区域经济学家胡佛认为，区域应当将规划、管理、政策等内容全部考虑进来，作为一种整体性进行考量的地区，即从更高层或者更广阔的视角来看，经济区域不仅要具备区域化之后对于区域内各利益主体间互利互益的必要性，还应该具备内部的同质性以及对于国家或者政治共同体的区域功能。②

区域经济又有广义和狭义的区分。"广义的区域经济是指若干主权国家基于共同的经济利益，通过协定或者签订联盟章程等消除相互的所有歧视性贸易障碍和非关税贸易壁垒，实现自由贸易，使得各生产要素在成员国内无阻碍地自由流动，并借此调节各国的经济政策，以达到互利共赢；而狭义的区域经济是指一国内部特定地区的经济联合体，它是国民经济的组成部分，是具有地方特色的国民经济，它起着连接地区经济和国民经济的桥梁作用。"③ 区域经济的基本特征包括④：

---

① ［苏］Г. М. 克尔日查诺夫斯基编：《苏联经济区划问题论文集（1917—1929）》，王守礼译，商务印书馆 1961 年版，第 82 页。

② "区域是基于描述、分析、管理、计划或制定政策等目的而作为一个应用性整体加以考虑的一片地区。它可以按照内部的同性质或功能一体化原则划分。"［美］艾・M. 胡佛、弗・杰莱塔尼：《区域经济学导论》，郭万清、汪明、孙冠群等译，上海远东出版社 1992 年版，第 239 页。

③ 丁邦开等：《区域经济发展法制化探讨——以上海实现"四个率先"的法律对策研究为视角》，东南大学出版社 2008 年版，第 5 页。

④ 丁邦开等：《区域经济发展法制化探讨——以上海实现"四个率先"的法律对策研究为视角》，东南大学出版社 2008 年版，第 7—11 页。

第一，区域经济是存在于一定地域范围内的经济运行模式。区域内的各行政单位存在地缘联系，共同构成该区域内人类活动和生产要素流转的平台和载体。

第二，区域经济的发展并不均衡，即区域内的各行政主体在政治、经济地位之间存在不同的定位，实际地位也各有差异。例如，长三角地区，以上海为中心辐射周边；珠三角或者粤港澳大湾区中香港、深圳和广州各有侧重；而在京津冀区域一体化规划中，北京是绝对的中心，而首都功能在规划中的重新定位，决定了京津冀区域发展不能以追求均衡为目的。

第三，区域经济内部成员之间具有很强的互补性和竞争性。区域差异和互补是区域合作的动力，也提供了可能性。但是在行政区考核激励机制和地方利益诉求差异的大环境下，区域经济各主体之间仍在资金、技术和人才等方面存在着激烈的竞争。

第四，区域经济的开放性。生产要素的自由流通、市场和资本的充分作用以及在差异互补基础上的合作，是区域经济得以发展的必备要素。区域经济只有保持必要的开放性，才能连接国家市场和地方市场，将单独的行政区经济引向更高层次的发展，实现商品、人力等各要素的交换和扩张。

（二）区域经济一体化

“区域经济一体化发展是未来中国经济发展动能再造的重要特征，通过区域间的合作、融合与创新，可以大大提高区域总体资源的利用效率，进而扩大经济发展的广度和深度。”[①] 最初区域一体化是用来形容国际范围内的主权国家或单独关税区之间通过协议或条约达成的规则一致或制定某种统一规则的行为。一体化的推进既需要符合经济学规律，又需要借助于法律规则实施，合理的经济学模式需要利用法律来实现。

1. 区域经济一体化的多维度面向

区域经济一体化基于类型本身的内在要求，它的利益只给予本区域内成员国而拒绝给予区域外的国家，因此，又有人称它为集团或封闭式集团。区

① 刘伟：《走向共同体的路径创新——粤港澳大湾区演进的逻辑》，中国社会科学网，http://ex.cssn.cn/gd/gd_rwhn/gd_ktsb/qyhzdbjyjj/201911/t20191120_5045795.shtml。

域经济一体化若借助国际组织的形式，可使其实现得更顺利，因此，许多区域经济一体化借助国际经济组织形式，如区域经济一体化不同程度地都设立了一些机构和有关机构运作的规则，很少是没有设立机构的。因此，"人们又常将区域经济一体化称为区域经济一体化组织，或等同于区域经济组织或区域组织"①。

需要注意的是，"区域经济一体化的发展加深了行政区之间的联系，同时也催生了一系列区域公共问题"②，若只从传统的经济学层面强调一体化，无法立体且全面地摆脱这一困境，故应从多个维度对区域经济一体化进行界定。就经济学角度而言，尽管目前对于区域经济一体化尚无一致定义，但基本上都指的是一种经济发展模式，在这种模式之下，实现商品及生产诸要素的跨地区自由流动和贸易自由化，各经济体就发展问题共同协商政策。从法学角度而言，区域经济一体化更强调以规则为基础，实现带有强制性的规则的统一及整合。从当今社会的发展趋势来看，仅从经济学角度来定义区域经济一体化是不全面的。政治学、法学、管理学等社会科学对区域和区域一体化的关注，尤其是法学研究和法学视角的加入，对于全面理解一体化意义重大③。

第一，经济一体化需要统一规则的制定和执行，统一的规则对跨区域的经济活动具有可确定、可预见、公平、公正以及便捷的作用。

第二，制度因素是经济一体化的基础。"制度环境，是一系列用来建立生产、交换和分配基础的基本的政治、社会和法律规则"④，制度因素往往是经济发展过程中的基石，"经济一体化的统一规则往往包括经济制度或模式，跨地区交易的规则等内容，而经济制度或模式的选择就是法律制度的选择。并且，人类经济发展的历史也证明，对经济增长起决定作用的是制度性因素而

① 杨丽艳：《区域经济一体化法律制度研究——兼评中国的区域经济一体化法律对策》，法律出版社2004年版，第5页。

② 曾鹏：《区域经济一体化下政府合作治理及其制度权威》，《湖北大学学报》2021年第1期。

③ 杨丽艳：《区域经济一体化法律制度研究——兼评中国的区域经济一体化法律对策》，法律出版社2004年版，第7页。

④ ［美］L. E. 戴维斯、D. C. 诺斯：《制度变迁的理论：概念与原因》，载［美］R. 科斯、A. 阿尔钦、D. 诺斯等《财产权利与制度变迁——产权学派与新制度学派译文集》，上海人民出版社1994年版，第270页。

非技术性因素”①。

第三，法律制度为经济一体化提供保障。“经济一体化的实现中将大量涉及财产权的保障和合同的效力，而法律制度可以为此提供保障机制。”②

第四，法律和经济互为联系和需要。20 世纪 60 年代出现的法律经济学，以及 20 世纪 70 年代以来以波斯纳为代表的法律经济学理论的兴起强化了法律与经济之间的联系，并且指明了在市场和企业的活动中，包括宪法秩序、制度安排以及规则性行为准则的法律制度起着重要的作用。“一个有效率的组织需要在制度上作出安排和确立所有权以便造成一种刺激，将个人的经济努力变成私人收益率接近社会收益率的活动。……如果社会上个人没有从事能引起经济增长的那些活动，便会导致停滞状态。……如果一个社会没有经济增长，那是因为没有为经济创新提供刺激。”③ 制度经济学的研究更表明对市场和自由有效配置起到决定性作用的是包括法律在内的制度。这些观点不仅引起了法学研究方法论的变革，也为从法学角度研究区域经济以及经济一体化的发展提供了理论基础。欧盟的发展则为该理论提供了实践支持。

2. 我国的区域经济发展与一体化历程

我国区域经济的发展是随着我国政治经济体制改革而发展起来的，其中起到关键作用的因素一是市场经济和改革开放，二是以行政区为单位的考核激励机制和几轮分税制改革。改革开放初期，邓小平同志确立了我国开发的三个层次：第一层次是沿海地区的开发；第二层次是内陆地区的开发；第三层次是边疆地区的开发。此后，国家在“六五”、“七五”以及“八五”计划中都有不同程度的涉及，也先后提出了六大综合经济区域划分方案、七大综合经济区域划分方案等有一定代表性的区域规划方案，在“九五”“十五”计划、“十一五”和“十二五”规划中，“促进区域经济协调发展”仍然是中央

---

① [美] 道格拉斯·C. 诺思：《经济史中的结构与变迁》，陈郁、罗华平等译，上海三联出版社 1995 年版，第 184 页。

② Frits Machlup，*A history of Thought on Economic Integration*（London：The Macmillan Press LTD，1977），p. 22.

③ [美] 道格拉斯·诺斯、罗伯特·托马斯等：《西方世界的兴起》，厉以平、蔡磊译，华夏出版社 2017 年版，第 118 页。

政府提倡的发展战略。

党的十八大以来，以习近平同志为核心的党中央在区域协调发展方面作出了一系列重大变革。党的十九大报告指出："实施区域协调发展战略"，"建立更加有效的区域协调发展新机制"。[①] 2018 年 11 月 18 日，中共中央、国务院发布《关于建立更加有效的区域协调发展新机制的意见》，明确提出："以'一带一路'建设、京津冀协同发展、长江经济带发展、粤港澳大湾区建设等重大战略为引领"，"以疏解北京非首都功能为'牛鼻子'推动京津冀协同发展，调整区域经济结构和空间结构，推动河北雄安新区和北京城市副中心建设，探索超大城市、特大城市等人口经济密集地区有序疏解功能、有效治理'大城市病'的优化开发模式"。

党的十九届四中全会提出："构建区域协调发展新机制，形成主体功能明显、优势互补、高质量发展的区域经济布局。"[②] 党的十九届五中全会再次提出，坚持实施区域重大发展战略、区域协调发展战略，健全区域协调发展体制机制，推动区域协调发展。[③]

（三）区域政府间的合作与竞争

改革开放以来，在以 GDP 为重要地方考核指标的指引下，行政区经济开始成为研究意义上的概念。"行政区经济是由于行政区划对区域经济的刚性约束而产生的一种区域经济类型"[④]，随着中央和地方关系的改革以及分税制等的推进，省级政府作为利益主体发展经济的能动性被极大调动。地方政府作为本行政区利益的代表，热衷于追求本行政区利益的最大化，从而产生行政区域与经济区域之间的矛盾。

1. 政府间合作面临的挑战

"区域发展的一体化离不开区域内地方政府间的对话与合作"[⑤]，突破地

---

① 习近平：《决胜全面建成小康社会 夺取新时代中国特色社会主义伟大胜利——在中国共产党第十九次全国代表大会上的报告》，人民出版社 2017 年版，第 32—33 页。

② 《中共中央关于坚持和完善中国特色社会主义制度 推进国家治理体系和治理能力现代化若干重大问题的决定》，《人民日报》2019 年 11 月 6 日。

③ 参见鞠鹏、殷博古：《中共十九届五中全会在京举行》，《人民日报》2020 年 10 月 30 日。

④ 朱舜：《行政区域经济结构与增长》，经济科学出版社 2003 年版，第 50 页。

⑤ 周仁标：《长三角一体化背景下的地方政府治理》，《安徽师范大学学报》2021 年第 1 期。

方保护，实现生产要素在区域市场内的自由流动，一直是府际合作的重点，也是对区域治理提出的挑战。1989年8月6日的《人民日报》发表文章《当代“诸侯经济”忧思录》，文中使用“诸侯经济”一词对地方政府市场分割、地方保护主义等进行描述。但是“诸侯经济的问题不仅导致了地方财政的诸侯时代，也带来了中央和地方关系的微妙转变”[①]。诸侯经济的根本问题在于地方政府本身成为经济主体，而GDP作为考核地方政府的重要指标，事实上也成为地方政府在面对区域合作的时候态度犹疑的关键因素。诸侯经济对区域经济形成的重大阻碍作用特别体现在资源和基础设施共享方面。“作为区域经济的基础之一，就是在一个相对独立的自然区域内共同开发和利用重要自然资源，而这些资源往往被行政区划所分割而不能形成共享的环境。”[②] 然而，“区域经济一体化的实质是从行政区经济向经济区经济转变，即打破经济发展的行政区划刚性束缚，在经济一体化区域形成统一的大市场，确保生产要素在不同行政区域之间自由流通，从而实现资源优化配置”[③]。

2. 政府间合作的历程

我国地方政府合作的历程，在新中国成立后很长一段时间内都是中央政府主导下的地方政府合作，结合计划经济向市场经济转变的历程，政府间合作可以大致分成四个阶段[④]。

第一，指令性协作阶段。新中国成立之初，我国实行中央领导下的大行政区治理模式，华北、东北、华东、中南、西北和西南六大行政区相对独立，依照中央政府计划性指令进行合作，严格意义上讲，跟现在的区域政府间合作是有根本性区别的。1954年中央决定撤销大区制，大型国企收归相关工业部门主管。1958年，我国成立华北、华东、华南、华中、东北、西南和西北7个经济协作区，并成立了经济协作区管委会作为专门的经济协作区协调组织。随后，我国的大行政区随着政治局势的变动而撤销或停止工作，中央对地方经济权限的管制也多有变化，导致行政区之间的产业分工与经济合作不断弱化。需要指出的是，在战备思想和整体混乱的国家局面之下，尤其是高

① 姚洋：《诸侯经济：中国财政联邦化》，《南风窗》2003年第3期。

② 黄仁伟：《论区域经济与“诸侯经济”》，《社会科学》1995年第8期。

③ 曾鹏：《区域经济一体化下政府合作治理及其制度权威》，《湖北大学学报》2021年第1期。

④ 王建新：《当代中国经济圈政府合作研究》，博士学位论文，云南大学，2015，第67—72页。

度集中的计划经济体制限制了商品和物资的流动，地方政府之间的协作是难以形成的。

第二，行政区作为经济主体的竞争分割阶段。党的十一届三中全会确立了以经济建设为重心和改革开放的路线方针，决定实施东西部非均衡发展战略。1981 年的“六五”计划将全国划分为东西两大区域，确定东路沿海优先发展战略。1986 年的“七五”计划将全国划分为东中西三大战略，但因准备不足导致经济秩序混乱以及通货膨胀，随后在 1991 年的“八五”计划中，又将全国划分为沿海和内地两大区域，并坚决实施东部优先发展战略，在此背景之下，因中央政策导致的地方经济不平衡决定了不可能产生真正的地方政府间合作。

第三，改革开放和经济发展打开了国内市场间的行政壁垒，在应对通货膨胀和经济软着陆的过程中，包括长三角、泛珠三角等经济圈开始初现端倪。为推动长三角经济圈发展，1986 年成立的“上海经济区办公室”，作为区域发展的中央协调机构，设立之初曾经试图承担起区域统筹和经济协调的职能，但是当时无论是政治体制还是法律体系都没有严谨的论证和准备，各行政区之间经济实力、治理理念等差异巨大，关键是欠缺利益补偿机制等，中央协调并没有在解决区域性公共问题上取得更多实质性的进展。而中央协调机构也如昙花一现，很快便撤销了。相比之下，京津冀经济圈起步较晚，且更多的是通过行政主导保障北京首都功能的发挥，因而三地之间的政府合作并不符合现代意义上的区域政府间合作的理念。

第四，试图走出行政区划窠臼，促进区域一体化迅速发展。行政区划在促进地方和城市发展的同时也掣肘着区域政府间合作，然而，党的十八大以来，行政区划的重要性受到极大的关注，党的十八届三中全会将优化行政区划设置作为全面深化改革的重要工作部署推动，对行政区划工作提出了更高的新要求。① 2014 年 2 月，习近平总书记在北京市考察工作时指出，行政区划并不必然就是区域合作和协同发展的障碍和壁垒，行政区划本身也是一种重要资源，用得好是推动区域协同发展的更大优势，用不好则可能成为发展

---

① 参见熊竞：《区域城市一体化的政区逻辑：政区治理化与治理政区化》，《上海行政学院学报》2022 年第 1 期。

的掣肘；要自觉打破自家“一亩三分地”的思维定式，大家抱成团朝着顶层设计的目标一起做。[①] 2019 年实施的《行政区划管理条例》通过立法的形式将行政区划进行规范化。党的十九届四中全会进一步指出“优化行政区划设置，提高中心城市和城市群综合承载和资源优化配置能力，实行扁平化管理，形成高效率组织体系”。可见，走出行政区划的窠臼，打破“诸侯经济”，挣脱行政区划的刚性束缚，从而实现政府间合作，促进区域一体化快速发展。

二、区域合作实践与理论流变

区域合作需要良好的法治保障，区域法治经过复杂的理论嬗变且形成大量实践，有助于实现区域合作的任务，即积极倡导命运共同体理念，推进政府间合作，促进经济合作，消除区域发展差异，实现区域协调发展与区域法治进步。

（一）国内相关研究

“人类社会，特别是人类的经济，迫切渴望新的生活形式有新的法律形式。”[②] 区域合作也不例外。“我国有关区域合作的立法最早可以追溯到 1965 年，从 1980 年开始探索，随着市场经济的发展和改革开放而获得发展。”[③] 学者们研究区域法治主要有五条路径：一是从区域开发的视角以及民族区域自治视角论证区域法治的必要性，其论点主要围绕国家区域大开发进程中的法治问题；二是从政府间合作视角研究区域法治发展，所讨论的问题包括地方立法权问题、地方治理问题、地方民主试验问题等；三是从地方法治视角，论证发达地区在其经济与社会“先发”[④] 的基础上，推进地方先行法治化的可能性及价值意义；四是从概念出发，区辨“区域法治”与“区域法制”，进

---

① 参见王开泳、陈田、刘毅：《“行政区划本身也是一种重要资源”的理论创新与应用》，《地理研究》2019 年第 2 期。

② ［奥］欧根·埃利希：《法社会学原理》，舒国滢译，中国大百科全书出版社 2009 年版，第 47 页。

③ 叶必丰：《区域合作的现有法律依据研究》，《现代法学》2016 年第 2 期。

④ 参见孙笑侠、钟瑞庆：《“先发”地区的先行法治化——以浙江省法治发展实践为例》，《学习与探索》2010 年第 1 期。

而论证区域法治的科学性；五是从行政契约视角，探索区域合作开展的合理形式及制度意义，分析契约作为区域法治化的具体手段和工具，在区域一体化合作过程中发挥着重要作用。

1. 区域法治理论的兴起

从区域开发角度来研究区域法治发展的必要性与可能性，并且提出区域法治发展的任务是消除区域发展差异，是最早一批关注区域法治问题学者们的主要视角。在夏勇（2001）看来，由于区域开发关系到国家的政治稳定、经济繁荣与社会的长治久安，也关系到民族团结和各族人民的安宁与和睦，所以区域开发问题在我国并不仅仅是一个有关发展的经济问题，还是关系到国家治理和法治建设的政治问题。因此区域开发机制的健全、市场经济建设、各方利益协调、环境资源保护和科教文化发展等方面应当得到研究。文正邦（2009）指出，经济发展以及区域经济学的研究对区域法治发展的理论积淀和实践展开具有重要意义。区域法治发展是区域协调发展、区域大开发理论和实践的必然结果，区域法治建设为区域开发及区域协调发展提供制度上的保证。因此，有必要在加强区域法治研究的基础上完善区域开发法律体系，加强各行政区间的合作，并创设优良的法治环境（文正邦，2014）。

2. 政府间合作视角的区域法治发展

从政府间合作视角来研究区域法治发展的学者，较为关注我国目前形形色色的政府间协议、区域间公共事务的治理问题以及区域经济一体化进程中的重复建设、无序竞争和地方保护主义等问题。叶必丰（2012）根据我国实践，归纳出保障区域发展一体化的几种现有法律机制，即政府间签订的行政协议、政府间合作的协调组织、政府间行政立法协作、区域规划和区域间行政指导等形式。目前已经有很多学者呼吁在政府合作方面完善立法，他们认为政府合作很难通过对现有法律体系的解释来寻找法律效力，必须启动国家立法程序来赋予其法定地位。叶必丰教授主张就行政协议等问题进行专门的立法（叶必丰，2006）；王春业（2015）指出应当在法律上明确行政协议的地位，认定一定级别以上政府间签订的合作协议为国家法律的正式渊源，此外，还需要启动立法程序以规范行政协议的签订过程；刘萃（2013）指出应确立区域法治的规划机制，并完善区域立法的草案提出机制、备案机制和清理机制；叶必丰（2016）指出可以把区域合作条款概称为“协商条款”，其都是对地方自主权的扩大，并惠及地方人大的立法权。

3. 地方法治视角下的区域法治发展

从地方视角观察区域法治发展的学者，以孙笑侠为代表的一部分来自东部地区的学者，提出了先行法治化的概念。他们认为，我国各区域发展并不平衡，相较于不发达区域，发达区域的经济社会发展更为成熟，法治设施与法治发展也更为先进。沿海发达省份的社会开放程度、公民法治意识、社会契约观念和秩序意识相对较强，因此具备在国家宪制框架内激活地方法治积极性的可能性与必要性。所以，在国家法治统一的原则下，发达区域可以以经济与社会的“先发”为基础，逐步推进法治建设的“先行先试”（孙笑侠，2010）。这一研究路径得到了很多学者的呼应，并且在事实上成为学者研究区域法治发展问题的主要进路之一。但是也有学者对此提出质疑。龙宗智（2010）指出，在国家法治尚未实现的情况下，在大一统的国家内部是否存在地方先行法治的空间，对此值得持有怀疑的态度。也有学者对先行法治化是否必须从经济发达区域开始提出不同看法，认为先行法治化并不限于经济发达地区，例如我国经济并不十分发达的湖南省、湖北省等也取得了建设法治省的成效（付子堂，2012）。

4. 概念证成视角下的区域法治发展

公丕祥（2014）认为区域法治发展是统一性与多样性的结合。区域法治发展应当注意到区域差异下的法治文化、法治举措等方面的地域特色，同时应该体现国家法治的目标和价值。周叶中（2015）指出，使用“区域法制发展”这一概念能够在静态层面、纯粹法学层面上论证一定区域内的法治化发展。区域法治发展问题是国内法学界一个较新的问题，其理论框架并不完善。夏锦文（2014）指出对此问题应当从本体论、价值论和方法论三个角度展开。对于区域法治发展在我国当前法学话语体系内的位置，张文显（2014）指出，区域法治发展的概念在理论和实践两个层面都是科学的，当然“属于中国法学的概念体系”。

5. 行政契约（合同）理论的研究与发展

目前对行政契约的研究集中于“行政主体与行政相对人”之间缔结的协议，对于双方皆为公法主体的政府间合作协议的研究有待深入。近年来，对行政契约在行政法领域的适用已有所涉及。[①] 截至 2019 年 4 月，在中国知网以“政府间行政契约”为主题进行搜索，在检索出的 23 篇论文中，直接相关的依然不超过 5 篇。随着我国大规模区域经济合作的展开，以叶必丰及何渊为代表，开始集中研究区域法治问题，并对实现区域法治化的具体手段或工具进行研究，包括行政契约、行政协议或行政协调等方式。

叶必丰在其论文《我国区域经济一体化背景下的行政协议》中指出：“当前区域经济一体化合作过程中出现的政府合作，例如长三角地区和珠三角地区的政府联席会议等合作模式的性质应当根据其订立的协议性质来确定，它们更接近美国的州际协定和《西班牙公共行政机关及共同的行政程序法》中所规定的行政协议，而不宜界定为共同行政行为或者普通的行政合同。应当把这种行为看作实现公权力主体之间的平等合作的法律制度，同时应该作为法学研究尤其是行政法学研究的新范畴。”[②] 叶必丰还对行政协议的缔结、履行、责任条款等进行了深入探讨，并最后落脚于制定新的行政协议法。何渊在研究中指出，行政契约和行政合同是两个不同的概念，其中行政主体和非行政主体签订的不对等契约是行政合同，而公权力主体之间签订的对等性契约才属于行政契约。[③]

但是上述研究涉及的只是行政权力的行使，没有将京津冀地区三地人民代

---

① 参见王平：《民事合同与行政合同之比较与启示》，《武汉大学学报》（人文社会科学版）2000 年第 3 期；余凌云：《论对行政契约的司法审查》，《浙江学刊》2006 年第 1 期；余凌云：《从行政契约视角对“杨叶模式”的研究——治安承诺责任协议》，《公安大学学报》2000 年第 4 期；叶伟平：《行政合同纠纷几个法律问题探讨》，《行政法学研究》2005 年第 3 期；施建辉：《行政契约缔约过失责任探析》，《行政法学研究》2007 年第 5 期；赵宏：《论行政合同中的诚实信用原则》，《行政法学研究》2005 年第 2 期；钱水苗、巩固：《论环境行政合同》，《法学评论》2004 年第 5 期；张明军：《论行政主体的缔约责任——民法缔约过失理论在行政合同制度中的引入与适用》，《行政法学研究》2004 年第 4 期；朱新力：《行政合同的基本性质》，《浙江大学学报》（人文社会科学版）2002 年第 2 期；等等。

② 叶必丰：《我国区域经济一体化背景下的行政协议》，《法学研究》2006 年第 2 期。

③ 参见何渊：《长三角地区行政协议的评估与分析》，载史德保主编《长三角法学论坛——长三角区域法制协调中的地方立法》，上海人民出版社 2008 年版，第 92 页；何渊：《泛珠三角洲地区政府间协议的法学分析》，《广西经济干部管理学院学报》2006 年第 1 期；何渊：《行政协议：行政程序法的新疆域》，《法学论坛》2008 年第 1 期。

表大会之间签订的合作协议纳入其中，对于该类协议的性质值得进一步探讨。

（二）国外相关研究

1. 国外区域法治理论综述

西方对区域发展的法治保障较为重视，学者的研究成果与法律法规之间形成良好的互动，其中研究的重点包括权威协调机构的依法建立和重要价值（P. Balchin，1998），以及在区域规划实践领域的作用（James T. Hughes，1998）；强调区域性法律制度对于区域发展的重要意义，以及依法推进区域合作的必要性。

2. 国外关于区域法治实践的探索

国外关于区域合作实践的探索均能看到法治的影响。其一，美国区域规划法制建设。美国的区域规划或立法由各州或者城市自行编制，目前没有专门立法，主要是以单行法的方式对特定的规划进行附带性规定，强调区域发展的协调性。其二，日本区域规划法制建设。日本通过《国土综合开发法》确立了基本的区域结构和土地开发的统一规定，对区域规划和开发的控制是政府宏观调控工具的重要组成部分。日本的全国综合开发规划在该法的规定下展开，同时也制定了包括《北海道开发法》等专门立法在内的单行法。其三，德国区域规划法制建设。德国的区域规划体系包括联邦的《区域规划法》和各州的空间规划法，上述法律将德国的空间和区域规划分为联邦、州、地区和乡镇四个层级，在法律规定的基础上，四个层级相互协调，形成了严密的体系。

三、区域立法的界定与基础理论

（一）区域立法概念提出的背景

“未来国家层面统一立法统摄下区域间的立法协作与创新才是适应区域经济一体化发展需要并有效促进区域合作的治本之道”①，但是我国的区域经济

① 陈婉玲：《中国区域经济法制发展的现状与未来》，《北方法学》2020 年第 6 期。

共同体是由不同级别的地方政府主体组成的，在区域经济共同发展的目标之下还有自身不同的利益诉求，而这些地方政府又分别作为不同层次的地方立法和地方行政立法主体而存在，这也成为区域内的规范冲突的根本原因。

案例 1-1：长三角合作围堵“上海车辆异地上牌”[①]

上海市汽车牌照拍卖起于 1986 年。为缓解道路拥堵的压力，保持城市交通的通畅，并且筹措道路及其设施的建设资金，上海市政府采取了私车牌照拍卖的做法。由于每月拍卖的车牌量极为有限，上海车牌拍卖价格节节攀升，2004 年 2 月份，上海车牌拍卖价一度超过了每个 4 万元。与上海高价车牌相比，上海周边地区，即长三角区域其他地区车辆上牌则显得异常便宜和便利。尽管上海对私车牌照实行竞拍措施的同时，对外来机动车在市区高架路采取了限时通行，并对上海郊区牌照机动车采取了禁止通行的做法。但是“上海用车，外地上牌”成为新购车族的首选。极为有限的上海私车牌照以及高昂的拍卖价，导致任何时候站在上海市区的任一道口都可以很容易观察到一辆接一辆的外地牌照车。[②]

大量上海车辆在异地上牌，对上海造成的影响是多方面的，首先是导致上海流失了大量可用于交通建设的税费收入。2004 年上海车管所的统计显示，上海每月新增的机动车为 10000～12000 辆。这意味着每月有 3500～5500 辆车上外地牌照。按照 3500 辆来计算的话，上海损失的车辆购置税每月就是 0.35 亿元，一年就是 4.2 亿元。考虑到养路费，保守按照 20 万辆外地牌照车计算，一年损失养路费大概在 6 亿元，加起来一年为 10 亿元左右。而上海交通管理部门对外地牌照车的管理也难以到位，受管理权限和管理手段所限，上海交通管理部门对违章的外地牌照车辆只罚款不计分，因此外地牌照车辆对于违反交通规则有恃无恐，加剧了上海市区交通的混乱。而最为重要的是，

---

① 殷洁：《地方法规政策科学合理是区域地方法制协调的基础》，载史德保主编《长三角法学论坛——长三角区域法制协调中的地方立法》，上海人民出版社 2008 年版，第 150 页。

② 周义兴：《车牌拍卖的合法性问题不能悬而不决》，《中国经济时报》2004 年 7 月 15 日；冯亦珍、沈晨：《上海私车牌照拍卖，续存还是改革?》，新华网，http：//news. xinhuanet. com/focus/2007 - 08/16/content _ 6493320. htm。

上海市区道路并未实际减负，即车牌拍卖制度控制的只是“上海车牌照”的数量，而并未有效控制上海私家车的总量。

为遏制异地牌照，2004 年长三角地区 15 个城市建立了“车辆管理工作信息互通”的制度，限制上海车辆异地上牌。但 15 个城市的联合围堵收效甚微，使得上海车辆异地上牌更加隐蔽，表面更加合法化，成本更高。15 个城市的联合执法使得上海购车者选择到更偏远的地方上牌，比如江苏的盐城、淮安等地。而网上有江苏淮安的上牌报价——1299 元，包含暂住证制作费、牌照代办费、车船使用税、验车费、行驶证工本费、产权证制作费、牌照费、拓印费等上牌杂费，办证时间一天，购缴养路费每车每月 120 元。

长三角一体化已经上升为国家战略，其意义和作用是为全国现代化经济体系的构建提供一个示范。然而本案例中，将上海市政府拍卖车牌政策的合法性暂时抛开不提，反映出来的问题实际上是在区域内不同行政区之间的政策或法规存在显性或隐性冲突时，所导致的执法成本的大量增加。而在该种情形下，该政策或立法的效益是微乎其微甚至呈现负效益的。除此之外，2007 年太湖蓝藻大规模爆发，上海生产性废旧金属收购过程中对违法行为难以有效遏制，江苏省人大常委会以立法的形式确定高速公路收费口排队超过 200 米必须予以免费放行的制度，而毗邻江苏的高速公路上海段却没有采用相应的措施，等等，都是规范冲突导致的执法成本增加。[①] 地方性法规、规章都直接调整着长三角区域经济发展过程中的经济、社会等方面的事项，规范冲突因地方保护主义在涉及各自经济利益的领域表现十分严重[②]，阻碍了区

① 张明君：《浅谈长江三角洲区域立法协调机制的建立》，载史德保主编《长三角法学论坛——长三角区域法制协调中的地方立法》，上海人民出版社 2008 年版，第 78 页。

② 这些法律冲突表现在市场准入、土地出让、税收政策、劳动就业、社会保障等各个方面。一个众所周知的案例是，长三角各个地方政府为吸引外资，纷纷降低土地转让价格，并加大税收政策等领域的优惠力度。江苏苏州的土地转让价为每亩 20 万元，昆山则降为每亩 15 万元，而浙江杭州和宁波则降至每亩 5 万元，因而苏州和昆山再次降价为每亩 15 万元和每亩 10 万元。2003 年初苏浙沪三地举行的招商引资活动中，区域内各城市纷纷出台行政规章，用所谓“跳楼价”来争夺外资，在区域内部展开恶性竞争，而外商则“游走于各个地方政府，利用信息不对称，假借一个地区的优惠措施，迫使另一个地区提供更加优惠的条件，从而争夺更多的利益”。参见高汝熹、张建华：《论大上海都市圈：长江三角洲区域经济发展报告》，载王春业《区域行政立法模式研究——以区域经济一体化为背景》，法律出版社 2009 年版，第 52 页。

域经济一体化的发展进程[①]。

而规范冲突的后果除表现为立法成本的增加以及对区域经济一体化进程的阻碍之外，还导致区域共同体内立法的边际效益递减。立法产品供给过剩导致人们从中获得的满足感越来越少，不便和伤害却越来越多。[②]

案例 1-2：长三角地下水资源保护区域协调矛盾明显[③]

长三角经济的飞速发展使得长三角区域水资源正面临“水荒”之痛。由于地表水资源污染严重，长三角许多地区纷纷转向开采使用地下水，导致长三角区域的地下水资源供需矛盾突出。地下水的长期过量开采导致区域地下水位以年均 1～3 米的速度下降。常州、无锡部分地区深层水位已低于含水层顶板，分布面积达到 34 万平方千米以上，地下水已进入疏干开采状态。长期盲目性、掠夺性开采导致长三角区域范围内地面沉降、裂缝以及地下水资源衰竭等问题日益严重。地下水位大幅度下降导致海水向内陆渗透，地下淡水受污染、沿岸土地盐碱化等一系列问题。

“由于受到传统管理理念、现行的行政体制、经济和社会发展水平以及地方自身利益等因素的制约”[④]，造成长三角地区地下水资源保护不力，然而最重要的另一个原因在于各省市之间的区域立法协调矛盾明显，主要表现在省市之间关于禁采期限和罚则方面规定的不一致，“没有一套系统化、

---

① 法律冲突在各个区域经济共同体内是一种普遍现象。就东北经济区而言，截至 2006 年底，东北三省现行有效的政府规章共计 524 件，其中辽宁省 190 件，吉林省 193 件，黑龙江省 141 件。辽宁省 190 件政府规章中有 64 件与吉林省基本重复，占总数的 33.7%；有 65 件与黑龙江省基本重复，占总数的 34.2%。黑吉辽三省虽地域相连、道路相通、水体相连，但在地方立法上实际上是各自为政。例如，道路运输车辆收费，各省规定不一致，有些车辆在收费低的地方登记，却在另一个地方长期运营。一份调查显示，吉林全省货车数量在 16 万～18 万辆，自 2004 年 1 月至 2005 年 7 月底，吉林省转往外省的 5 吨以上大型货车 3406 辆，大部分转往内蒙古和黑龙江地区，年损失各种税费合计 11568.6 万元。参见高汝熹、张建华：《论大上海都市圈：长江三角洲区域经济发展报告》，载王春业《区域行政立法模式研究——以区域经济一体化为背景》，法律出版社 2009 年版，第 52 页。

② 王春业：《区域行政立法模式研究——以区域经济一体化为背景》，法律出版社 2009 年版，第 98 页。

③ 高洪宾、方南：《长三角区域地下水资源保护的法律思考》，载史德保主编《长三角法学论坛——长三角区域法制协调中的地方立法》，上海人民出版社 2008 年版，第 192 页。该案例参照程海涛、王全宝等：《长三角水资源污染之痛》，《新世纪周刊》2005 年第 27 期；胡建平、吴士良：《苏锡常城市群地区地下水环境问题》，《水文地质工程地质》1998 年第 4 期；郭坤一、郭盛齐、于军等：《长三角地区地下水资源与地质灾害调查评价》，中国地质调查局发展研究中心网，http：//www.cgs.gov.cn。

④ 周仁标：《长三角一体化背景下的地方政府治理》，《安徽师范大学学报》2021 年第 1 期。

规范化、制度化的机制”[①]，从各地现行立法看，对地下水资源的保护可分为两类。

一类是权利义务具体明确，可操作性强。例如，江苏省和上海市的地下水资源保护立法。《江苏省人民代表大会常务委员会关于在苏锡常地区限期禁止开采地下水的决定》明确规定了禁止开采地下水的具体期限[②]，对违法开采地下水的行为，也有明确的处罚措施，《江苏省水资源管理条例》、《上海市地面沉降防治管理条例》和《南京市水资源保护条例》也作了类似规定。

另一类是权利义务抽象原则，法律责任不明。例如，《浙江省水资源条例》并没有在立法中明确规定禁止开采地下水的具体期限，而是将权力下放给了行政机关，因此在法的实施过程中，个别地区（如嘉兴、绍兴等）出于地方经济和政绩考虑，一直不确定禁止开采地下水的期限，此外，立法上虽然针对盲目开采地下水的行为，出台了禁止性规定，但是并没有相应的处罚措施。

地下水资源的自然属性决定了相邻地区不可能也不应有严格的行政区划。长三角地区区域间对禁采期限和罚则的规定不一致，某一地区开采地下水的行为违法，而邻近地区并未明定禁采期限和罚则，这就导致同样的行为在该地区并不违法。于是，行为人为规避法律风险，从一个地区转移至另一个地区，并且出于对法律控制的预期，此种行为也变得愈加频繁。“公共资源的使用就极易陷入‘囚徒困境’，最后走向‘公地悲剧’。”[③] 因而，立法上趋于协调之间的矛盾，在更大程度上影响了执法和司法的系统运作，从而使得长三角地区地下水资源的整体保护力度大打折扣。本案例中，长三角地区各级政府各自为政，牵扯到不同的地方利益，地下水监管方面制定不同的标准和执法手段，而层出不穷的管理立法，无疑呈现出边际效益递减的趋势。

---

① 杨晖、贾海丽：《京津冀协同立法存在的问题及对策思考——以环境立法为视角》，《河北法学》2017 年第 7 期。

② “在苏锡常地区（苏州市、无锡市、常州市所辖行政区域，但宜兴市、金坛市、溧阳市除外，下同）实行限期禁止开采地下水，2003 年 12 月 31 日前在地下水超采区实现禁止开采地下水，2005 年 12 月 31 日前苏锡常地区全面实现禁止开采地下水。”

③ 陈建平：《国家治理现代化视域下的区域协同立法：问题、成因及路径选择》，《重庆社会科学》2020 年第 12 期。

案例 1-3：长三角三省一市大气污染防治区域协调矛盾明显[①]

2014 年，浙江省、江苏省、安徽省、上海市各自制定了大气污染防治条例，以禁止露天焚烧秸秆为例，三省一市均在法规中规定了对秸秆焚烧的禁令。上海市、江苏省、浙江省均采取全面禁止的方式，而安徽省则是采取划定区域禁止的方式。至于法律责任的大小和承担方式，三省一市基本相同：上海市、安徽省、江苏省均采取责令改正和处以五百元以上二千元以下的罚款；浙江省规定了责令改正和对单位处一万元以上十万元以下的罚款，对个人处五百元以上二千元以下的罚款。但对于处罚条件，浙江省则规定得非常模糊，规定“露天焚烧沥青、油毡、橡胶、塑料、皮革、垃圾以及其他产生有毒、有害烟尘和恶臭气体的物质”才进行行政处罚。

三省一市大气污染防治目标难以实现，根本原因是关于大气污染的区域立法并不一致，各行政区域各行其是，禁令不一，无法确保区域的空气质量，难以实现建立区域大气污染防治协作机制的立法目的。

随着区域经济一体化深入的发展，区域内各地区的合作必然要从单纯的经济合作转向更深层次的制度合作，以打破既有行政区划之下地方割据观念的束缚，实现真正的资源协调配置。区域市场经济的发展需要将制度需求和制度建设纳入其中，“区域内各地方政府是否愿意服从制度的引导、规范和控制，合作治理的目标能否实现关键在于制度权威”[②]。中央立法和包括地方联合立法在内的区域共同体立法必须担负起制度供给的职能。“协调的地方法制手段作为区域市场经济发展的重要因素，它既作用于区域市场经济系统的宏观环境，也构成区域市场经济系统发展的内在要素，对区域市场经济发展起着制动性作用。”[③] 为实现区域经济共同体之间的深层次合作，各区域共同体政府已经在实践中展开多种形式的政府间合作，并且合作的程度不断加深，区域内统一立法的趋势已初见端倪。在此背景下，区域立法作为一种立法模式而提出。

---

① 参见陈建平：《国家治理现代化视域下的区域协同立法：问题、成因及路径选择》，《重庆社会科学》2020 年第 12 期。

② 周伟：《地方政府间区域合作治理中的制度权威建设》，《理论月刊》2018 年第 5 期。

③ 王章留等：《区域经济协调发展论》，河南人民出版社 2006 年版，第 88 页，转引自王春业《区域行政立法模式研究——以区域经济一体化为背景》，法律出版社 2009 年版，第 39 页。

（二）区域立法概念的界定

总括而言，目前国内研究对区域立法的界定包括以下几种观点。

第一，将之界定为一种立法协调，目的在于解决立法的横向冲突，而立法协调强调不设立新的机构。区域立法协调不属于区域立法。即使共同起草，各自通过，在主要条款上规定比较一致，也是各自立法的协调，而不是共同立法。只是在立法时，不仅要考虑本行政区域的具体情况和实际需要，还要考虑区域经济和社会发展的需要。[①]

第二，将之界定为一种立法协作。立法协作将产生地方立法，具有比行政协议更为确定的内容和更为有效的实施效果。区域内各方为促进区域一体化进程，在坚持中央和地方立法权限划分的基础上，在现有行政区划保持不变的条件下，平等、自愿达成立法协作的共识，就协作的方式、领域、具体规则进行探讨，地方权力机关和政府法制机关可以签订相关的立法协作协议。但该协议的效力与行政协议一样，对不履行协议的一方缺乏约束，具有某种不确定性。[②] 根据立法协作的程度，可以将立法协作分为松散型、紧密型和一体型三种模式。[③] 以东三省的立法协作为例，其力图超越松散型协作，但仍停留在政府层面的立法协作，而且协作机制中缺乏解决立法冲突的有一定强制力的保障机制，因此仍不属于紧密型协作。也有观点认为，立法协作既包括地方各级人大之间的立法协作，也包括政府之间的行政立法协作。[④]

---

① 王腊生：《地方立法协作若干重大问题探讨》，载史德保主编《长三角法学论坛——长三角区域法制协调中的地方立法》，上海人民出版社 2008 年版，第 9 页；程彬：《长三角地区区域行政立法研究》，《法治论丛》2008 年 9 月第 5 期；刘伟东、吴振贵：《关于加强长江三角洲区域立法协调的几个问题》，载史德保主编《长三角法学论坛——长三角区域法制协调中的地方立法》，上海人民出版社 2008 年版，第 22 页。

② 周志华：《长三角区域立法协作机制研究》，载史德保主编《长三角法学论坛——长三角区域法制协调中的地方立法》，上海人民出版社 2008 年版，第 67 页；邓蕾：《区域地方立法协作势在必行》，载史德保主编《长三角法学论坛——长三角区域法制协调中的地方立法》，上海人民出版社 2008 年版，第 290 页。

③ 王惠中：《区域立法协作的模式选择》，载史德保主编《长三角法学论坛——长三角区域法制协调中的地方立法》，上海人民出版社 2008 年版，第 156 页。

④ 康慧：《长三角地区人大立法协作路径初探——一种相对保守的思考》，载史德保主编《长三角法学论坛——长三角区域法制协调中的地方立法》，上海人民出版社 2008 年版，第 257 页；刘敬兵：《长三角区域地方立法协作问题初探》，载史德保主编《长三角法学论坛——长三角区域法制协调中的地方立法》，上海人民出版社 2008 年版，第 281 页。

第三，界定为地方联合立法。以长三角为分析模板，在既有立法协作和立法协调制度无法满足需求，且等待中央立法遥遥无期的情形下，探讨地方政府联合立法模式的可能性。[①] 以长三角地区为例，长三角 27 市[②]的立法权限并非一致，虽然 2015 年《立法法》扩大了地方立法权，但是设区的市制定地方性法规限于城市建设、市容卫生、环境保护等城市管理方面的事项[③]。针对长三角城市内部立法权配置非均衡性的现状，有学者认为，长三角地方联合立法应由江浙沪皖三省一市省级人大及其常委会和人民政府共同行使，其适用范围可限于长三角城市圈的 27 个城市。联合立法是地方立法的特殊形式，其地位高于地方单独立法，低于宪法、法律和行政法规。

第四，界定为立法协同。2015 年 3 月，京津冀地区三个省级立法主体共同出台了《关于加强京津冀人大立法工作协同的若干意见》，从文本结构与内容上看，主要是三地人大及其常委会开展协同立法工作的指导性规范。随后中国政法大学教授焦洪昌撰写论文，将《关于加强京津冀人大立法工作协同的若干意见》界定为区域性地方性法规。[④] 但是一方面，在该意见和焦洪昌的论文中，立法协同是作为一种工作方式，或者说一种立法实践而提出的，并没有作为一个概念进行论述或者界定；另一方面，就该意见本身而言，也更像是一个工作方案，而并不具备法律规范那样的完整的假定、行为模式与法律后果。

国内首次提出“区域行政立法”概念的是王春业在其博士学位论文《区域行政立法模式研究——以经济一体化为背景》中，论文界定了概念的基本内涵，并对其必要性、理论基础、现实基础、基本原则、体系、名称以及体

---

① 余峰：《试论长三角区域地方联合立法》，常州市人民政府法制办公室官方网站，http：//www. cz-fzb. gov. cn/sec/sec _ detail. asp? tid=14&id=646。

② 2019 年 12 月 1 日，中共中央、国务院印发了《长江三角洲区域一体化发展规划纲要》，明确长三角包括上海市、江苏省、浙江省、安徽省三省一市全域，中心区包括上海市，江苏省南京、无锡、常州、苏州、南通、扬州、镇江、盐城、泰州，浙江省杭州、宁波、温州、湖州、嘉兴、绍兴、金华、舟山、台州，安徽省合肥、芜湖、马鞍山、铜陵、安庆、滁州、池州、宣城 27 个城市。

③ 2015 年《立法法》第七十二条：省、自治区、直辖市的人民代表大会及其常务委员会根据本行政区域的具体情况和实际需要，在不同宪法、法律、行政法规相抵触的前提下，可以制定地方性法规。设区的市的人民代表大会及其常务委员会根据本市的具体情况和实际需要，在不同宪法、法律、行政法规和本省、自治区的地方性法规相抵触的前提下，可以对城乡建设与管理、环境保护、历史文化保护等方面的事项制定地方性法规，法律对设区的市制定地方性法规的事项另有规定的，从其规定。

④ 焦洪昌、席志文：《京津冀人大协同立法的路径》，《法学》2016 年第 3 期。

制、程序和立法监督等问题进行了初步分析和探讨。王春业认为区域行政立法既可以作为名词使用，也可以作为动词使用。在作为名词使用时，可以作为一种法律规范性文件的泛称而存在，但是在作为动词使用时，指的是制定区域法律规范性文件的立法行为，主要体现在区域行政立法的立法原则和立法程序上。[①]

随后，王春业对区域立法、区域行政立法、区域联合立法等区域一体化制度保障问题进行持续关注和研究，并先后在其多篇论文中进行过相关阐释和论证。[②] 将该现象界定为一种立法模式，也经历了一个渐进的过程，从最开始对地方政府之间的立法协作到逐渐形成一种地方立法的模式。在王春业对该问题进行思索的同时，国内包括叶必丰、石佑启、陈光、何渊、朱最新等学者对该问题进行了不同程度的关注[③]。应该说，区域立法只是解决区域合作过程中所存在的种种问题和冲突的途径之一，与其他协调模式并非一种互相取代的关系，可以并列存在，或者是既有协调方式的更高形式。因此，本文所探讨的区域立法应具备以下特点。

第一，区域立法的目的在于解决区域发展所面临的共同问题，为区域发展提供法治保障，同时避免横向立法冲突，节约立法成本，最大可能地消除制约区域经济发展的制度性障碍。

第二，区域立法的理论探讨和具体实践都应纳入现行立法体制，不得违

---

① 王春业：《区域行政立法模式研究——以区域经济一体化为背景》，法律出版社2009年版，第2页注。

② 王春业：《区域行政立法模式——长三角一体化协调的路径选择》，载史德保主编《长三角法学论坛——长三角区域法制协调中的地方立法》，上海人民出版社2008年版，第92页；王春业：《论经济区域内行政立法一体化及其路径选择》，《中南民族大学学报》（人文社会科学版）2009年第6期；王春业：《省际间行政立法的国家回应》，《经济与社会发展》2007年第2期；王春业：《区域经济一体化与地方行政立法模式的变革》，《科技与法律》2007年第3期；王春业：《论省际区域行政立法协作》，《行政法学研究》2007年第2期；王春业：《论区域性行政立法协作》，《当代法学》2007年第3期；王春业：《区域行政立法是长三角一体化的最佳选择》，《四川行政学院学报》2007年第5期；王春业：《长三角经济一体化中法制协调模式的选择——论区域行政立法模式及其构建》，《天津市政法管理干部学院学报》2007年第4期；王春业：《长三角经济一体化的法制协调新模式》，《石家庄经济学院学报》2007年第6期；方世荣、王春业：《经济一体化与行政立法模式变革——区域行政立法模式前瞻》，《行政法学研究》2008年第3期。

③ 叶必丰：《区域合作协议的法律效力》，《法学家》2014年第6期；叶必丰：《区域合作的现有法律依据研究》，《现代法学》2016年第2期；叶必丰：《区域协同的行政行为理论资源及其挑战》，《法学杂志》2017年第3期；何渊：《论区域法律治理中的地方自主权——以区域合作协议为例》，《现代法学》2016年第1期；石佑启：《论区域经济一体化中政府合作的立法协调》，《广东社会科学》2014年第3期；朱最新：《粤港澳大湾区区域立法的理论构建》，《地方立法研究》2018年第6期。

背法制统一原则。

第三，区域立法应具备约束力和执行力，应以国家强制力保障实施，能够解决既有框架协议、政策协调以及联合立法等的根本不足。

第四，区域立法应有相应的协调监督机制，以保障监督和实施。

由此，区域立法可以界定为一种立法模式，目的在于满足区域一体化发展的制度需求。区域立法主体具有一定的灵活性，可以由全国人大和国务院从中央层面制定区域统一规划法，也可以通过授权的方式成立区域共同治理组织进行立法，还可以由各行政地方组成的联合立法组织进行合作立法或立法协作。但无论采用哪种形式，区域立法主体应具备合法的立法职权。区域立法主要针对区域经济共同发展的事项进行立法，其效力适用于区域内各主体。概括而言，区域立法的意义表现在以下几个方面。①

第一，进一步发挥地方立法积极性。区域经济一体化背景下，地方政府间横向利益加强，行政区和经济区的矛盾凸显。区域立法能够弥补现行立法的不足，对新出现的各类关系予以调整和规范，满足区域经济社会共同发展的需要。

第二，理论上能够降低立法成本。理论上而言，区域立法就区域内共同事项统一立法，能够避免各立法主体重复启动立法程序，降低立法成本和因法律冲突导致的适法成本。但是立法协同和区域协同本身的成本也应当纳入考量，避免低质量立法带来的边际效益递减问题。

第三，克服法治的碎片化现象，避免立法冲突与执法不公。区域立法模式能够有效避免因区域经济共同体内多元化立法主体存在而导致的规范冲突，以及由立法所带来的地方保护主义，从而能够有效解决区域经济一体化发展中的制度障碍。

（三）区域立法的主体与权限

区域立法是近年来立法中的一个新领域、新课题②。目前关于区域立法的概念的界定，存在不同的称谓，主要包括区域立法协作、地方联合立法、

---

① 王春业：《论省际区域行政立法协作》，《行政法学研究》2007 年第 2 期。

② 张宜云：《浅析区域立法的方位和维度——以京津冀区域为例》，《人大研究》2020 年第 3 期。

区域合作立法、区域立法协同等。王春业将区域立法协作界定为一种新的法律规范供给模式，并区分为松散型和紧密型两种方式，作为地方立法协作的必然结果，以"立法协作制度化、常态化、实效化为目的的紧密型立法协调成为地方联合立法最重要的构成内容及形式"①。在该理论的构建理念中，地方立法协作包括使用示范性文本、制定区域共同规章、政府间协议法律化以及区域内地方立法的交叉备案制度。② 而事实上，在地方立法协作、立法协同、联合立法等概念之上引入区域立法的概念，是因为从立法主体而言，区域立法不仅仅应当包括中央或者国家层面对区域的单独立法，也包括区域内各立法主体之间的立法协作、协同立法，还应当为区域共同体的建立以及立法预留可能。因此，区域立法至少可能包括三个层面：第一，中央立法；第二，区域共同体立法；第三，区域内立法主体的联合立法或者协同立法。因为中央立法无论在主体、权限还是立法程序等方面，《中华人民共和国宪法》（以下简称《宪法》）、《中华人民共和国立法法》（以下简称《立法法》）等已经作出明文规定，而区域共同体的立法主体资格以及权限都有待未来实践的发展，所以，本部分对于主体、权限、区域立法性质等的论述将集中在区域内立法主体的联合立法或者协同立法上，对于另外两者，将在借鉴国外制度的基础上作出建议。

1. 我国现有立法主体

"立法主体事实上有法治意义上的与功能意义上的区分，作为确定立法主体范围的标准也相应地有两个：一看是否具有立法权，二看是否对立法活动起实质性作用。"③ 从实体法的角度而言，立法主体是指根据宪法和法律的有关规定，有权制定、修改、补充、废止各种规范性文件以及认可法律规范的国家机关、社会组织、团体和个人。其中，需要注意的是，从立法效力的角度来看，立法主体实际上主要是国家机关，从而区分立法主体和立法参与者。④

"立法权是国家最高权力，任何国家机关行使立法权时必须有宪法和法律

① 王春业：《区域合作背景下地方联合立法研究》，中国经济出版社 2014 年版，第 194—199 页。
② 王春业：《区域合作背景下地方联合立法研究》，中国经济出版社 2014 年版，第 194—199 页。
③ 周旺生：《立法学》，法律出版社 2004 年版，第 88 页。
④ 参见朱立宇、张曙光：《立法学》，中国人民大学出版社 2006 年版，第 102—103 页。

上的依据。”[①]《宪法》第二条规定：“中华人民共和国的一切权力属于人民。人民行使国家权力的机关是全国人民代表大会和地方各级人民代表大会。人民依照法律规定，通过各种途径和形式，管理国家事务，管理经济和文化事业，管理社会事务。”《立法法》第二条规定：“法律、行政法规、地方性法规、自治条例和单行条例的制定、修改和废止，适用本法。国务院部门规章和地方政府规章的制定、修改和废止，依照本法的有关规定执行。”我国的法律体系包括法律、法规、规章和其他规范性文件，其制定主体分别包括全国人民代表大会及其常委会，国务院及其职能部门，省、自治区、直辖市的人民代表大会及其常务委员会，省、自治区、直辖市的人民政府。2015 年《立法法》修改，赋予了设区的市立法权，这是我国地方立法权的一次重大扩张。

2. 京津冀地区当前立法主体

目前京津冀三地享有地方立法权的地方主体包括：北京市、天津市、河北省、石家庄市、唐山市、保定市、廊坊市、邯郸市、张家口市、邢台市、沧州市、承德市、秦皇岛市、衡水市。2016 年，河北省第十二届人大常委会第二十次会议召开，会上赋予张家口、承德、沧州、衡水四市地方立法权，河北省共 11 个设区的市便全部享有了立法权。[②] 在上述主体中包括两个层级，即省级立法主体——北京市、天津市、河北省，设区的市一级立法主体——石家庄市、唐山市、保定市、廊坊市、邯郸市、张家口市、邢台市、沧州市、承德市、秦皇岛市、衡水市。此处值得讨论的是雄安新区在当前立法体制中的地位问题。

按照雄安新区的规划，其统辖范围包括雄县、容城、安新三县行政辖区（含白洋淀水域），目前这些地方都隶属于河北省。改革开放以来，随着国家治理体制的转型以及行政管理体制改革的需要，全国各地建立了很多的高新区、开发区、自贸区、新区等，但是这些地方一般情况下是由上级政府的派出机构（管理委员会）来进行管理，没有设立法律规范的一级政权，不是规范的行政区。后来有一部分高新区、开发区等被转而设置成了普通的行

---

① 陈建平：《国家治理现代化视域下的区域协同立法：问题、成因及路径选择》，《重庆社会科学》2020 年第 12 期。

② 《河北实现 11 个设区市立法权全覆盖》，新华网，http：//news. xinhuanet. com/legal/2016 - 03/30/c _ 128848989. htm。

政区划，享有设区的市的立法权，但是目前雄安新区没有明确的行政区划地位，还没有建立人大及其常委会，其立法权也只能由河北省人大及其常委会行使，这也是符合当前立法体制和法律规定的，也是可行的。[①] 至于雄安新区是否能够以独立的立法主体参与京津冀地区区域立法，要看雄安新区在随后的发展过程中的行政级别以及是否设立独立的人民代表大会及其常务委员会。

根据《立法法》的规定，目前我国的地方立法体制是“一元三级”，即中央、省级和设区的市。根据当前的区域立法实践以及相关理论，京津冀地区区域立法主体主要存在两大类：一类是中央针对该地区进行的立法，当前还没有针对京津冀地区的专门区域立法，只有区域规划、框架协议等，提供方向性指引和原则性指导；二是区域内各立法主体的联合立法或协同立法实践，包括区域内人大的合作和区域内的政府合作。但是，有两个问题值得关注和进一步深入研究。

第一，区域立法是否只能在同级人大或政府之间展开？

第二，是否允许其他主体以加入的方式参与到协议或立法合作中来？

对上述两个问题的回答涉及立法权限，将在接下来的部分予以分析。

3. 区域的立法权限

(1) 我国立法权限的现状

《立法法》基本解决了地方立法权的范围和行政立法权的合法性问题，也大致确立了行政立法的权限范围。目前《宪法》、《立法法》以及《中华人民共和国地方各级人民代表大会和地方各级人民政府组织法》（以下简称《地方组织法》）和《规章制定程序条例》基本上将行政立法界定为执行性的立法，并且确立了所谓的“根据”原则和“不抵触”原则，也就是说，行政立法基本上是为执行法律而制定的，在我国的法律体系中，它处于权力机关所制定的法律之下的地位，属于从属性立法。2015 年《立法法》将地方立法权限的范围规定为：城乡建设与管理、环境保护、历史文化保护等方面的事项。《立法法》修订后，一方面扩大了地方立法的主体，赋予了设区的市地方立法权

---

① 阚珂：《关于河北雄安新区立法问题的三点思考》，《公民与法治》2018 年第 17 期。

的同时，对地方立法的范围进行了一定的调整。第七十二条规定："省、自治区、直辖市的人民代表大会及其常务委员会根据本行政区域的具体情况和实际需要，在不同宪法、法律、行政法规相抵触的前提下，可以制定地方性法规。设区的市的人民代表大会及其常务委员会根据本市的具体情况和实际需要，在不同宪法、法律、行政法规和本省、自治区的地方性法规相抵触的前提下，可以对城乡建设与管理、环境保护、历史文化保护等方面的事项制定地方性法规，法律对设区的市制定地方性法规的事项另有规定的，从其规定。"可见，《立法法》将城乡建设与管理、环境保护以及历史文化保护事项的立法权限赋予了设区的市，从而扩大了设区的市的立法权限范围。

"法律应具有行为规范的基本属性，它应当是对一定主体的权利义务的规范。"① 即法律的核心问题是公民的权利义务，而与公民权利义务的关系区分了不同效力层级的法律规范。凡是影响公民的人身权、自由权以及重大财产权利和其他权利的行为，是只有法律才能够创设的。以行政处罚为例，法律享有六大种类的处罚创设权，而行政法规的创设权则不得限制人身自由，而规章的创设权仅包括警告和一定数量的罚款。规章以下则一律不享有创设权。行政许可和行政强制等也要遵循这样的要求。

应该说，关于我国立法权限的划分，尤其是《立法法》的规定，具有重要的现实意义，其针对立法权限划分所确立的"根据"原则和"不抵触"原则，"虽然简单，但执行起来并不困难，实际操作并不难于把握；虽然原则、灵活，但能够保证法制的统一和协调，可以按这些原则进行有效的立法监督；特别是这种划分是动态的，而不是静态的，没有拘泥于具体事权的分配，保持了立法体制内在的活力，有利于调动各个立法主体的积极性，满足法制建设对立法的需求。"② 但在实践过程中，既有立法权限划分存在的问题也逐渐暴露出来。

（2）"根据"原则和"不抵触"原则

"根据"原则主要解决行政法规和政府规章制定时应当遵循的基本原则，即根据上位法制定执行性立法，但大量出现的创设性行政立法则对"根据"

---

① 王贵松：《论行政法上的法律优位》，《法学评论》2019 年第 1 期。

② 许安标：《论行政法规的权限范围》，《行政法学研究》2001 年第 2 期。

原则形成了冲击。但是从我国法制发展的历程来看，上述现象的存在有其合理性。我国作为被动地、后发地开始法治化进程的国家，在法律体系完全建立健全之前，社会各领域皆存在不少立法空白，在法律来不及或不适合制定时，如果不允许行政立法的话，很多领域将无法进行行政管理，而行政立法的实验性作用也无法发挥。因此，问题就在于到底应该在什么意义上理解"根据"原则。我们认为应该坚持以下两点。

第一，对管理权的授予不等于立法权的授予，在职权立法时，不得突破法律优先原则和法律保留原则。

第二，"根据"原则不完全排除创设性立法。行政立法的大量出现是不可避免的现实需要，尽管行政立法所带来的立法重心由权力机关转向行政机关的风险始终存在，但就社会对行政立法的现实需要而言，有必要重新理解"根据"原则[①]，即在"基本的方面，下位法不超出上位法"，也就是在没有统一的单行法之前，或者统一的单行法没有就专门问题作出规定的情形下，根据已有上位法制定下位法，若下位法的增加、改变、取消上位法规定会对相对人权利义务产生实际影响，则违背了"根据"原则，反之就没有违背上位法。

"不抵触"原则划分了法律与地方法规的界限。《立法法》第七十二条第一款[②]，《地方组织法》第七条[③]、第四十三条[④]等的规定，基本上确立了我国地方立法的"不抵触"原则，即不与法律、行政法规相冲突，相违背。"不抵

---

① 刘莘主编：《法治政府与行政决策、行政立法》，北京大学出版社 2006 年版，第 185 页。

② "省、自治区、直辖市的人民代表大会及其常务委员会根据本行政区域的具体情况和实际需要，在不同宪法、法律、行政法规相抵触的前提下，可以制定地方性法规。"

③ "省、自治区、直辖市的人民代表大会常务委员会在本级人民代表大会闭会期间，根据本行政区域的具体情况和实际需要，在不同宪法、法律、行政法规相抵触的前提下，可以制定和颁布地方性法规，报全国人民代表大会常务委员会和国务院备案。设区的市的人民代表大会常务委员会在本级人民代表大会闭会期间，根据本市的具体情况和实际需要，在不同宪法、法律、行政法规和本省、自治区的地方性法规相抵触的前提下，可以制定地方性法规，报省、自治区的人民代表大会常务委员会批准后施行，并由省、自治区的人民代表大会常务委员会报全国人民代表大会常务委员会和国务院备案。"

④ "省、自治区、直辖市的人民代表大会根据本行政区域的具体情况和实际需要，在不同宪法、法律、行政法规相抵触的前提下，可以制定和颁布地方性法规，报全国人民代表大会常务委员会和国务院备案。设区的市的人民代表大会根据本市的具体情况和实际需要，在不同宪法、法律、行政法规和本省、自治区的地方性法规相抵触的前提下，可以制定地方性法规，报省、自治区的人民代表大会常务委员会批准后施行，并由省、自治区的人民代表大会常务委员会报全国人民代表大会常务委员会和国务院备案。"

触”原则比“根据”原则的含义更具弹性，“根据”原则只存在于有上位法的情形，但就“不抵触”原则而言，在有上位法或者没有上位法的情形下，都可能存在。

第一，无上位法规定的情形。在没有上位法的情形下，不排除法规的创制权，换言之，对没有法律规定的事项，地方法规可以在权限内先行制定地方法规，但是不得与宪法、法律基本原则相抵触。我国《立法法》采用了“法律保留”原则，因此“不抵触”原则多了一项内容，即任何法规、任何规章或者其他什么形式的规范性文件，都不得就法律保留的事项进行立法，否则即构成抵触。

第二，存在上位法的情形。在该事项存在上位法规定的情形下，以下改变都可能构成抵触：扩大或缩小裁量权限（包括改变裁量的条件、方式或者幅度），变更义务的范围、性质和数量（无论是扩大或者缩小）、改变相对人享有的权利或享有权利的条件（无论是扩张或减损或者改变），或者是变更特定法律术语的概念、可能引起法律后果的变更等。

此外需要注意的是，即使在第一种条件下，虽然在上位法空白的时候，允许地方法规行使先行立法权，但是当上位法就同一事项已经作出规定时，地方法规仍然要恪守“不抵触”原则，并根据上位法检视地方立法，若有冲突，则必须进行相应的废止或修改。

（3）现有体制下的区域立法权限

区域立法的权限同样包括职权立法和授权立法两个部分。职权立法应该遵循《宪法》和《地方组织法》的基本规定，符合“根据”原则和“不抵触”原则的基本要求。但是区域立法又存在自身的一些特性，决定了在区域立法过程中会表现出较多的创设性立法，如上文所述，在原则框架内可以有适当的灵活性。需要着重阐述的是目前的授权立法制度，授权主体与被授权主体的规定应该适度放开，使之具有更大的灵活性和适用性。

另外，我国目前立法实践中的授权立法基本上都是主动授权立法，由全国人大根据国家发展的规划和需要，对相应地区进行授权。主动授权能够符合国家的战略和整体规划，但是难以完全照顾到区域发展的具体需求。因此，可以考虑设计“授权立法的申请制度”[①]。由区域地方政府根据立法需求，向

---

① 王春业：《区域行政立法模式研究——以区域经济一体化为背景》，法律出版社 2009 年版，第 129 页。

全国人大及其常委会提出立法申请，由全国人大审查并决定是否立法，以及通过哪种方式进行立法。同时对于授权立法的制度化而言，最好是能够通过《立法法》将主动申请授权制度予以明确化。就区域立法而言，这也将是一个极大的便利。

4. 京津冀地区区域立法的权限问题

目前我国的地方立法体制是“一元三级”，即中央、省级和设区的市。其中，立法权限的划分涉及两个层面，一是中央和地方的立法权限，二是省级立法主体和设区的市立法主体的权限。在京津冀地区区域协作的过程中，可能涉及的几个问题包括：

第一，关于民事、经济等方面的基本制度。中央和地方立法权限的配置，不仅涉及政治权力的划分，还涉及经济利益的分配。尽管《宪法》和《立法法》规定国家基本制度属于全国人大及其常委会的专属立法权，但是对什么是“基本”，“基本”的内容和范围是什么并没有清楚地界定和划分。因此，在实践中很容易出现从严解释，将“基本”理解为“全部”。[①] 在区域经济一体化的过程中，最多涉及的便是经济、财政、税收、金融、基础设施建设以及因环境等协作而带来的利益补偿等问题，因此中央和地方立法权限除应在上述领域进一步明确之外，还应当允许地方在产权制度、消费者权益保护、税收与利益补偿等领域进行先行先试。

第二，兜底条款的“其他”如何理解。《立法法》在列举全国人大及其常委会专属立法权时规定了兜底条款，也就是“其他”必须由全国人大及其常委会规定的事项。但是这个“其他”在中央和地方争议很大，地方认为除明确列举的十类中央专属的立法事项之外的，都属于地方立法权限。在国家立法空白的情况下，地方性法规依法享有先行立法权，并类推出在专属事项之外，地方当然享有立法权。而中央则认为，中央立法权除专属立法事项外，当然包括其他事项的立法权。中央和地方立法在权限上的重合很大程度上导致了中央和地方立法的重合。并且实际上混淆了中央和地方立法权划分的界限和依据。

第三，省和设区的市的立法权限问题。根据《立法法》的规定，设区的市

---

① 王腊生：《新立法体制下我国地方立法权限配置若干问题的探讨》，《江海学刊》2017 年第 1 期。

的地方立法权，与原来享有地方立法权的主体相比，只有立法事项的范围不同，限于“城乡建设与管理、环境保护、历史文化保护等方面的事项”，在制定依据、制定原则和制定范围上是一样的，都要符合“根据”原则和“不抵触”原则，符合本地区的实际情况和发展需要，满足执行性、地方事务性以及先行性三个特点。但是对设区的市的立法权限事项的限定，实际上限缩了国务院确定的省会市以及较大的市的立法权限，但是对于“等”字原则上不宜作出“等外等”的理解，就目前的理论和全国人大的态度而言，宜理解为“等内等”。

因此省和设区的市及其人大常委会的立法权限的区分，主要集中在以下几点。①

第一，省级立法侧重“面”，设区的市立法侧重“点”。

第二，省级立法侧重“共性”，设区的市立法侧重“个性”。设区的市应当针对本地区的特殊需求进行立法。

第三，省级和设区的市立法权限划分还需要遵守“法定性”，适应“变革性”。

根据上述规定，京津冀区域立法的主体根据上述权限的划分可以确立两个原则。

一是原则上限于同一层级之间的立法主体的协作，如目前实践中的北京市、天津市和河北省三地省级人大之间进行的立法协作。因为目前的立法体制下，不同层级的立法主体之间权限不同，事项范围差异较大，所以跨层级进行立法协作可能性较小。

二是在涉及具体事项时，在不超过地方立法权限的前提下，允许享有该权限的地方立法主体加入。加入制度类似于国际条约中的条约加入制度，在开放性条约中，未在已经签订的多边条约中签字的国家，自愿加入条约并受其约束的法律行为。区域立法过程中，应当在各方同意的前提下，允许享有该事项立法权限的地方立法主体加入，从而扩大规则的适用范围，建立更大的区域统一市场。

（四）区域立法的性质

贯彻落实习近平总书记在党的十九大报告中提出的“建立更加有效的区

---

① 王腊生：《新立法体制下我国地方立法权限配置若干问题的探讨》，《江海学刊》2017 年第 1 期。

域协调发展新机制”[①]要求，必须依靠法治的力量，通过区域立法建立促进区域协调发展的新机制[②]。根据前文论述的区域立法的三种可能情形，中央统一立法和区域共同体立法，本身的行为性质争议不大。争议或者说需要通过定性来明确权利义务以及相应的规制和约束机制的，只有区域内地方政府之间的立法合作或共同立法行为。需要指出的是，在行政区划不可能完全消失、行政体制和立法体制没有大的变革以及既有的绩效考核体制没有改变的大前提下，区域立法只能是区域内全部或一部分主体之间基于自愿合作的联合立法，其中又包括两种形式：一种是以合作协议或框架协议的形式表现出来，如京津冀地区《关于加强京津冀人大立法工作协同的若干意见》和 2006 年 7 月东北地区三省签订的《东北三省政府立法协作框架协议》；另一种是以工作备忘录、会议纪要等非正式对外文本存在的合作意向或工作安排。以合作协议或框架协议为表现形式的区域立法合作具备政府间契约的基本特征，但是以备忘录、会议纪要等内部文件形式存在的区域立法合作则属于内部行政行为，难以通过外部行政行为相关理论进行相应的规制。尽管对于政府间协议是否能够纳入行政契约的范畴理论多有争议，但是通过合同的效力约束机制为区域合作提供更多的制度保障，是值得探索的路径之一。

1. 公法契约

与传统行政行为相对，作为承载着新的行政法发展理念的新型行政行为、行政契约与行政指导等，近年来开始成为行政法研究的新疆域。为区分概念，目前有学者提出，行政契约作为一个上位概念，包括行政协议和行政合同两个下位概念，其中行政协议相当于德国法中的对等关系契约，而行政合同相当于德国法中的隶属关系契约。[③]本文遵循传统概念区分，认为在中国语境中，行政契约等同于行政合同，属于公权力主体为了实现公共利益的目的，

① 习近平：《决胜全面建成小康社会 夺取新时代中国特色社会主义伟大胜利——在中国共产党第十九次全国代表大会上的报告》，人民出版社 2017 年版，第 32—33 页。

② 张宜云：《浅析区域立法的方位和维度——以京津冀区域为例》，《人大研究》2020 年第 3 期。

③ 叶必丰：《我国区域经济一体化背景下的行政协议》，《法学研究》2006 年第 2 期；何渊：《长三角地区行政协议的评估与分析》，载史德保主编《长三角法学论坛——长三角区域法制协调中的地方立法》，上海人民出版社 2008 年版，第 92 页；何渊：《泛珠三角洲地区政府间协议的法学分析》，《广西经济干部管理学院学报》2006 年第 1 期；石欣贤：《行政协议——区域合作的契约治理模式探讨》，硕士学位论文，华中科技大学，2008 年。

而与另一方当事人就权利义务互为意思表示并达成合意的法律行为。[①]

对等性契约和隶属性契约的划分源自德国行政程序法。通说认为德国行政程序法第五十四条[②]指的是隶属关系契约，尽管该规定并未明确提出对等关系契约和隶属关系契约的划分，但是与隶属关系契约相对的便是对等关系契约。原则上，对等关系契约是由两个公权力主体之间所缔结，而隶属关系契约则由一方公权力主体与作为另一方主体的人民所缔结。二者区分的关键在于契约当事人于缔结契约时，是处于一种上下隶属状态或是属于一种平等关系之中，判断的标准在于契约标的，或者说契约内容。[③]

我国台湾地区“行政程序法”第一百三十八条参考了德国行政程序法的规定，但是具有关键性分类的规定并未参考[④]。只是在“法务部”的草案说明中的第四章（章名说明二）中指出：“行政契约依其性质，种类繁多，大体得区分为‘隶属关系契约’与‘对等关系契约’。”[⑤] 除德国和我国台湾地区之外，法国关于行政契约（合同）的规定以及日本在《地方自治法》中所规定的“事务委托制度”都属于对对等性行政契约的一种推断存在。[⑥] 也就是说，对行政契约的界定，不管是已有的成文法，还是学术研究的讨论，都只是强调其中一方必须为行政主

---

① 杨解君主编：《中国行政合同的理论与实践探索》，法律出版社 2009 年版，第 3 页。“中国大陆学者针对行政合同的客观存在，均已肯认其作为行政法研究的新论域，并已展开各方面的探索。就其含义，也基本达成共识，尽管表述各异，但并无本质分歧。”具体表述参见应松年主编：《当代中国行政法》（下），中国方正出版社 2005 年版，第 988 页；姜明安主编：《行政法与行政诉讼法》，北京大学出版社 1999 年版，第 251 页；杨解君：《行政法学》，中国方正出版社 2002 年版，第 346 页；叶必丰：《行政法学》，武汉大学出版社 2003 年版，第 291 页；等等。

② “尤其是行政官署得与本欲对之为行政处分之相对人订立公法契约，以代替行政处分。”

③ 林明锵：《行政契约法研究》，台湾翰芦图书出版有限公司 2006 年 4 月版，第 10 页。

④ “行政契约当事人之一方为人民，依法应以甄选或其他竞争方式决定该当事人时，行政机关应事先公告应具之资格及决定之程序。决定前，并应予参与竞争者表示意见之机会。”

⑤ 林明锵：《行政契约法研究》，台湾翰芦图书出版有限公司 2006 年 4 月版，第 11 页。

⑥ 法国关于行政契约（合同）的规定为，只要有一方为行政主体，内容为直接执行公务，或者契约（合同）内容虽非直接执行公务，但合同所适用的规则超越私法规则，这些契约（合同）则都属于行政（契约）合同。在此，推定认为，法国规定行政合同的当事人中至少须有一方是公法人，就意味着双方皆为公法人的情形是存在的。此外，认为法国的市镇合并以及市镇联合会和市镇联合区都必须以涉及市镇的协商一致为先决条件，而这种协商则属于行政机关的契约之列。而法国公产制度规定“公共使用的设定通常由有决定权的行政主体单方面决定，有时也可能是由两个行政主体之间的合同产生”。参见王名扬：《法国行政法》，中国政法大学出版社 1988 年版，第 185—203、320 页；日本在《地方自治法》中规定，为了地方公共团体事务的共同处理而采用契约手段的制度，即“事务委托制度”。例如，A 町的儿童所居住的村落，离 B 町的学校近，在 B 町的学校受教育更为合适。在这种情形下，只要满足了一定的条件，即可以创造使 A 町对 B 町享有让 B 町承担 A 町儿童教育形成权的机制。参见盐野宏：《行政法》，杨建顺译，法律出版社 1994 年版，第 140 页，转引自冯望《地方政府间行政契约研究》，硕士学位论文，中国政法大学，2009，第 17 页。

体，而另外一方区分与之是否处于平等关系，成立对等契约或隶属契约。

目前对行政契约的研究主要集中在以 PPP（政府与社会资本合作）、公私合营等领域的政府与相对人签订的行政合同上[①]，主要目的在于防止公权力依靠强势地位侵害私权利，或者违法私自让渡公权力，构成对公权力的滥用和侵害等。[②] 对等行政契约尽管不存在一方公权力的强势地位所带来的危险，对隶属关系契约中的某些特别限制手段不必适用于该领域，但是行政契约的基本特性在对等关系行政契约中仍应得到遵循：缔约主体的地位平等，以及在平等基础上的协商一致。“因双方意思一致而成立之法律行为，并非谓参与契约之当事人法律地位全盘对等，亦非谓在一切法律关系上之对等，乃系指就成立契约之特定法律关系而言，双方意思表示具有相同价值，而有别于一方命令他方服从之关系。”[③] 契约的目的在于通过自愿和协商实现自我约束与治理，因此主体的平等性及意思自治是作为前提和基础存在的两个要素；程序的控制和保障。包括缔结、履行、缔约方的权利义务等条款在内的程序要素是实现契约效力的必要规则，程序的自控价值和正当性保障对于行政契约的意义并不弱于其他行为；争端机制的建立和保障。合意治理的实现以国家强制力的保障为后盾，欠缺强制力支持的契约只是一纸空文，因此，不管是公法契约或是私法契约，对等性契约或是隶属性契约，争端解决机制及其背后所代表的国家强制力都是契约制度得以实现的必要条件。

需要指出的是，在早期对行政契约或行政合同的研究过程中，借鉴德国和我国台湾地区的相关法律规定或者学术研究的表述，也同时存在公法合同、公法契约的表述。[④] 但实际上，对于行政合同、行政契约、公法合同、公法契

---

① 参见于安：《PPP 协议的法律问题》，《东南法学》2019 年第 1 期；于安：《我国 PPP 的法治走向与新行政法》，《中国法律评论》2018 年第 4 期；于安：《我国实行 PPP 制度的基本法律问题》，《国家检察官学院学报》2017 年第 2 期。

② 林明锵：《行政契约法研究》，台湾翰芦图书出版有限公司 2006 年版，第 11 页。

③ 吴庚：《行政法之理论与实用》，中国人民大学出版社 2005 年版，第 370 页。

④ 方昀、曾祥生：《试论公法合同的契约基础——以公法与私法的关系为中心》，《武汉大学学报》（哲学社会科学版）2009 年第 2 期；徐伟学：《探究德国公法合同的适法性——以德国联邦行政法院一判决为例》，《法制与社会》2007 年第 2 期；刘坤：《公法契约中的当事人主义》，《云南警官学院学报》2013 年第 3 期；王亮亮、马驰：《一种基于公法契约理念的刑事诉讼争议解决机制》，《法制与社会》2011 年第 33 期；朱靖利：《论公法契约》，《黑龙江省政法干部管理学院学报》2010 年第 10 期；张凌、李婵媛：《公法契约观视野下的刑事和解协议》，《政法论坛》2008 年第 6 期；谭波：《公法契约规则的使用与构建》，《河南工业大学学报》（社会科学版）2007 年第 3 期；［日］田中二郎、肖军：《公法契约的可能性》，《行政法学研究》2002 年第 1 期。

约的概念并没有进行严格意义上的区分，在使用时针对的内容和对象范畴也基本相同，但是公法合同和公法契约的使用应该具备比行政合同更广阔的疆域，例如朱靖利将公法契约界定为政治国家的治理方式，分为宪法契约、行政契约、行使契约、国际契约等类别。尽管事实上，以刑事和解、辩诉交易等为代表的刑事契约和以 PPP、公私合营等为代表的行政契约占据公法契约的绝大部分实践和学术研究内容，但是公法契约的概念却为区域立法提供了更大的可能，至少为区域地方人大之间的合作协议法律性质的归属提供了可能的指向。因此本研究在后述中采用公法契约的概念。

2. 区域立法性质分析

应该说，区域立法表现为公法契约的结果或者表现形式，从签订主体的不同可以区分为地方人大之间的合作和地方政府之间的合作，分别针对地方法规制定和地方政府规章的制定过程。无论是地方人大之间的合作还是地方政府之间的合作，都可以通过公法契约的形式表现出来，而公法契约理论的完善能够为区域立法主体的合作提供规范化的路径。对于区域立法而言，作为区域内提供正式制度和共同规则的重要主体，目的在于通过各种可能的方式，构建起包括区域内中央立法、区域共同体立法、区域内地方联合立法、区域内共同规章制定以及区域内标准化体系等在内的自洽的规则体系。

通过对《关于加强京津冀人大立法工作协同的若干意见》和《东北三省政府立法协作框架协议》的比对可以发现，二者基本具备了公法契约的核心要素：平等主体、合意的达成以及自愿接受约束的意思表示。但是在对比中也发现，相对于契约而言，二者都存在规范化不足的问题。因此，将区域立法纳入政府间行政契约的规则体系之内予以完善和发展，对于区域行政立法在未来实现良性发展以及我国行政法理论的整体发展都是具有意义的。

"契约社会建立在强迫最小化和同意最大化基础之上，这意味着契约要求更多的信任而不是其他……契约信任的培养，就其自身而言，是一个重要的社会和政治之善。"① 我国长久以来缺乏契约精神和理念，在向现代法治社会

---

① Daniel J. Elazar，*Recovenanting the American Policy*，http：//www. jcpa. org/dje/articles2/reco-vampol. htm，转引自于立深《契约方法论——以公法哲学为背景的思考》，北京大学出版社 2007 年版，第 16 页。

转型的过程中，以契约取代身份的努力仍须坚持。具体到行政法领域的发展，契约精神的引入对传统行政强权模式的改造也是大势所趋。以契约精神为基础构建的区域立法模式，实际上也是地方自治发展的新趋势与表现。尽管区域立法模式的出现表明地方利益冲突的协调并不必然通过行政区划变动的方式实现，行政区经济与经济区经济可以在不重合的情形下实现良性运转。但不可否认的是，从长远来看，区域立法实践将在事实上推进区域之间的联合，通过契约理念指引下的区域立法实现区域繁荣，将是保持国家和民族持续发展的长久之计。

第二章

区域立法的依据与模式构建

“建设中国特色社会主义法治体系，必须坚持立法先行，发挥立法的引领和推动作用，抓住提高立法质量这个关键。”

——2014 年《中共中央关于全面推进依法治国若干重大问题的决定》

目前关于区域一体化进程中的立法协作模式或构建路径，学界已有较多关注，正如前文所述，区域立法应该是一个自洽的规则体系，包括中央立法、区域共同体立法、地方联合立法、地方联合行政立法等在内的正式制度体系，担负着区域发展制度供给功能。因此，区域立法的构建路径包括以下几种：第一，推动中央立法，制定包括区域规划法等在内的单行立法；第二，成立强有力的中央协调机构以及区域机构，根据授权进行区域统一立法；第三，推进区域内地方联合立法的规范化，提高约束力。

一、国家层面的区域立法

（一）政策变革

关于中央和地方财权事权的划分，党的十八大以来进一步规范化、科学化，这也为区域治理协同提供了根本保障。中国共产党十八届三中全会审议通过了《中共中央关于全面深化改革的若干重大问题的决定》，把中央与地方之间的事权划分和确定列为全面深化改革的重要内容。2016 年，国务院印发了《关于推进中央与地方财政事权和支出责任划分改革的指导意见》，提出合理划分中央与地方财政事权和支出责任作为推进国家治理体系和治理能力现代化的重要举措，纳入现代财政制度建设，并逐步推进中央与地方以及地方各级政府间事权划分的规范化与法治化。“坚持财政事权由中央决定。在完善中央决策、地方执行的机制基础上，明确中央在财政事权确认和划分上的决定权，适度加强中央政府承担基本公共服务的职责和能力，维护中央权威。”党的十九届四中全会审议通过的《中共中央关于坚持和完善中国特色社会主义制度 推进国家治理体系和治理能力现代化若干重大问题的决定》提出：“适当加强中央在知识产权保护、养老保险、跨区域生态环境保护等方面事权，减少并规范中央和地方共同事权。赋予地方更多自主权，支持地方创造性开展工作。”“优化政府间事权和财权划分，建立权责清晰、财力协调、区域均衡的中央和地方财政关系，形成稳定的各级政府事权、支出责任和财力相适应的制度。”此后国务院出台了具体领域中央与地方财政事权和支出责任划分改革方案的通知，例如，2020 年国务院办公厅陆续印发了《生态环境领域中央与地方财政事权和支出责任划分改革方案》的通知、《公共文化领域中央与地方财政事权和支出责任划分改革方案》的通知、《自然资源领域中央与地方财政事权和支出责任划分改革方案》的通知、《应急救援领域中央与地方财政事权和支出责任划分改革方案》的通知等，这些文件为具体领域中区域一体化发展提供了规范指引。

值得注意的是，财政事权等的划分与受益范围的关系，结合本文区域一体化发展的研究主旨，实践中存在受益范围跨区域的公共服务问题，此类事项下的中央和地方事权划分的显著特点为“信息不对称”，相较之中央，更接近服务对象的地方具有信息优势，中央角色更宜定位于制定标准、出台规划以及监督，地方负责具体执行。[①] 但整体上来看，中央和地方事权与财权的划分不仅是区域一体化和区域合作的关键事项，对于我国当前的治理体系改革以及中央和地方关系的规范化、制度化都有重大意义，为我国一系列的改革奠定了基础。

关于区域协同和一体化发展，党的十九大以来中央层面的推进与重视也

① 参见黄凤羽、吴奇：《建构中央与地方财政关系：逻辑演绎与实证检验》，《江淮论坛》2019 年第 2 期。

不断提高。2018 年 11 月，《中共中央 国务院关于建立更加有效的区域协调发展新机制的意见》发布，其中明确提出："到 2020 年，建立与全面建成小康社会相适应的区域协调发展新机制，在建立区域战略统筹机制、基本公共服务均等化机制、区域政策调控机制、区域发展保障机制等方面取得突破，在完善市场一体化发展机制、深化区域合作机制、优化区域互助机制、健全区际利益补偿机制等方面取得新进展。""加快形成统筹有力、竞争有序、绿色协调、共享共赢的区域协调发展新机制，促进区域协调发展。"为贯彻落实该意见要求，各地纷纷响应区域发展的大趋势，2019 年 6 月湖南省人民政府办公厅印发《关于建立更加有效的区域协调发展新机制的实施方案》的通知；2019 年 7 月中共甘肃省委、甘肃省人民政府制定了《关于建立更加有效的区域协调发展新机制的实施意见》，为我国区域协调发展与区域立法奠定扎实的基础。

（二）现有依据

1. 宪法序言修改

1982 年宪法几乎没有涉及区域协同发展，2018 年宪法修改时在序言中增加了三个内容，分别是科学发展观、习近平新时代中国特色社会主义思想和贯彻新发展理念。应该说，从宪法序言修改后的字面表述中，并不能够理所当然地得出新宪法序言能够作为区域立法的宪法依据的结论。因此，学者认为要从党的十九大报告关于新发展理念的论述中推断而出：一是新发展理念是在科学发展观的基础上提出来的；二是新发展理念的内涵包括了创新和协调，结合党的十九大报告以及党的一系列政策和文件中提出的关于区域协调发展、区域协调发展机制等论述，应当认为协调包括了区域协调的含义在内。① 宪法序言是我国宪法的重要组成部分，宪法价值构造的功能既与宪法序言的效力和作用紧密相连，也与宪法序言价值构造的类型密切相关。按照吴家清等学者对宪法序言价值构造类型的划分与研究，我国的宪法序言总体而言属于宏观纲领型并且具有法律效力。② 因此，应该认为，相对于 1982 年

---

① 刘松山：《区域协同立法的宪法法律问题》，《中国法律评论》2019 年第 4 期。

② 参见吴家清、宁凯惠：《论宪法序言的价值构造及其功能》，《法学论坛》2019 年第 3 期。

宪法，修改后的宪法尤其是序言部分，为区域协同发展，以及包括区域立法在内的区域协调机制提供了更多的依据和更大的可能。

2. 现有法律依据

叶必丰通过对4448件法律文件的统计和整理（见表2-1～表2-3），包括15部法律的21个区域合作条款，25件行政法规的32个区域合作条款，以及24个有关区域合作的法律文件。认为当前我国有关区域合作的立法还处于单行法律、行政法规的分散规定不断丰富和积累，且应当积极探索制定专门的统一立法的阶段。①

表2-1　区域合作的法律②

序号	法律名称	时间	条序	表述词	沿革	模式
1	《环境保护法》	2014	20/2	协商	1989，15	选择
			31/2	协商		授权
2	《旅游法》	2018	23	合作	2013，23；2016	授权
			17/2	协商	2013，17/2；2016	选择
3	《海洋环境保护法》	2017	8/1	协商	1982；1999，8/1；2013，8/1；2016	选择
4	《草原法》	2021	37	协商	1985，5；2002，37；2009；2013，37	选择
5	《渔业法》	2013	7/3	协商	1986；2000；2004，7/3；2009	选择
			22/1	协商	1986；2000；2004，22/1；2009	授权
6	《农业法》	2012	32/2	合作	1993；2002，32/2	授权
7	《水土保持法》	2010	46	协商	1991，31	程序
8	《水污染防治法》	2017	31	协商	1984；1996，26；2008，28	选择
			63/2、3	协商		授权
9	《科学技术进步法》	2021	6/2	合作	1993；2007，6/2	授权
10	《突发事件应对法》	2007	37/2	合作		授权
11	《就业促进法》	2015	21/1	协作	2007，21/1	授权
12	《公路法》	2017	64/1	协商	1997；1999，64/1；2004；2009；2016，64/1	程序

① 参见叶必丰：《区域合作的现有法律依据》，《现代法学》2016年第2期。

② 参见叶必丰：《区域合作的现有法律依据》，《现代法学》2016年第2期。根据2022年1月1日前的法律修订情况，本文在原有表格基础上做了更新。

（续表）

序号	法律名称	时间	条序	表述词	沿革	模式
13	《水法》	2016	56	协商	1988，35；2002；2009，35	程序
14	《民族区域自治法》	2001	65/2	合作	1984	授权
			42/1	协作	1984，42/1、64	授权
			64	协作	1984，64	授权
15	《矿产资源法》	2009	49	协商	1986，47；1996，49	程序

注：1. 为了表格简洁，法律名称简化了“中华人民共和国”字样。“时间”“沿革”项仅标明年份。“条序”项“/”前的数字表示条序、“/”后的数字为款序。

2. “表述词”系检索词。

表 2－2　区域合作的行政法规①

序号	法规名称	时间	条序	表述词	沿革	模式
1	《南水北调工程供用水管理条例》	2014	15	协商		授权
2	《突发事件应急预案管理办法》	2013	25	合作		授权
3	《太湖流域管理条例》	2011	49	协商		选择
4	《行政复议法实施条例》	2007	30	协商		程序
5	《黄河水量调度条例》	2006	20	协商		选择
6	《大中型水利水电工程建设征地补偿和移民安置条例》	2017	46	合作	1991；2006，46	授权
7	《防汛条例》	2011	3	协作	1991，3；2005，3	授权
8	《海关行政处罚实施条例》	2004	3/3	协商		程序
9	《行政区域界线管理条例》	2002	6/3	协商		授权
10	《人工影响天气管理条例》	2020	14	协商	2002，14	程序
11	《长江三峡工程建设移民条例》	2001	52	合作	1993	授权
12	《水污染防治法实施细则》	2000	12/1	协商	1989，4	程序
			12/22	协商	1989	程序
13	《自然保护区条例》	2017	12/3	协商	1994；2011	程序
14	《矿产资源法实施细则》	1994	23	协商		程序
			36	协商		程序
15	《城市民族工作条例》	1993	15	协作		授权
16	《集会游行示威法实施条例》	2011	11/2	协商	1992，11/2	授权

① 参见叶必丰：《区域合作的现有法律依据》，《现代法学》2016 年第 2 期。根据行政法规的修订，本文在原有表格基础上进行更新。由于原表格中的《地图编制出版管理条例》失效，故做了删除。

（续表）

序号	法规名称	时间	条序	表述词	沿革	模式
17	《防治陆源污染物污染损害海洋环境管理条例》	1990	21	协商		授权
18	《行政区域边界争议处理条例》	1988	3/1	协商		程序
			11/1	协商	1981，6	程序
			12/1	协商	1981，5	程序
			13	协商		程序
19	《高等教育自学考试暂行条例》	2014	12	协作	1988，12	授权
20	《渔业法实施细则》	2020	3/3	协商	1987，3/3	选择
			4	协商	1987，4	授权
			10/2	协商	1987，10/2	授权
21	《国务院关于开展全民义务植树运动的实施办法》	1982	13/2	合作		授权
22	《国务院关于老干部离职休养的暂行规定》	1980	3/2	协商		授权
23	《财政部关于税收管理体制的规定》	1977	5	协商		授权
24	《中国人民解放军退出现役干部转业地方工作暂行办法》	1965	8/2	协商		授权

注：1. 为了表格简洁，法律名称简化了“中华人民共和国”字样。“时间”“沿革”项仅标明年份。“条序”项“/”前的数字表示条序、“/”后的数字为款序。

2. “表述词”系检索词。

表 2-3　区域合作的法律文件①

序号	文件名称	时间	表述词
1	全国人大《关于 2013 年发展计划执行情况与 2014 年发展计划的决议》	2014	合作
2	全国人大《关于 2012 年发展计划执行情况与 2013 年发展计划的决议》	2013	合作
3	全国人大《关于 2011 年发展计划执行情况与 2012 年发展计划的决议》	2012	合作
4	全国人大《关于 2010 年发展计划执行情况与 2011 年发展计划的决议》	2011	合作

① 叶必丰：《区域合作的现有法律依据》，《现代法学》2016 年第 2 期。

（续表）

序号	文件名称	时间	表述词
5	《国民经济和社会发展第十二个五年规划纲要》	2011	协作
6	全国人大环资委《关于议案审议结果的报告》	2011	合作
7	全国人大《关于2009年发展计划执行情况与2010年发展计划的决议》	2010	合作、协作
8	全国人大财经委《关于议案审议结果的报告》	2009	合作
9	全国人大《关于2008年发展计划执行情况与2009年发展计划的决议》	2009	合作
10	全国人大秘书处《关于议案处理意见的报告》	2009	合作
11	全国人大《关于2007年发展计划执行情况与2008年发展计划的决议》	2008	合作
12	《国民经济和社会发展第十一个五年规划纲要》	2006	合作、协作
13	全国人大《关于〈政府工作报告〉的决议》	2004	合作
14	全国人大《关于〈政府工作报告〉的决议》	2003	合作、协作
15	全国人大《关于〈政府工作报告〉的决议》	2002	合作
16	全国人大《关于第十个五年计划纲要及关于纲要报告的决议》	2001	合作
17	《国民经济和社会发展第十个五年计划纲要》	2001	合作
18	全国人大《关于检查农业法实施情况的报告的决议》	1997	协作
19	《国民经济和社会发展"九五"计划和2010年远景目标纲要》	1996	合作
20	全国人大《关于1990年国家预算执行情况和1991年国家预算的决议》	1991	合作、协作
21	《国民经济和社会发展十年规划和第八个五年计划纲要》	1991	合作、协作
22	全国人大《关于第七个五年计划和第七个五年计划报告的决议》	1986	合作、协作
23	全国人大《关于〈当前的经济形势和今后经济建设的方针〉报告的决议》	1981	协作
24	全国人大《关于1960年国民经济计划、1959年国家决算和1960年国家预算的决议》	1960	协作

注：1. 为了表格简洁，法律名称简化了“中华人民共和国”字样。
2. “表述词”系检索词。

叶必丰对上述法律文件的统计和分析，总结出我国区域合作立法状况的几个特点。

第一，区域合作法律条款基本上属于对具体事项的规定，而对区域合作的法律机制、合作协议的必要条款和效力等普遍性问题尚无统一规定，因此只是为区域合作提供了基本的依据。

第二，国家立法早于地方立法。尽管中央立法是以分散的方式出现，但是地方相关立法也确实比中央立法晚了许多年。《湖南省行政程序规定》第十五条[①]中关于区域合作以及区域合作协议的相关规定，是我国地方立法中最早的相关规定。

第三，国务院的行政立法往往早于全国人大的立法，二者呈现错位发展的特点。

（三）中央立法的几个主要问题

行政上没有隶属关系的政府之间，基于经济发展需要，选择跨行政区划的行政管理和经济开发战略，通过区域经济合作实现利益共享。立法是现代社会区域经济发展的治理手段之一，现实情况却是，在跨行政区域协同发展中缺乏专项立法，[②] 应当注意的是，关于区域立法问题，首先要界定央地事权划分问题，目前我国采取“影响范围”和“重要程度”标准，但是该标准并不完全贴合我国区域立法实践，[③] 对于区域立法而言，以下几个主要问题必须通过中央立法予以解决。

1. 区域立法的合宪合法空间

宪法作为我国的根本法，具有最高效力。法律优位是行政法中的基本原则，指“法律在行政的活动中具有优越地位，行政的一切活动均不得违反现行的法律”[④]。根据对宪法和既有法律法规的研究，目前的区域立法基本上处于没有明确违宪违法，但是也没有明确合宪合法的状况。宪法序言的最新修改尽管能够推导出区域协调的合宪性，但是在后面的国家机构部分并没有予

---

① “各级人民政府之间为促进经济社会发展，有效实施行政管理，可以按照合法、平等、互利的原则开展跨行政区域的合作。区域合作可以采取签订合作协议、建立行政首长联席会议制度、成立专项工作小组、推进区域经济一体化等方式进行。上级人民政府应当加强对下级人民政府之间区域合作的组织、指导、协调和监督。”

② 参见高轩、张洪荣：《区域协作背景下飞地治理立法研究——以深汕特别合作区为例》，《江汉论坛》2020 年第 3 期。

③ 刘雁鹏：《中央与地方立法权限划分：标准、反思与改进》，《河北法学》2019 年第 3 期。

④ 王贵松：《论行政法上的法律优位》，《法学评论》2019 年第 1 期。

以相应的调整，根据国家机构的设置，行政区是立法权和行政职能等权力行使的边界，行政区之间的横向合作并没有规定。况且有宪法学者在回顾新中国成立初期大行政区设置又取消的历史后，指出我国1954年宪法关于行政区的规划，实际上是为了避免大行政区导致的“区域抱团对抗中央”的现象，目的在于维护单一体制下的中央权威。而目前的区域立法实践走在了宪法和法律之前，无论是采用哪种方式进行，都是对中央权力的消解。因此，在全面把握当前的区域立法现状之后进行必要的宪法和法律安排，是我国单一制国家机构和立法体制的迫切需要。

2. 区域合作的法律机制问题

（1）合作主体、权限和事项

我国现阶段区域合作立法的难题之一便是立法主体界定不清且争议不断。[①] 同时在我国当前的区域立法实践中，各立法主体之间既有横向联系，也有纵向联系，其中横向联系指的是同级地方人大及其常委会和人民政府之间的联系，纵向联系指的是上下级地方人大及其常委会、上下级政府之间的关系。但是区域内地方人大及其常委会的横向关系在很大程度上已经介入了宪法法律的领域，这就与人民代表大会制度的基本内容不相符合，引起了政治制度内在的紧张关系。目前的区域合作或者区域协商立法的对象，既包括比如苏皖浙沪三省一市成立的长三角区域大气污染防治协作小组，由人大的专门委员会和常委会工作机构组成的联席会议，也包括京津冀三地的人大常委会主任会议等，还包括区域内政府以及区域内政府职能部门，问题在于，如果通过宪法法律授权的方式来实现区域立法的合宪合法性，首先也要明确授权的对象是谁，也就是明确授权的区域立法主体到底是谁。

关于区域立法的权限问题，目前京津冀地区的省级区域北京、天津、河北省以及雄安新区的政治地位、经济地位以及获得的授权在实际上都是有差异的，那么在区域合作立法的过程中，是所有的事项都可以通过立法授权的方式交由区域协调立法解决，还是要进行具体的区分，哪一部分可以授权区

---

① 参见宋保振、陈金钊：《区域协同立法模式探究——以长三角为例》，《江海学刊》2019年第6期。

域协调立法解决，哪些不可以授权。另外，需要注意的是，区域立法应当保持适度的警惕和克制，避免低质量的规范性法律文件进入实践，减损法律的权威和严肃性。因为“法治化的实质是各种行为的规则化，并且要求各种行为在伦理上应是求善的且有节制的”①。因此，区域立法应当为其他规范留有充分的空间，并且理顺与既有法律体系的关系。

（2）区域立法的效力问题

区域立法的效力不仅要解决区域立法文件在现有法律体系中的地位问题，也要解决区域立法跟已有法律法规的关系问题，同时还要解决区域立法在法律适用过程中的地位问题。如果区域立法的效力问题不能得到合宪合法的解决，则区域立法无论作为一种合作方式、协调方式还是作为一种立法模式，所能够发挥的实质作用都是非常有限的。

（3）区域立法的法律体系问题

目前区域立法整体上呈现出软法有余而硬法不足的特点，区域立法的规范性文件大多以政策、规划、文件以及分散的法律条文表现出来，无论是当前的状况，还是在区域合作立法的模式的构建中，不同区域立法模式产生的法律规范性文件与既有法律体系的关系、效力自洽等，都是需要中央层面予以明确的。

二、区域内地方联合立法模式

法治社会建设过程中，深化区域合作必须“着眼于共同制定和遵守跨区域的法律、制度和规则。只有这样才能建立优势互补、利益共享、互惠共赢、相互帮扶的区域一体化发展体系”②。

（一）区域内地方联合立法的主体和权限

区域内地方联合立法的主体和权限在前面已有讨论，此处不再赘述。通

---

① 陈光：《“大立法”思维下区域地方立法协调的困境与反思》，《湖湘论坛》2017年第3期。

② 陈玉梅、李德学：《长江经济带流域生态保护补偿制度的立法完善》，《云南民族大学学报》2020年第4期。

过《西水河保护条例》的案例展示一下地方人大合作立法的过程。

案例 2-1：《西水河保护条例》的制定[①]

西水河流经湖北、湖南、重庆、贵州等省市，流域面积约 18530 平方千米，是土家族苗族聚居地。《西水河保护条例》是湖北省恩施州与湖南省湘西州以新发展理念为指导，以绿色引领共治，共同保护西水河及其流域生态而开展的跨行政区域立法合作项目，也是民族区域立法合作的有益尝试与成功探索。

1. 西水河保护立法合作主体

《西水河保护条例》的立法合作主体是恩施州人大常委会和湘西州人大常委会。在西水河流域，享有立法权的地方包括四个省市（湘鄂渝黔）、两个自治州（恩施州与湘西州）和三个自治县（重庆的酉阳土家族苗族自治县、秀山土家族苗族自治县和贵州的松桃苗族自治县），各地长期以来对西水河及其流域生态采取的保护方式不同，本届人大的立法计划也不相同，最后能够达成立法合作共识的是地域毗邻的恩施州与湘西州。

2. 西水河保护立法合作方式

西水河保护立法的正式合作方式是联席会议，会后也通过两州相关部门之间的沟通、对话、协商开展工作。2015 年 9 月，西水河保护立法工作第一次联席会议召开，确定将《西水河保护条例》分别列入各自的年度人大常委会立法计划，并分别报请湖北省、湖南省列入 2016 年度立法计划。

条例草案的起草采用共同委托专家进行的方式，草案出台后，双方举行会议讨论完善了草案初稿，并分别召开会议审议。经会议审议决议，决定将草案修改为《恩施土家族苗族自治州西水河保护条例》和《湘西土家族苗族自治州西水河保护条例》两个文本。文本确定后恩施州、湘西州开始分别按照各自的地方立法程序进行，包括报送州人大常委会审议、报送省人大常委会批准，并分别召开人大常委会会议进行审议和通过。条例经湖南省和湖北省人大批准后，由两州分别发布实施。

3. 西水河保护立法合作成果

从西水河立法合作的过程看，联席会议的成果首先以会议纪要的方式呈

---

① 本案例事实材料引自戴小明、冉燕辉：《区域立法合作的有益探索与思考——基于〈西水河保护条例〉的实证研究》，《中共中央党校学报》2017 年第 2 期。

现，双方分别出台的《酉水河保护条例》是立法合作的最终成果。双方通过联席会议对共同立法的几个关键问题达成共识：(1) 关于共同立法的领导和协调、组织等问题；(2) 关于共同立法的起草等方式，主要是确认了人大常委会主导下的委托立法模式；(3) 关于制定《酉水河保护条例》的时间表和路线图；(4) 关于考察调研工作；(5) 关于聘请专家咨询评估；(6) 关于立法工作经费问题。在提交第二次立法联席会议讨论的草案文本中，恩施州的版本修改为六章，湘西州的版本修改为七章。为使立法更具可操作性，双方都将第一次联席会议讨论稿中的“文化传承与保护”等内容删掉，立法目标从对整个酉水河流域的保护调整明确为对酉水河的保护；同时，突出区域立法合作重点，双方都将跨行政区域协调保护机制单列一章。第二次联席会议的会议纪要中记载了双方如下共识：“对不同行政区域的条例文本进一步处理好共性与个性、统一性与差异化的关系，本着存大同、求小异的原则，突出跨行政区域协作机制的建设。”

在《酉水河保护条例》的制定案例中，我们可以看到，合作主体是恩施州人大常委会和湘西州人大常委会，采用共同委托起草的方式产生法案初稿，并通过联席会议的方式协商确定最终的立法内容并报请省级人大常委会批准。立法的内容属于《立法法》规定的环境保护事项。《酉水河保护条例》的立法协作通过会议纪要对包括立法工作经费等具体内容进行明确，使得立法协作途径和方式落地更加具体化，从而操作性更强。

(二) 区域立法协作的方式与程序

1. 区域立法协作的主体程序

区域立法联席会议的形式和内容根据合作与交流的不同分为一事一议的磋商型联席会议和定期交流的会晤型联席会议。磋商型联席会议针对具体事项举行，目的在于消除分歧，达成一致。但也有可能磋商不成，区域立法工作将被暂时搁置，会晤型联席会议的参加人一般是区域内各地方立法机关的负责人，其运转主要涉及以下问题①。

① 陈光：《论区域立法联席会议机制》，《学习与探索》2011 年第 2 期。

第一，时间。大多数会晤型联席会议都是每年召开一次。

第二，地点。一般在区域内各城市轮流召开。

第三，内容与日程。

第四，信息公开与资料发布。

第五，一般会确立相应的成果落实措施。

目前的区域立法联席会议一般集中在行政机关之间的定期首脑会晤，立法机关之间的联席会议较少，导致目前的区域立法协作权力机关的参与不足。从京津冀地区的区域地方立法机关协作实践来看，已经建立起基本的定期会晤机制与临时磋商机制，对于推进区域立法协作确立了良好的基础。然而，“目前立法协作仅停留在浅层和表面的协商，尚缺乏有深度的策进与合作”[①]。需要进一步完善的机制，主要包括配套的成果落实措施、协调立法职权机关以及其他参与主体的区域立法参与机制，保障区域立法的民主性，其中尤其要注重社会团体、行业协会以及行业组织等在区域立法过程中的参与，发挥非政府组织在区域一体化进程中的作用。

2. 区域立法协作的文本产生程序

“区域法治发展是区域经济社会一体化发展的内在需求和必然产物，区域立法则构成区域法治的前提和基础。”[②] 协作是目前我国区域立法的主要方式，区域立法协作的目的在于形成区域立法文本，而文本内容的设置关系到各利益主体的权利义务设置、责任分担以及利益分配，区域立法各主体是否能够就文本内容达成一致，决定了区域立法的成败，因此文本的产生以及就文本内容产生的分歧或争端解决方式至关重要。

（1）文本的起草

目前我国地方立法的起草方式主要包括地方立法机关负责起草、通过政府相关具体工作部门起草、委托起草，其中就目前已有的区域立法实践看基本采用委托起草的方式产生立法文本草案。接受委托的起草主体一般为非官方的社会组织，包括大专院校、科研机构或其他具备法规起草经验和能力的团体或组织等。区域内立法主体共同委托起草，可以有效避免立法资源浪费，

---

① 席月民：《“十四五”时期京津冀协同立法系统转型升级研究》，《价格理论与实践》2020 年第 11 期。

② 孟庆瑜：《论京津冀协同发展的立法保障》，《学习与探索》2017 年第 10 期。

减少立法冲突，提高区域立法起草的效率和质量。立法是一个利益博弈的过程，是一个“区域内不同主体间利益表达、利益协调以及利益整合的交涉过程”[①]，怎样使草案反映并融合各地方的意见和建议，衡平不同主体之间的利益并确立公平的利益补偿机制，直接关系到草案在各地方立法机关分别审议过程中的通过以及区域立法的可持续发展。

(2) 区域立法协作文本的产生步骤

法案起草过程可以划分为十个基本步骤：“作出法案起草的决策、确定起草机关、组织起草班子、明确立法意图、进行调查研究、搭架子和拟出法案提纲、正式起草法案、征求有关方面的意见和协调论证、反复审查和修改、形成法案正式稿。”[②] 区域立法草案的产生也遵循上述基本要求。基于区域立法的特点，在起草过程中应当注意以下几点。

第一，起草决策权。区域立法的起草决策权属于区域内的各职权立法主体，根据区域合作的需要，一般通过定期或不定期会晤的方式协商确定。区域立法起草决策的关键在于区域合作由不定期的、偶然的机制形成长期的、定期的合作，就区域内涉及协作的事务进行充分的协商，以期降低立法成本，避免区域内的法律规范冲突。因此，成立区域立法委员会或者区域立法起草委员会等常设机构是必要的。区域立法起草决策经区域内各立法主体的联席会议确定后，应当通过会议纪要或政府间协议的方式，将立法起草过程中涉及的各方主体、受委托机关的选择方式、起草费用的承担、起草时限、审议和通过方式及期限，以及争端解决办法等明确规定下来。

第二，确定受委托起草机关。受委托起草机关可以采用招标的方式向社会公开招标或定向议标的方式来确定，有偿参与到区域立法起草工作中来，其报酬和费用等由各立法职权主体通过联席会议协商确定并共同分担。

第三，搜集与整理相关立法信息，拟定起草方案。区域立法起草过程中也应当充分搜集和整理国内外相关法律、理论研究状况、社会立法需求等必要的立法信息，在此基础上拟定起草方案。

第四，拟定区域立法草案文本的初稿。做好起草准备工作之后，就可以

① 宋保振、陈金钊：《区域协同立法模式探究——以长三角为例》，《江海学刊》2019 年第 6 期。

② 周旺生：《论法案起草的过程和十大步骤》，《中国法学》1994 年第 6 期。

开始起草条文，立法条文一般经过内部试拟稿—试拟稿—征求意见稿—定稿几个阶段后，提交委托机关。

第五，征求意见稿的公布及征求意见。征求意见可以根据需要以书面或座谈等形式进行。但是征求意见的对象一般应当包括相关职能部门、法律专家和草案所涉技术专家、社会组织和相关利益群体，以及一般公众等。征求意见稿应当根据征求意见情况进行汇总、修改并说明理由。

第六，形成草案文本正式稿，并附上立法起草要求的起草报告等相关材料后提交。

3. 区域立法协作的通过程序

法案送审包括两种情形：一种是只提出立法的建议，但是没有同时附送法案文本；另一种是在提出立法建议的同时，附上起草的相关法案文本。两种情形在区域立法中都存在，只是所处的阶段不同，前者处于区域立法确立阶段，而后者处于区域立法准备阶段。[①] 在通过程序中，此处的送审主要指的是第一种情况。

(1) 区域立法草案的送审主体的确定

表 2-4 北京市、天津市、河北省三地法案提出主体对比表格

北京市法案提出主体	天津市法案提出主体	河北省法案提出主体
市人民代表大会主席团	市人民代表大会主席团	主席团
市人民代表大会常务委员会	市人民代表大会常务委员会	常务委员会
市人民政府	市人民政府	各专门委员会
市人民代表大会各专门委员会	市人民代表大会各专门委员会	本级人民政府
一个代表团或者十人以上的代表联名	市人民代表大会代表十人以上联名	人民法院
		人民检察院
		人民代表大会代表十人以上联名
		人民代表大会常务委员会主任会议
		人民代表大会常务委员会组成人员五人以上联名

① 陈光：《我国区域立法协调机制研究》，博士学位论文，山东大学，2011。

表2-4中，北京市和天津市的规定较为接近，河北省的规定与之相比差异较为明显，集中在人民法院、人民检察院也可以提出地方性法规草案，省人民政府所在地的市和国务院批准的较大的市的人民代表大会常务委员会组成人员五人以上联名，可以向本级常务委员会提出地方性法规草案。因此，区域立法的提案主体应根据各职权主体本行政区内的法律法规的规定确立。由于我国各省级人民代表大会每年召开的时间较为接近，所以可以通过商讨确定区域立法法案的同步提案或送审机制，确保区域立法的同步性，保证区域立法的效率。

（2）协商加入机制

“区域之间要进行协同立法，所要解决的是区域之间的带有共同性或者牵连性的问题，目的是对区域之间的共同事项或者牵连性事项进行协商沟通并达成一致。”① 即区域立法的前提是自愿协作，原则上区域内所有地方立法主体，对区域立法拟立事项具有地方立法权的，都可以参与到区域立法中来。实践中可能会发生的区域立法主体增加主要包括四种情形。②

第一，最开始参与意愿不强，区域立法完成后改变态度，认为加入更有利于自身发展。

第二，参与了区域立法过程，但是对立法文本不满意，在区域立法文本通过前退出程序。区域立法通过后认为能够接受，重新申请加入。

第三，区域立法完成并实施后，自愿终止区域立法效力约束。随着时间的推移或者自身经济社会环境发生较大改变，愿意重新加入。

第四，区域经济一体化的发展是原本区域外的地区同该区域的其他各方之间的经济、社会往来日益频繁，在合作与发展过程中产生区域立法需求，如果该地方已经存在相应的区域立法，则新融入的地方可以申请加入该区域立法。

区域立法的协商加入机制可以借鉴国际条约的协商加入方式，经区域立法职权主体协商表决同意后加入。协商加入包括正式协商和非正式协商两种方式，两种方式都为区域立法主体的增加提供了程序上的可能，扩大了区域

① 刘松山：《区域协同立法的宪法法律问题》，《中国法律评论》2019年第4期。

② 陈光：《区域立法协调机制的理论建构》，人民出版社2014年版，第283—284页。

立法主体数量和效力范围的可能性。

4. 区域立法协作的争端解决与立法后评估的意义

区域立法文本在起草、送审和表决通过的各个阶段都可能涉及立法主体间的分歧和冲突，其解决方式除遵循效力位阶原则、特别法优于一般法原则以及新法优于旧法等行政区划内部法律规范冲突基本原则之外，需特别注意的是，区域立法的制定机关是多元的，不可能按照目前《立法法》的规定交由各个地方立法机关进行分别裁决。区域性法规和规章对同一事项新的一般规定与旧的特别规定不一致的，可以通过成立区域立法委员会进行协调；区域性法规和部门规章不一致的，应当提请国务院就如何适用提出意见；如果是区域性规章和部门规章不一致，则可以提请国务院直接裁决。

立法后评估制度具有重要意义，孙波认为主要有以下四点意义：有效评价法规范实施情况和社会效果；提升法规范质量；实现法规范的民众参与，实现立法民主化；强化政府责任意识，推动法治政府建设。[①] 区域立法后评估以立法后评估理论为基础，然而，立法后评估制度在我国处于起步阶段，评估主体、依据、标准、内容、方法以及评估制度本身在社会科学领域引入的价值和科学性等尚存在诸多争议，区域立法的后评估制度更是需要精确的设计与论证。正如俞荣根所言，立法后评估的价值和意义体现在以下几个方面[②]。

第一，发现法律法规的瑕疵，通过对现行法律法规修改完善，起到减少摩擦、节约成本、提高效率的目的。

第二，促进法律体系的逻辑自洽。立法后评估不仅针对法案本身，还会对其所处的法律体系以及与其他法律规范的关系一并进行审视，例如是否抵触上位法，是否与其他法律规范冲突，冲突的原因是什么，等等，从而推动法律体系的逻辑自洽，减少自耗。

第三，提高公民关注度和参与度。立法后评估的实施过程尤其是评估结果的公开程序，能够引导更多的人关注并积极参与立法，形成立法活动与社会之间的良性互动，提升法律权威，推进法治建设。

---

① 参见孙波：《论行政立法后评估制度的完善》，《江西社会科学》2020 年第 11 期。

② 俞荣根：《立法后评估：提高立法质量的有效途径》，《公民导刊》2010 年第 4 期。

（三）示范性文本的意义及推进

示范性文本作为调整联邦制国家以及主权国家间的国际社会法律冲突规则，王春业提出将之适用于区域内地方立法冲突，并根据地方立法的权限将示范性文本的适用区分为制定实施细则的示范性文本和创制性立法的示范文本两种情形[①]。前者针对的是在制定执行性立法时，各地方对上位法的理解不一致导致的规范冲突，使用示范文本以避免解释不一；后者因涉及不同的地区利益，由各自的利益诉求、行政区范畴下的政绩考核体系、地方保护以及经济社会发展的差异等导致的地方立法冲突是区域立法模式产生的原因，也是最主要的表现。示范文本的价值在于衡平冲突的地方利益。

同时，王春业进一步指出，示范性文本对地方性法规协调具有独特优势。区域合作过程中的重大事项，只能制定地方法规而非通过联合制定政府规章的方式来解决。而地方联合制定地方性法规存在理论和技术上的难题。首先，在我国当前的立法体制下，地方权力机关行使立法权是不能够跨越行政区划的；其次，联合制定地方性法规很难实行多数决制度，这种表决机制在一个具有明确的和相对稳定的行政区内是可行的，但在区域立法的协作过程中则无法实现。目前主要采取的方法是将同一法案交由各地方权力机关分别表决，既照顾现有体制又不违法，但是这个方案没有充分考虑一种情况，那就是假设 A 地表决通过了联合立法的法案，但是 B 地表决没有通过，则立法协调的目的如何保障？或者 B 地虽然表决通过了法案，但是对关键条款做出了重大修改，以至于背离了联合立法的初衷，则联合立法的效果和目的如何体现？在上述情况下，是否有相应的效力机制进行干预或者是否提供必要的救济方式？同时，已经付出的协调成本如何分担？因此，该模式不仅具有较大的不可预测性，在现实中的可操作性和约束力也有待进一步思考。

目前京津冀地区的区域立法协作可以看作是适用的同一立法法案各自提交本行政区人大表决和示范性文本模式，接下来需要做的是将示范性文本的方法法治化、常态化，进一步明确以下几个方面。

第一，示范性文本的制定主体。关于区域立法机构建立模式的选择，主

---

① 王春业：《区域合作背景下地方联合立法研究》，中国经济出版社 2014 年版，第 140—146 页。

要有两种，其一为由国家设立专门区域协同立法机构模式；其二为区域立法联席会议模式。现在主要采用第二种立法模式。[①] 示范性文本的制定应当区分执行性地方立法和创制性地方立法。前者可以通过共同委托的方式，由包括学术团队、科研机构等在内的第三方起草；后者若涉及其他地方的发展，可以先通过召开联席会议的方式，由所涉地方的人大和政府协商确定立法框架和方向，然后再委托第三方起草。目前，京津冀地区的立法协作由天津市起草草案，经联席会议协商后，各自经人大通过，相对于委托第三方机构起草，中立性略差。

第二，示范性文本的制定规划。目前我国区域内以示范法文本作为地方联合立法的领域主要包括两个方面：一是存在不少急需进行规范，但现在国内立法还处于空白领域的事项，这一部分事项在立法条件不成熟的情况下，中央等待地方立法的效果决定是否立法，因此各地自行立法造成新的冲突与不协调；二是存在一些对某些问题争议较大又暂时无法形成统一意见，但现实又亟须规范的事项。因此，根据上述事项对地方立法进行规划，确定哪些内容可以通过示范性文本进行、何时进行以及如何进行等，提前做好协商并形成共同规划。

第三，示范性文本的起草主体。京津冀地区集中了我国最高水平的科研机构和科研人员，因此将示范性文本，尤其是专业性和技术性较强的文本交给具有起草能力的专业机构和专家来起草，不仅能够最大限度地消除地方保护主义的影响，提高立法技术水平和立法质量，保证立法系统的整体性和协调性，也能更好地沟通和协调平衡各方面利益，体现立法的科学性，同时能够形成法学研究与实践的良好互动。

第四，示范性文本的起草程序。程序正义是立法的道德基础，其具有限制和排除立法过程中的恣意活动、协调利益冲突、增强立法透明度和社会公信度的功能。[②] 示范性文本的起草应该至少包括两个程序，应先通过委托的方式形成专家意见稿，即所谓的专业化起草阶段。在专家意见稿形成后，再进入公开征求意见阶段，并根据意见对草案文本进行不断的修改，最后形成

---

① 参见王娟、何昱：《京津冀区域环境协同治理立法机制探析》，《河北法学》2017 年第 7 期。

② 参见宋才发：《地方立法的基本程序及功能研究》，《河北法学》2021 年第 3 期。

定稿，结束起草程序。

第五，示范性文本的选用与通过。示范性文本没有法律约束力，以专家意见稿的形式存在，京津冀地区的相关立法工作会议可以对示范性文本的内容进行审议，并在协商一致的情形下做出一定的修改，同时依据本地区的情况予以采纳，并由权力机关进行正常的民主审议后表决通过并予以公布。具有争议的是对于示范性文本，在通过过程中是否允许各地方立法主体进行修改。理论上，立法权力机关对专家意见稿肯定具有修改的权力，但如果改动过大，也失去了示范性文本实现法制统一的初衷。因此，王春业建议示范性文本在相关条款中明确作出哪些可以修改、哪些不能修改的规定，对于可修改的条款，各地方立法主体可以提出修改意见，但不宜做过大的修改；对于涉及区域经济一体化发展过程中需要共同协调的原则、事项等不能修改的条款，不宜做出修改。可进一步磋商或等待更好的示范性文本形成。

（四）立法评估

“地方立法评估是指特定的主体依据一定的标准，运用一定的方法，对地方规范性法律文件及其实效进行前瞻性、即时性和回溯性的总体评价。”① 这一定义同样适用于区域立法过程中的评估工作。立法评估主要包括立法前评估和立法后评估两种。“立法前评估，主要评估立法的必要性、合法性、协调性和可操作性，评估立法要设计的重要制度和规则的约束条件，评估立法预期对经济、社会和环境的影响，达到立法配置资源的公平与效率。立法后评估，重在评估立法实践，评估法律法规对经济、社会和环境的实际影响，评估社会执法、司法和守法的具体问题。”② 应当指出的是，尽管立法评估的理论对于区域立法评估基本适用，但是在席涛提出的“评估什么”和“如何评估”的问题上，要根据区域立法评估的目的以及区域规划和区域协同的目的，正确认知区域立法的评估跟普通立法的评估的差异。因此，对于京津冀地区的区域立法而言，前评估主要是解决区域立法的必要性和可行性，重点评估

① 李店标、冯向辉：《地方立法评估指标体系研究》，《求是学刊》2020 年第 4 期。

② 席涛：《立法评估：评估什么和如何评估（上）——以中国立法评估为例》，《政法论坛》2012 年第 5 期。

区域立法是否会与中央权威、当前立法体制抵触，制定区域立法拟解决的主要问题，与既有法律体系的差异与协调以及立法的预期效果和目标等。区域立法后评估重点要解决的是区域立法的协同性，立法模式的适用性，立法内容对于区域协调发展的可执行性，区域立法过程程序的正当性，立法通过后对区域环境、区域政策、区域规划以及区域内各复杂的利益主体的影响，区域立法的成本效益，以及区域立法的执行实施机制等问题。立法后评估的目的和价值取向是确保立法质量。在京津冀区域立法全面展开的关键时期，对不断发展和推进的区域立法进行立法评估，其目的就是从实践中总结经验，为立法发展和完善提供借鉴和指导。① 通过对协同性评估指标内容和标准的建立，倒逼地方区域立法的发展，提高区域立法的质量，维护法制统一和中央权威。

三、区域内公法契约的规范化

（一）区域内公法契约的理论审视

在西方，契约和契约精神作为一种重要的文化理念和法律理念，其自由、平等、独立、人权、诚信等精神本身已经成为西方社会文化和制度的组成部分，也已经内化成了自觉的行为规则。“纵观契约在西方社会的历史脉络，契约的发展史既是一部契约制度史，更是契约从宗教到社会再到政治，最后又通过具体法律制度回馈到理念层次的进步史。契约正是在其自身不断发展、演进的过程中，逐渐凝练成了具有平等、人格独立、自由、人权、诚信、协作等人文精神的契约理念。”② “而社会契约的目的不仅仅在于保护无政府状态下的个人的自然权利，而且在于解决社会合作中的个体之间的共存问题。社会共存与个体人格完整性之间的均衡，才是契约论的真正目标。”③

---

① 冯汝：《京津冀区域环境保护立法协同性评估体系的构建》，《社会科学家》2018 年第 7 期。

② 杨解君：《契约文化的变迁及其启示（下）——契约理念在公法中的确立》，《法学评论》2005 年第 1 期。

③ 于立深：《区域协调发展的契约治理模式》，《浙江学刊》2006 年第 5 期。

新中国成立以后经过三个阶段的发展，到1999年《中华人民共和国合同法》的制定，我国的契约法走向全面统一。但是，契约以及契约法制形式上的完备，并不意味着契约理念和契约文化的形成。我国的传统文化有自身的内在机制，该机制恰恰对契约法以及契约理念产生了消解和抑制功能，加之行政权从其产生之日起便被视为国家权威的代表，难以想象行政权作为处分的对象，导致行政协议于理论研究和制度实践中遇到了重重困难。[①] 使得我国形式上的契约仅仅局限在狭窄的私法领域，并且限制了其向公法领域的拓展和应用，更遑论作为一种理念和方法论去影响和重新塑造宪法文化以及公法理论。因此，对我国当前的区域政府合作中的各类协议，其与真正的契约之间的距离，并不仅仅是表现形式上的普通协议与成文立法之间的距离，其间隔着一段漫长的道路，那就是契约文化和理念的塑造，以及文化和理念演化成的内在和外在的规则。

从结构来看，界定契约应该通过以下几个方面进行：一是定约的主体不是单个，至少包括双方；二是要通过契约来决定做或者不做什么，即形成合同内容；三是要在一定程度上达成一致，即产生合意；四是要有允诺或者承诺；五是自愿接受允诺的约束，即同意承受契约的义务和责任。[②]

因此，具体到我国的区域立法领域，目前的区域合作深入到公法契约领域，最根本的在于将允诺或合意具体到义务和责任，并服从由此而带来的约束，并且为约束的实现提供保障机制和纠纷解决机制。在借鉴美国州际协定及日本广域行政的基础上，京津冀地区的区域立法合作应从以下几个方面予以完善。

1. 公法契约的基础理论

法律基础的探讨实际上要解决的是我国公法契约的合法性问题，即为区域立法提供合法性以及正当性。美国联邦宪法、州宪法以及联邦最高法院的判例不仅为州际协定以及州际协议的存在提供了法律基础以及正当性基础，并且为争端解决机制提供了坚实保障。日本的广域行政也有《地方自治法》

---

① 参见王海峰：《试论行政协议的边界》，《行政法学研究》2020年第5期。

② 何怀宏：《契约伦理与社会正义——罗尔斯正义论中的历史与理性》，中国人民大学出版社1993年版，第12—13页，转引自杨解君《契约文化的变迁及其启示（下）——契约理念在公法中的确立》，《法学评论》2005年第1期。

等一系列法律作为保障。从本质上讲，契约之合意的实现，在法治社会中必须由国家强制力提供保障。因此，法律基础解决的不仅是存在的合法性问题，更是存在的可能性与现实性的问题。

（1）行政协议作为协调方式的历史发展

区域协同立法面临着合宪合法性困境，在现今宪法精神背景下，必须妥善处理好区域协同立法与国家结构的关系，同时，在人民代表大会制度下上级人大和政府对下级人大和政府的领导监督，以及在区域协同立法背景下使得纵向关系之外又与横向行政区域内的人大和政府发生联系，[①] 总之，区域协调发展作为中央与地方关系的一个侧面，涉及中央与地方的权限划分、地方制度的安排等重大宪法问题，对各国的宪法制度而言，都是必须妥善解决但又相对棘手的问题。我国近代也不例外。在 1923 年和 1947 年制定的《中华民国宪法》中，都明确规定了地方联合立法体制。试图运用地方联合立法的模式来解决区域协调的问题，无论在当时还是今日的世界各国宪法上，都是颇为独特的一种做法。[②] 但是因为解放战争的推进，实际上该模式从来没有真正实施过，无论是在大陆，还是在我国台湾地区。

（2）当前的制定法依据

我国宪法中并不存在类似于美国宪法的地方协定条款，尽管有研究者认为目前宪法中规定的地方政府职权、民族区域自治权、特别行政区自治权以及区域平等和民族平等等条款中蕴含着我国各级人民政府享有与订立行政契约有关的职权[③]，例如，地方政府享有行政规则制定权，为了执行上级决定和命令，制定行政措施，发布决定和命令；省级人民政府和设区的市人民政府可以制定行政规章，同时地方政府拥有宪法和地方组织法赋予的地方行政管理权。管理本行政区域内的经济、教育、科学、文化、卫生、体育事业、城乡建设事业和财政、民政、公安、民族事务、司法行政、计划生育等行政

---

① 参见刘松山：《区域协同立法的宪法法律问题》，《中国法律评论》2019 年第 4 期。

② 于立深：《区域协调发展的契约治理模式》，《浙江学刊》2006 年第 5 期。

③ 陈伟国：《区域合作背景下行政协议之应用研究》，硕士学位论文，西南政法大学，2007，第 27 页；石欣贤：《行政协议——区域合作的契约治理模式探讨》，硕士学位论文，华中科技大学，2008，第 12 页。

工作。[①]

但是这只是推论，比较明确的是宪法、行政组织法和立法法没有否定政府间行政契约的合法性，但是仅从上述条款中并不足以推定出行政契约的合法性。因此，从宪法的高度肯认行政契约的合法性与正当性仍然是完善我国行政契约制度的当务之急。

从法律法规的层面来看，目前我国法律中有一些与行政契约直接相关的法律和行政法规，其中一些分散的条款有或多或少的规定，如《中华人民共和国水法》[②]、《中华人民共和国海洋环境保护法》[③] 和《行政区域边界争议处理条例》[④] 等，详见表 2-1、表 2-2。上述条款针对的大都是环境资源和行政区边界的问题，同时为相关领域的行政契约缔结提供了合法性基础。但是仍旧没有解决政府间就其他领域的合作或问题解决缔结行政契约的合法性和正当性的问题。正如前文所述，在缺乏统一的中央区域立法和全国人大授权的情形下，任何一个行政区划内的地方法规和行政规章处理其他行政区划的

---

① 其中认为涉及的条款包括《宪法》第一百零七条："县级以上地方各级人民政府依照法律规定的权限，管理本行政区域内的经济、教育、科学、文化、卫生、体育事业、城乡建设事业和财政、民政、公安、民族事务、司法行政、计划生育等行政工作，发布决定和命令，任免、培训、考核和奖惩行政工作人员。"第一百一十六条："民族自治地方的人民代表大会有权依照当地民族的政治、经济和文化的特点，制定自治条例和单行条例。自治区的自治条例和单行条例，报全国人民代表大会常务委员会批准后生效。自治州、自治县的自治条例和单行条例，报省或者自治区的人民代表大会常务委员会批准后生效，并报全国人民代表大会常务委员会备案。"第一百一十七条："民族自治地方的自治机关有管理地方财政的自治权。凡是依照国家财政体制属于民族自治地方的财政收入，都应当由民族自治地方的自治机关自主地安排使用。"第一百一十八条："民族自治地方的自治机关在国家计划的指导下，自主地安排和管理地方性的经济建设事业。"第一百一十九条："民族自治地方的自治机关自主地管理本地方的教育、科学、文化、卫生、体育事业，保护和整理民族的文化遗产，发展和繁荣民族文化。"还包括《地方组织法》第五十九条关于县级以上地方各级人民政府的职权的规定，以及《立法法》第七十三条关于省、直辖市、自治区和设区的市、自治州对地方性法规制定权的相关规定。

② 《中华人民共和国水法》第五十六条："不同行政区域之间发生水事纠纷的，应当协商处理；协商不成的，由上一级人民政府裁决，有关各方必须遵照执行。在水事纠纷解决前，未经各方达成协议或者共同的上一级人民政府批准，在行政区域交界线两侧一定范围内，任何一方不得修建排水、阻水、取水和截（蓄）水工程，不得单方面改变水的现状。"

③ 《中华人民共和国海洋环境保护法》第八条："跨区域的海洋环境保护工作，由相关沿海地方人民政府协商解决，或者由上级人民政府协调解决。"

④ 《行政区域边界争议处理条例》第三条："处理因行政区域界线不明确而发生的边界争议，应当按照有利于各族人民的团结，有利于国家的统一管理，有利于保护、开发和利用自然资源的原则，由争议双方人民政府从实际情况出发，兼顾当地双方群众的生产和生活，实事求是，互谅互让地协商解决。经争议双方协商未达成协议的，由争议双方的上级人民政府决定。必要时，可以按照行政区划管理的权限，通过变更行政区域的方法解决。"

事情，都欠缺明确的合宪合法性。这也意味着公法契约的缔结没有问题，但是其内容未必具备足够的合法性和正当性基础。

2008 年开始实施的《湖南省行政程序规定》进行了有益的探索。但是该规定第二章第十五条对跨区域行政合作的规定中，并没有将政府间行政契约包括在内。另外该规定对行政合同的责任条款以及争端解决机制等也没有明确，同时对于湖南省各级政府是否能够依据此规定与省外地方政府通过行政契约展开合作也没有明确。

3. 公法契约合法性与正当性的获得

尽管从目前来看，地方政府之间的行政协议已经成为一种事实上的存在，典型者为长三角区域将行政协议作为区域治理机制的主要选择[①]，但却不能想当然地认为这种事实上的存在一定能够获得“民间认同的事实上的合法性”[②] 与正当性。即使是良性“违宪”，从长远来讲仍是对宪法制度的损害。宪法与法律实施所需要的灵活度应当是有限的和可控的，即“在原则性约束下的灵活性，相关原则就是不能超过界限或不能打破底线；宪法实施灵活性的底线可概括为形式合宪，是指有关国家机关制定的规范性文件或做出的行政行为，虽然事实上不一定合宪，但按照逻辑和通行的语义确定方法，在最大限度从宽解释有关宪法条款的情况下，能够获得合宪的外观”[③]。因此，行政契约合法性与正当性的获得至少要从以下几个方面入手。

（1）宪法层面

宪法层面至少要解决两个问题：一是公法契约订立的宪法基础；二是在公法契约分类的基础上对其进行必要的控制。就公法契约订立的宪法基础而言，应该在相关宪法条文中明确地方政府间得通过订立公法契约的方式处理区域内共同事务。关于此点，有学者认为尽管根据宪法第一百零七条规定，地方政府权力仅限于本行政区域，但此立法意旨在界定地方行政机关权限，避免权力行使的冲突，而公法契约则是建立在不同地方政府机关间协商基础

① 参见吴伟达：《政府间行政协议：一种长三角区域主要治理机制的选择和完善》，《宏观经济研究》2020 年第 7 期。

② 于立深：《区域协调发展的契约治理模式》，《浙江学刊》2006 年第 5 期。

③ 童之伟：《良性违宪不宜肯定——对郝铁川同志有关主张的不同看法》，《法学研究》1996 年第 6 期；童之伟：《宪法实施灵活性的底线——再与郝铁川先生商榷》，《法学》1997 年第 5 期。

上，并不必然与该条款冲突[①]；就公法契约的控制而言，尽管目前学术界对公法契约控制的研究集中在行政主体与行政相对人签订的行政契约上，目的在于防止公权力对公民私权利的侵犯。而地方政府间签订公法契约，虽然原则上不存在公权力的危险，但地方政府间契约却存在侵犯中央权威和宪法制度的危险。因此，对政府间公法契约进行政治性契约与非政治性契约的分类是必要的，一方面能够防止地方政府通过联合对抗中央政府，并危害其他地方政府情形的出现，另一方面在分类基础上对政府间行政契约的控制和认可也是政府间契约获得法律效力的重要来源。原则上，地方政府之间签订的政治性契约，即涉及国家中央与地方分权等政治体制问题，以及受到普遍关注的全国性问题等的契约应当经全国人大常委会批准，批准可以是事前的，也可以是事后的，并且全国人大常委会的批准应该是绝对的，即享有决定某项地方政府间契约是否属于政治性契约，以及批准的有效期和批准程序等权力；而对于非政治性契约则允许不必经过全国人大常委会的批准即可以生效。需要注意的是，凡是经过全国人大常委会批准的地方政府间行政契约便拥有两重效力，一方面是缔约各地方政府的法律，另一方面又是他们之间的合同。

（2）立法法层面

鉴于我国目前的宪法体制和立法体制，政府间公法契约合法性和正当性的获得需经过立法法层面的赋予。主要解决的问题是政府间公法契约的效力以及在我国法律体系中的效力等级。原则上可以考虑从三个方面划分。

第一，经过全国人大常委会批准的公法契约。效力相当于法律，原则上高于各缔约方自身的法律，对各缔约政府而言，既具有法律的效力，又具有私法契约的效力。

第二，对于不必经过全国人大常委会批准的公法契约，但经过各缔约方人大常委会的批准，以地方立法的形式出现的公法契约，效力相当于各缔约政府的地方法律，效力仍高于地方法规与地方政府规章，同时具有私法契约的效力。

第三，对于不必经过全国人大常委会批准的公法契约，且不必经过地方

---

① 参见荣利颖、孟静怡：《京津冀教育协同治理的行政协议研究》，《国家教育行政学院学报》2020年第1期。

人大常委会认可，并以地方法规或者以地方政府规章形式出现的公法契约，其对缔约各方产生私法契约的约束力。

（3）程序法层面

实体正义与程序正义并非排斥关系，两者具有内在一致性，并且相辅相成。[①] 程序的意义在于实体正义难以判断或实现的时候，通过正当程序的运转以产生实体正义。因而，就政府间公法契约的合法性与正当性而言，程序法层面的意义主要在于通过程序法的完善，对政府间公法契约的缔结、信息公开、参与制度等程序性规定予以完善，从而保障其实体合法性与正当性的获得。具体的程序建构将在下文论及。

（二）区域政府间协议内容的规则化

我国地方政府之间的传统协议，很难经受严格的合法性的拷问，因为缺乏中立的具有权威性的裁决机构作保障，不能构成对签约各方的法律约束力。法律从根本上将是通过规则进行治理，欠缺规则意识的行政协议无法具备法律的基本理念和规范性要求。“在实际的层面上，各行政机关往往掌握着相对独立的权力，拥有相当程度的自由意志，行政机关之间的协议因而大量存在。但在通行的理论层面上，我国的行政组织系统表现出明显的封闭模型的特征，行政机关之间的协议几乎无生存的土壤。这是一组颇为尴尬的悖论。”[②] 该悖论的化解至少应该从形式和实质两个层面入手，就形式上而言，主要是实现协议内容的规则化，即从现在的政治宣言模式上升为具体的法律层面的权利义务模式，从而实现合意的规则化；而形式上的规则化的实现，也将有助于法律效力的产生和保障，更重要的是“协商性行政协议也需要中央的决策作为对地方各级政府的规范基础”[③]，此是协议内容具有效力的重要保障。目前区域行政立法合作中的行政协议要实现规则化，至少应从以下几个方面努力。

1. 主体和权限

对公法契约的缔结主体的探讨主要从三个方面进行，即地方权力主体、

---

① 参见王超奕：《实体公正维护与程序公正建设》，《人民论坛》2019 年第 27 期。

② 杨解君主编：《中国行政合同的理论与实践探索》，法律出版社 2009 年版，第 49 页。

③ 邵莉莉：《跨界流域生态系统利益补偿法律机制的建构》，《政治与法律》2020 年第 11 期。

地方政府的职能部门以及地方政府的级别。

第一，地方权力主体是否能够作为公法契约的缔结主体。从目前对行政契约的界定来看，不管是采用狭义的界定，还是广义的界定，地方权力主体都不在行政契约的主体范畴之内。行政契约本质上被认定为行政行为，行政主体理论在此仍然适用。根据行政契约的分类，事关本地区经济、社会发展的重大事项，如果要缔结行政契约，原则上应该经过地方权力机关的批准和认可，并上升为本地区的地方性法规；在特定情形下，地方权力机关也可以就某些事项授权行政主体通过行政契约的方式处理；对于行政契约的履行，地方权力机关亦应该承担监督职责。因此，对行政契约而言，地方权力主体主要行使重大事项决定权和监督权。但是，对于目前的京津冀地区地方实践，和已有法律依据的授权情况，地方权力主体作为缔约方签订公法契约，共同行使区域立法权的现象已经日益增多，因此，将地方权力主体纳入公法契约的缔结主体进行规范化则呈现了必要性和现实性。

第二，地方职能部门是否能够作为公法契约的缔结主体。有学者认为地方政府职能部门并不具有或者不应该具有行政上的利益，而是作为地方政府的代理行政主体①，因而不能作为公法契约的缔结主体，只能是契约缔结的参与者②。原因在于，地方政府的职能部门不属于行政主体，没有独立的法律资格承担因缔约而引起的法律责任；另外如果允许政府职能部门作为缔约主体，将可能加剧公法缔结主体的混乱。③ 但实践中的情形是，地方政府职能部门签订的合作协议并不比地方政府作为缔约主体签订的协议少，例如东北三省一区知识产权局签订的《东北地区知识产权行政执法合作协议》、长三角地区苏浙沪工商行政管理局签署的《苏、浙、沪工商行政管理局合同监管合作协议》、广东省旅游局与广西壮族自治区旅游局签订的《两广九市区域旅游合作框架协议》，等等。而且，政府职能部门作为实际情况的具体处理者，对合作的需求也十分强烈。如果不承认地方职能部门在缔结公法契约中的主体地位，他们签订的公法契约无法纳入既有法律和制度框架内调整，虽不会

---

① 薛刚凌：《多元化背景下行政主体的构建》，《浙江学刊》2007 年第 2 期。

② 冯望：《地方政府间行政契约研究》，硕士学位论文，中国政法大学，2009，第 31 页。

③ 冯望：《地方政府间行政契约研究》，硕士学位论文，中国政法大学，2009，第 31 页。

带来理论上的混乱，但必然加剧实践中的混乱。法律理论应当在维持自身体系与回应实践之间保持适度的开放，因循守旧与标新立异都是不可取的，世俗性始终是法学不可回避的本质之一。

第三，公法契约的缔结是否需要考虑主体的级别。就我国目前的行政协议缔结状况而言，主体多且相对比较混乱确实是一个表象，但这恰恰反映了经济一体化背景下各级政府的内在合作需求。将行政契约的缔结主体限定在地级市以上政府，将会导致法律规定与实践的脱离，并且对目前的混乱状况的解决并无助益。实际上，对行政契约的缔结主体没有必要从政府级别上进行限定。原则上，各级政府及其职能部门在自己的权限范围内，只要不违背上位法的禁止性规则，都可以作为行政契约的缔结主体。问题的关键在于行政契约规制和执行机制的完善。从美国州际协定和行政协议发展的轨迹来看，国会对缔结主体以及批准程序的控制也呈现逐渐放松的趋势，但是加强了对州际协定和行政协议在履行过程中的监督以及规制。因此，对于行政契约的缔结主体而言，最重要的是通过行政契约效力的设定和执行保障机制的设立来保证行政契约的正当性以及执行力，而不是在主体层次上划定范围以维持其形式上的秩序。因此，将地方人大纳入公法契约的缔结主体，也不应该简单地以行政区划的级别来确定主体资格。

综上，鉴于区域一体化发展的现实需要，行政协议的签订主体较传统行政协议理论中主体范围要广，然而需要注意的是，不同主体间自主权、话语权以及决定权等存在差异，应该满足行政协议签订主体地位的基本对等。[①]

2. 主要内容

公法契约的主要内容，是希望借鉴民事合同的必要条款与非必要条款的划分，确定规范公法契约条款的范本，从而对公法契约的缔结起到一定的指导和规范作用，并对公法契约的效力和履行产生积极影响。而必要条款的设定，也将使我国目前的区域政府间协议摆脱宣言式表述，实现形式上的法制化与规则化。

英美法系国家参照私法契约规则，对州际协定以及行政协议的订立，有

---

① 参见荣利颖、孟静怡：《京津冀教育协同治理的行政协议研究》，《国家教育行政学院学报》2020年第1期。

必要的条款以及相关内容的表述，综合而言，我国公法契约应该包括的必要条款至少应包括这样几项：契约缔结主体、缔约目的、缔约各方的权利义务、契约执行机构、经费保障、有效期限、契约的修改与解释、违约责任以及监督和争端解决机制。其中需要着重指出的包括以下几项。

第一经费保障条款。综观目前我国几大区域经济共同体内签订的各类行政协议，几乎未曾涉及经费保障的问题。不管是联合立法机构，还是区域协议中协商成立的执行机构，包括行政首长联席会议、秘书协调会议等在内，其运转都是需要经费保障的。美国州际协定和行政协议的执行机构，一般在协定或协议中以专门条款规定经费由国会还是由州议会或是各州政府负担。经费保障条款是行政契约得以实施和执行的基础。

第二契约执行机构。目前保障各区域合作进行的各类联席会议，更接近于契约签订的合作平台，而不是契约的执行机构。因此，契约在订立的过程中，应该通过专门条款对契约执行机构予以规定，是新成立执行委员会，或是由旧有机构承担，执行机构的权限范围、经费来源、地位、与各缔约政府的关系、执法方式与手段等都应在契约中明确。

第三权利义务条款。契约的核心条款即在于权利义务的设定，通过合意实现权利义务的分配，从而实现合意的规则化。当前的行政协议中基本上找不到权利义务条款的设定，规定得比较多的是对合作机制的规定，只规定分别设立行政首长联席会议等行政性的制度安排，但是对于联席会议、秘书协调会议等的职权范围、责任条款、经费来源、人员组成、执法方式等都没有涉及，因此，在日后的落实过程中必然存在较人的随意性和不确定性。

第四契约效力条款。契约中应当以专门条款明确本契约缔结的权力来源，例如，是否经过全国人大常委会的事前或事后批准，非经事前批准不得缔结或者非经事后批准不得生效；是否可以通过地方权力机关的授权而制定；是否行政机关依据彼此的职权而制定；等等。权力来源的表明实际上也是契约的效力等级和适用规则的明示。经过全国人大常委会批准的公法契约和以地方立法形式出现的公法契约应该具备双重效力，即除具备法律法规的效力之外，还应当产生类似于私法契约的约束力。而单纯依据缔约主体的职权而定立的契约，将只具备契约规则的约束力。另外，效力条款中还应当规定契约的无效、可撤销、变更等情形。

（三）完善区域公法契约的缔结程序

在一定的条件下，把价值问题转换为程序问题来处理也是打破政治僵局的一个明智的选择。在结果公正难以有客观标准的现实情况下尤其如此[①]，这成为达成具有客观正确性的公法契约的障碍。“权利法案的大多数规定都是程序性条款，这一事实决不是无意义的。正是程序决定了法治与恣意的人治之间的基本区别。”[②] 就公法契约的缔结而言，程序的意义也正在于此，一方面在当前的制定法依据不足的现实情形下，通过正当程序获取一定的正当性，同时借程序对自由裁量权的控制和对参与各方的约束，生成公法契约制度化的契机。针对公法契约的缔结，应对以下几个程序进行完善。

第一，缔结程序。该过程主要针对的是要约和承诺两个步骤，这两个步骤也是公法契约的核心和关键。根据契约涉及事项的不同和是否需要经过批准程序的不同，要约和承诺的表现方式也应存在差异。在缔结程序的设计过程中，应明确各类不同的公法契约以何种方式出现，例如，是否有必要以地方法规或地方政府规章的形式或者以法规或规章附录的形式出现，在何种情形下视为其他主体对要约的接受，即作出承诺，而在何种情形下属于新要约的提出。同时对于要约和承诺的效力也应有较为明确的规定。

第二，信息公开。公法契约也应当遵循公开原则，公法契约的缔结，尤其是有一部分可能上升到地方性法规和地方政府规章的层面，因此信息公开就成为必然的程序要求。更何况就联合立法事项的公法契约，更需要遵循《中华人民共和国政府信息公开条例》的基本要求，同时这也是《立法法》的基本精神。但就目前的立法合作领域的公法契约而言，除泛珠三角地区之外，其他几个区域经济共同体在信息公开方面都不是很理想。京津冀地区的区域合作协议通过公开途径都很难获得全文。随着信息技术发展，信息不对称成为制约公众参与有效性的关键性因素，进而，公众对政府信息开放共享的要

---

① 参见陈瑞华：《论协商性的程序正义》，《比较法研究》2021 年第 1 期。

② Justice William O. Douglas “Comment in Joint Anti-Fascist Refugee Comm. v. Mcgrath,” See *United States Supreme Court Reports* (95 Law. Ed. Oct. 1950 Team), (New York: The Lawyers Cooperative Publishing Company, 1951), p. 858. 转引自季卫东《法律程序的意义——对中国法制建设的另一种思考》，中国法制出版社 2004 年版，第 1 页。

求日益强烈[①]，因为信息公开不仅涉及公民的知情权，更是参与权的基本前提。

第三，公众参与程序。公众参与程序的设计更多的是为了解决民主赤字问题，通过利益主体的参与、竞争、辩论、妥协，修正立法价值和目标，增进立法活动的正当性。公众参与实际上是将立法从精英拉向民众，拓宽利益表达和主张的渠道，获取民众的价值偏好以及对立法的真实需求，并对立法可能导致的利益冲突和社会矛盾形成预判，从而保障立法代表利益的广泛性和多元性。

公众参与因其民众性特征而具有正当性和优越性，但也存在功能上的限度。一旦行政立法的价值和目标确定后，涉及立法方案的手段选择和优化时，大众实际上处于知识的劣势，参与本身无法合理解决立法的技术问题。[②] 同时，由于公众参与成本高、效率低，也只能从程序上和效果上有限地实现民众多元价值观的交流和汇集。因此，公众参与存在制度自身的限度，否则一旦产生过度的制度期待，将导致公众对制度有效性的怀疑，影响公众参与制度的社会认同感和公众对政府的信任。因此，为实现公众参与的制度价值，须向“有意义的参与”[③] 迈进。即参与首先应当是能产生实际效果的，而不仅仅是一种形式甚至“仪式”，这需要通过制度变革为参与提供必要的前提条件，例如，利益适度组织化和信息公开；通过参与程序的完善使参与者能够进行公平而理性的交涉，限制任何参与者恣意和专横的权力（权利）行使；通过监督和救济制度的改进，使当事人能够对参与过程和结果的合法性提出挑战。参与有效性的核心在于构建一种权力与权利的制衡机制。同时，“富有意义的参与”也需要防止形式主义，特别是过度参与，避免对公共资源的浪费和对公众的愚弄。

当前的公法契约一般都涉及本地区的经济社会发展的全局，涉及地区内公众利益，而对公众利益的公正、公平分配是公共立法的基础属性，尤其是涉及联合立法的公法契约，公众参与是区域公法契约订立的应有之义，[④] 应

① 参见张志彬：《公众参与、监管信息公开与城市环境治理——基于 35 个重点城市的面板数据分析》，《财经理论与实践》2021 年第 1 期。

② 王锡锌、章永乐：《专家、大众与知识的运用——行政规则制定过程的一个分析框架》，《中国社会科学》2003 年第 3 期。

③ 王锡锌：《行政过程中的公众参与制度实践》，中国法制出版社 2008 年版，第 17 页。

④ 参见高荣：《公众参与社会保障治理的理论逻辑、现实困境与有效路径》，《学习论坛》2020 年第 12 期。

当设计合理的公众参与程序，保障契约的正当性以及科学性。其他公法契约，原则上凡是涉及公众利益的，应该通过各种形式保障公民的充分参与，涉及重大公共决策的，应组织听证。公众参与程序一方面能够保障公民的参与权，同时也可以提高行政协议的科学性与可行性。[①] 但就我国目前几大区域经济共同体所签订的各类协议来看，公众参与不足仍然是现状，就公法契约制度的发展而言，应当尽快完善公众参与制度。公众参与应当尽可能将区域内多元化治理主体纳入其中，从而实现区域内共同治理。

第四，批准和备案程序。我国应当借鉴美国州际协定和行政协议的批准制度，对我国政府间公法契约在分类的前提下进行权力机关和上级机关的有效规制的考量，“对于可能改变地方与中央的权力平衡或者可能侵害中央政府的既有权力或利益的政治性行政协议，应由协议的成员方递交给国务院，或由国务院转递给全国人大常委会，由后者作出批准或不批准的决定”[②]。因此，应当在既有单行法规定的基础上，通过对公法契约的分类，确立公法契约的批准与备案程序的宪法、地方组织法、立法法以及单行法依据。

第五，成本分析制度与立法后评估制度。成本效益分析作为一种方法，近年来在社会科学领域和政府管理实践中得到了广泛的应用，“按照科斯定理的个体主义方法论，管制者对于制度选择及其在制度约束下的行为选择都是在进行成本收益权衡”[③]。尽管该方法是否能够适用于社会科学领域，以及目前的衡量方法是否符合社会的长远发展和人类整体的利益，仍然值得推敲和更加长线的观察，但是该方法尝试将经济学的分析方法引入立法领域，目的在于对立法进行经济学上的考量，通过成本控制对包括区域立法等活动的急剧膨胀，并进行可量化的分析和控制，进而对区域立法的规划和评估提供具有可操作性的工具，其结果具备一定的参考性。对立法的成本进行分析，实际上是区域立法涉及面广阔，是对不同利益主体进行的利益衡平过程，因而，成本分析制度显得尤其重要，如果立法所能够取得的收益相对成本而言并无明显优势的话，立法则不应当进行。成本分析制度作为事前评估与立法后评

---

① 廖振权：《行政协议初探》，硕士学位论文，苏州大学，2009，第 34 页。

② 何渊：《行政协议：行政程序法的新疆域》，《华东政法学院学报》2008 年第 1 期。

③ 谢伟：《“一证式”排污许可证实施的法经济学分析》，《法学杂志》2020 年第 5 期。

估制度一起，组成完整的评估体系，为区域立法的科学性测评提供参考。需要指出的是，立法成本的核算，既应该包括立法者、执法者、守法者等各个主体的成本，还应该包括直接与间接、物质与精神、当前与长远、边际成本等。

改革开放 40 多年来，我们基本上建成了较为完备的法律体系，相对有法可依，更为严重的问题是立法质量不高以及法律规范冲突。目前实践中的立法后评估主要包括两种形式：一种是自行评估，一种是请社会组织评估。应该说，选择中立且具备相应资格的社会组织对立法进行评估将是一个值得尝试的选择。通过建构科学的评估标准、规则和程序，为适时修改区域立法、提高区域立法质量提供保证。

第三章

区域立法的监督审查

“着力解决法治领域突出问题，在法治轨道上推进国家治理体系和治理能力现代化。”

——2021 年《中共中央关于党的百年奋斗重大成就和历史经验的决议》

“区域协调发展归根结底要解决社会发展问题，因而它首先是一个经济问题，但是迟早是一个宪政问题。”[1] 因为协调发展的核心是利益问题，而对利益进行平衡和取舍，是一个法制问题。[2] 就我国的区域立法实践而言，要在政治国家体制之下解决区域发展的制度需求与合宪合法性的问题，放松行政管制的同时强化立法监督，既保证区域立法的需求得到满足，又避免冲击中央权威，同时保证区域间协调机制和公法契约的效力与执行，监督审查机制的设计尤为关键。本章试图从权力机关的审查与监督、上级行政机关监督以及争端解决机制三个层面，分别对前文涉及的中央层面的区域立法、区域共同体立法、地方联合立法以及公法契约等进行讨论。

在我国目前的司法解决争端机制中，可以对规章以下的规范性文件，通过一并审查的方式提请制定机关处理。鉴于区域立法的层级一般为法律、地方性法规和地方政府规章，因此，本章对司法解决争端机制的讨论，只限于对公法契约的争议解决机制的探讨。

---

① 于立深：《区域协调发展的契约治理模式》，《浙江学刊》2006 年第 5 期。

② 焦洪昌、席志文：《京津冀人大协同立法的路径》，《法学》2016 年第 3 期。

一、权力机关的审查与监督

“立法是政治性、专业性、理论性和实践性都很强的工作”①。2015 年修订的《立法法》第四条规定：“立法应当依照法定的权限和程序，从国家整体利益出发，维护社会主义法制的统一和尊严。”党的十九大报告明确提出：“推进科学立法、民主立法、依法立法。”可知，《立法法》和党的十九大报告对我国新时代的立法行为和立法活动，在全面推进依法治国的背景下提出了更新的要求：一是将依法立法与科学立法、民主立法相提并论，二是立法活动必须维护宪法权威和国家法制统一。而通过权力机关加强对立法的审查监督也是推进依法立法的重要环节和保障。权力机关的监督对于保障立法体系的统一、立法的合宪合法性以及立法权行使的约束意义重大。在我国，目前的立法监督分为事前监督和事后监督两大类型，其中事前监督的方式主要指的是批准制度，事后监督则包括备案、审查、改变、撤销和裁决等方式。

（一）批准

“立法批准制度是指有关国家机关的规范性文件，需要报其他有关国家机关同意后才能颁布实施的制度和活动”②。就我国目前的法律规定来看，享有立法批准权的是全国人大、自治区人大和省级人大及其常委会，主要针对的是民族自治地区的自治条例、单行条例和设区的市地方性法规。其中，对民族自治地区的自治条例和单行条例的批准，是针对授权立法，对设区的市的立法批准，是为了解决其合宪性不足的问题。另外，需要说明的是，针对民族自治地区的自治条例和单行条例的批准，只规定了批准的主体和批准的基本原则，对设区的市的地方立法批准，除规定了批准的主体外，还规定了合法性审查的标准和四个月的批准时限，更加具体化。对于我国的立法监督体制，批准制度的使用相对谨慎和克制，目的在于尊重地方立法的自主性。目

① 刘松山：《地方人大立法规划的十个问题》，《地方立法研究》2020 年第 4 期。

② 朱力宇、张曙光：《立法学》，中国人民大学出版社 2009 年版，第 219 页。

前使用批准制度主要目的在于解决自治立法和授权立法的合宪性问题，同时维护国家法制的统一、权威，提高地方立法的质量。

对于区域立法而言，确立不同层级的立法批准制度，一方面解决区域立法合宪合法性不足的问题，另一方面对于区域立法的必要性、区域立法的内容和权限、区域立法的质量等进行事前审查和批准，对于回应当前的区域立法实践，解决立法体制的统一并保障区域立法尊重中央立法的权威等，具有必要性和可行性。

（二）备案和审查

“备案审查是中国特色的宪法法律监督制度，肩负着维护法制统一、保障政令通畅的制度使命。”[①] “备案审查包括‘备案’和‘审查’两个环节，备案是前提、是基础。”[②] 备案是指有关国家机关将其通过或批准的规范性法律文件报其他有关国家机关登记、存档，以备审查的制度。关于备案与审查的关系，曾经有过争论，争论的关键点在于备案是否意味着审查。2000 年《立法法》通过后，这个问题不再有争论，其第八十九条明确规定了备案制度，目的在于对已经生效的立法文件进行事后监督，这与第九十条、九十一条的审查制度所体现的监督目的殊途同归。2002 年实施的《法规规章备案条例》对法规和规章的备案审查的主体、内容、方式等作出了具体规定。在此意义上，备案和审查并没有实质性差别，况且备案的目的本就包含了加强对立法的监督管理，对立法状况进行全面了解的意味。因此有人将其统称为备案审查制度。“2014 年党的十八届四中全会通过的《中共中央关于全面推进依法治国若干重大问题的决定》中提出‘加强备案审查制度和能力建设’之后，备案审查的工作驶上了快车道，已经成为中国特色的宪法监督和法律监督制度。”[③] 虽然备案审查制度日臻成熟，但备案和审查还是存在差别的。

第一，从理论上来看，备案审查应该包括两种形式，即主动审查和被动审查。从我国的相关规定来看，《立法法》中的规定显然是倾向于被动审查模

① 李松锋：《“沟通”与“协商”是符合国情的备案审查方式》，《法学》2019 年第 3 期。

② 梁鹰：《2019 年备案审查工作情况报告述评》，《中国法律评论》2020 年第 1 期。

③ 王锴：《论备案审查结果的溯及力——以合宪性审查为例》，《当代法学》2020 年第 6 期。

式，《法规规章备案条例》中对地方性法规、规章和国务院部门规章的主动审查予以了规定。但是，两部法律中都没有提及对行政法规备案的主动审查问题，也就是说，对行政法规而言，审查主要通过被动审查来进行，其备案更多地意味着登记和存档。

第二，按照我国目前的规定，备案属于事后审查模式，而审查不仅包括事后审查，还包括事前审查。《行政法规制定程序条例》和《规章制定程序条例》皆规定了国务院法制机构及其他规定法制机构对规章送审稿的事前审查制度。

“从备案的角度来看，国务院行政法规和‘两高’司法解释报全国人大常委会备案，地方性法规、自治条例和单行条例报全国人大常委会和国务院备案，部门规章和地方政府规章报国务院备案，地方政府规章还同时报本级人大常委会备案，设区的市、自治州的政府规章同时报省级人大常委会和省级政府备案。根据授权制定的法规报授权决定规定的机关备案。”① 就区域立法而言，立法机关的监督根据当前的立法体制包括批准和备案两种。凡是涉及中央与地方权力划分以及重大事项的区域立法，应当由全国人大常委会或地方人大常委会批准；不需要经过事先批准的区域立法，应当在立法公布的同时报相应权力机关部门备案。

（三）撤销与改变

“我国备案审查的最严重结果是撤销”②。撤销指的是有权机关对已经公布生效的规范性文件进行审查，若存在不合法或不适当的情形，则可以使其整体失去立法效力的制度和活动。“我国备案审查的更常见结果是让制定机关修改原规范性文件。”③ 改变指的是有权机关对已公布生效的规范性文件进行审查时，因存在部分条款不合法或不适当的情形，则可以直接予以变更或改变的制度和活动。《立法法》第九十六条规定了改变和撤销的五种情形④，第

---

① 李松锋：《“沟通”与“协商”是符合国情的备案审查方式》，《法学》2019 年第 3 期。

② 王锴：《论备案审查结果的溯及力——以合宪性审查为例》，《当代法学》2020 年第 6 期。

③ 王锴：《论备案审查结果的溯及力——以合宪性审查为例》，《当代法学》2020 年第 6 期。

④ “（一）超越权限的；（二）下位法违反上位法规的；（三）规章之间对同一事项的规定不一致，经裁决应当改变或者撤销一方的规定的；（四）规章的规定被认为不适当，应当予以改变或者撤销的；（五）违背法定程序的。”

九十七条规定了改变和撤销的主体和权限[1]。对于职权立法而言，权力机关一般使用改变的方式，行政机关既可以改变也可以撤销。例如，全国和省、自治区以及直辖市的人大有权改变其法工委制定和批准的不适当的法律法规，而国务院对不适当的部门规章和地方政府规章既可以改变也可以撤销，省、自治区人民政府对下一级人民政府制定的不适当的规章也享有改变或者撤销的权力。而对于授权立法，由国家、省、自治区、直辖市的权力机关和人民政府共同享有撤销权。对于区域立法而言，应当根据联合立法的主体级别，分别由全国人大、国务院或者省级人大和人民政府根据立法法的规定行使改变和撤销权。

此外，通过对既有立法体系的定期评估和清理，也能够发挥立法监督的评价和指引作用。

二、上级行政机关监督

行政机关内部监督主要针对的是行政立法。“立法的核心问题是如何确切地认识和恰当地协调各种利益，以减少利益冲突，促成利益的最大化。”[2] 既然涉及利益问题，那么行政内部监督必然面临着公正性不足的种种疑问，但作为自我纠偏机制，其存在仍旧是必要的。目前我国对行政立法的系统内部监督程序包括事前审查和事后审查两种模式。事前审查就是法规和规章制定程序中的审查制度。对行政立法的事后审查又包括两种方式。

一是主动审查。根据《法规规章备案条例》第九条，国务院法制机构对报送备案的规章的合法性和适当性享有审查权。

---

① “改变或者撤销法律、行政法规、地方性法规、自治条例和单行条例、规章的权限是：（一）全国人民代表大会有权改变或者撤销它的常务委员会制定的不适当的法律，有权撤销全国人民代表大会常务委员会批准的违背宪法和本法第七十五条第二款规定的自治条例和单行条例；（二）全国人民代表大会常务委员会有权撤销同宪法和法律相抵触的行政法规，有权撤销同宪法、法律和行政法规相抵触的地方性法规，有权撤销省、自治区、直辖市的人民代表大会常务委员会批准的违背宪法和本法第七十五条第二款规定的自治条例和单行条例；（三）国务院有权改变或者撤销不适当的部门规章和地方政府规章；（四）省、自治区、直辖市的人民代表大会有权改变或者撤销它的常务委员会制定的和批准的不适当的地方性法规；（五）地方人民代表大会常务委员会有权撤销本级人民政府制定的不适当的规章；（六）省、自治区的人民政府有权改变或者撤销下一级人民政府制定的不适当的规章；（七）授权机关有权撤销被授权机关制定的超越授权范围或者违背授权目的的法规，必要时可以撤销授权。”

② 朱力宇、张曙光：《立法学》，中国人民大学出版社 2001 年版，第 85 页。

二是申请审查。国务院法制机构根据国家机关、社会团体、企业事业组织、公民等提出的书面审查建议，对可能存在的地方性法规同行政法规相抵触的情形，或者规章以及国务院各部门、省、自治区、直辖市和较大的市的人民政府发布的其他具有普遍约束力的行政决定、命令同法律、行政法规相抵触的情形进行审查，若存在违法或者不适当的情形，则进行相应的改变或者撤销。

案例 3-1：2017 年王全兴等学者提出书面审查建议①

2017 年王全兴等学者联名向全国人大常委会“上书”，提出广东、云南、江西、辽宁、贵州、福建、海南 7 个省份关于计划生育的新法规中，用人单位可以与违反地方计划生育条例的职工解除劳动合同或者辞退、开除，违反了《中华人民共和国劳动合同法》第三十九条关于用人单位可以即时单方解除劳动合同之情形的规定，《中华人民共和国劳动合同法》和其他法律都没有授权下位法可增设用人单位即时单方解除劳动合同之情形的规定，此类规定不仅与《中华人民共和国劳动合同法》相抵触，而且与新形势下国家计生政策转型的取向也不相符，建议予以审查。

但值得强调的是，就目前所有的监督和控制方式而言，只有行政程序控制和行政系统的内部监督程序能够提供有效的事前控制和过程控制，而立法监督和司法监督的力量主要集中在事后审查。因此，对行政立法的控制和保障是一个系统工程，依靠完整的、相互衔接的制度体系的建立，任何一个环节都不宜偏废。因此，对区域行政立法而言，共同上一级政府的行政控制和审查也将是必不可少的一个环节。

三、争端解决机制之一：诉讼外解决机制

“公法关系一般由国家立法来规定，同时与私法中原则上是任意规定不同，这些规定是与公益相关的强行规定，任何人不得以意志自由作出与之相反的决定。”② 公法契约的执行依赖于两个基本条件，一是公法契约法律效力

① 参见孙波：《论规范性文件备案审查结果的溯及力》，《政治与法律》2021 年第 1 期。

② ［日］田中二郎、肖军：《公法契约的可能性》，《行政法学研究》2002 年第 1 期。

的明确，二是有力的执行实施机构的建立。没有负责公法契约监督执行的机构，公法契约的法律效力不能保障，区域合作治理也很难进入真正的实质性阶段。[①] 目前我国京津冀地区、长三角地区、粤港澳大湾区等的联席会议、行政首长会议等基本上属于协议订立机构，而非执行机构。这些松散的组织只是不定期召开秘书会议，制订工作计划，协调并处理日常事务。但是具体的实施方式、权力来源等都没有明确规定，因此必定在实践中流于形式，难以在事实上起到执行和监督的作用。因而在公法契约条款中应当明确执行机构，同时明确其权限以及具体的权利义务。

对于任何性质的契约而言，纠纷都是不可避免的，因此纠纷处理机制或曰争端解决机制则是不可或缺的，这也是保障契约效力得以实现的基石。而我国目前的各类行政协议之所以面临执行力严重不足的困境，与争端解决机制的欠缺是存在必然联系的。因此，为保障公法契约的实施和效力，必须在公法契约中确立争端解决机制，而争端解决机制的制度化又需要当前的行政与司法体制作出一定的回应。借鉴国外的成功经验，结合我国实践，公法契约争端解决机制主要考虑诉讼外救济和司法救济两种途径，其中诉讼外救济包括协调、裁决、调解与仲裁体制的设立，而司法救济途径主要考察司法审查的可能性以及可行性。

通过观察西方国家在解决政府合同纠纷方面的制度实践，可以发现，尽管有畅通的司法解决机制，但最终诉诸法院的情形都相当少见，大多通过非正式谈判或仲裁的方式解决。这也说明通过协商、仲裁或行政机关内部裁决机制等司法外途径，来消除由于契约缔结或履行产生的争议是相对成功的。[②]

（一）仲裁制度

1. 仲裁与仲裁权

自 1995 年颁布《中华人民共和国仲裁法》以来，仲裁作为一种非诉讼的纠纷解决机制在我国得到了长足的发展。[③] 我国学者刘家兴曾经对仲裁的定

---

① 陈剩勇、马斌：《区域间政府合作：区域经济一体化的路径选择》，《政治学研究》2004 年第 1 期。

② 余凌云：《论行政契约的救济制度》，《法学研究》1998 年第 2 期。

③ 参见萧凯、罗骁：《仲裁第三人的法理基础与规则制定》，《法学评论》2020 年第 5 期。

义进行过精彩的论述：一是仲裁是一种独特的纠纷解决方式，有自己的特点，这些特点将仲裁与诉讼、人民调解和行政手段解决争议等方式区分开来；二是仲裁权形成的前提是当事人的授权，仲裁机构的公正性又是仲裁权得以维系的基础；三是仲裁的依据是当事人之间的协议，协议既可以事先达成，也可以事后达成；四是当事人之间的协议要求将争议提交仲裁庭解决；五是仲裁庭应当以第三者的身份，独立公正地对争议的事实和权利义务进行判断和裁决。①

2. 仲裁机构

“中国仲裁发展与仲裁机构的发展紧密联系在一起”②，仲裁机构又有广义和狭义之分。其中狭义的仲裁机构仅指仲裁庭，只有仲裁庭才对当事人的争议进行仲裁。而广义的仲裁机构则包括仲裁委员会、仲裁庭、仲裁协会等形式的机构。仲裁庭一般是由当事人选定的仲裁员组成的，是临时性的和一次完成授权的机构仲裁，仲裁权的性质以及仲裁机构的组成决定了仲裁裁决是否有权威性，不是取决仲裁机构的权力性，而是取决于仲裁裁决的客观公正性，仲裁依法独立进行，不受行政机关的干涉。③

就政府间公法契约而言，运用仲裁解决争端应明确以下两点。

第一，应当在公法契约中明确约定争端解决条款，约定如若缔约各方因公法契约的缔结或履行而产生的争端或纠纷，在提交诉讼之前应当首先提交仲裁，在穷尽诉讼外救济之前不得诉诸法院。

第二，成立专门的仲裁委员会，参照当前相关仲裁的法律法规制定仲裁员选任和仲裁庭组成的相关规则，可以考虑由卸任的国家领导人及省政府领导人担任仲裁员。一方面借助于他们的政治经验及行政经验，另一方面借助他们在任职过程中的威望提高仲裁裁决的权威。

3. 仲裁公正性的获得

客观公正的仲裁是仲裁制度生命力的来源，也是仲裁裁决产生效力、获得遵守的前提。仲裁公正性的获得主要通过程序和实体两个层面的保障。

---

① 刘家兴：《论仲裁权》，《中外法学》1994 年第 2 期。
② 姜丽丽：《论我国仲裁机构的法律属性及其改革方向》，《比较法研究》2019 年第 3 期。
③ 贾东明：《贯彻仲裁法适应仲裁体制改革》，《人大工作通讯》1995 年第 18 期。

第一，程序保障。程序保障主要包括仲裁机构组成及仲裁员的产生、仲裁审理方式、举证规则、审理期限等一系列的程序性规定，保障仲裁机制运转和仲裁协议的公正性。

第二，实体保障。实体保障主要解决三个问题：一是仲裁机构的独立性；二是仲裁员知识结构的合理性；三是当事人提供事实的真实性，即通过当事人责任的设定尽可能保障当事人提供的事实客观准确。[①]

要实现仲裁的公正性，除了健全相应法律法规，还面临着与司法改革同样的体制问题，因此这也将是一个相对漫长的过程，要在这一过程中实现仲裁机构的去行政化从而实现真正的独立。仲裁机构作为提供专业法律服务的市场中介类机构，在脱离行政体制依法独立运行后，应当建立社会监督机制，其社会监督机制应当主要来自行业自治和自律。[②]

4. 仲裁权与司法权的关系

仲裁权与司法权的关系主要表现在两个方面：一是在有仲裁协议的情况下，争议应当提交仲裁解决，在仲裁权行使之前不得提交司法程序，这是对司法权的排除；二是在缺乏仲裁协议或仲裁事项超越了可仲裁的范围或者当事人不服仲裁裁决，可以将争议提交司法解决，这是司法权对仲裁权的保障。原则上仲裁机构按照实体法和程序法的相关规定作出的仲裁裁决，其合法性是不存在问题的。但是如果仲裁裁决存在违法情形的，都应经过一定的程序纠正。无论是当事人认为存在异议，提出疑问，还是在执行过程中由法院发现存在违法，应当首先裁定仲裁裁决不予执行，允许当事人自行约定重新仲裁，或者直接向法院起诉，或者由法院责令仲裁机构重新作出仲裁裁决。[③]仲裁权与司法权的关系，取决于法律规定以及既有体制下的运转模式。但是二者关系的协调对于纠纷的顺利解决以及仲裁效力的保障都具有极其重要的意义。

（二）协商制度

“私法中所谓‘意思自治’和‘契约自由原则’一般得到认可，只要不违

① 刘家兴：《论仲裁权》，《中外法学》1994 年第 2 期。

② 姜丽丽：《论我国仲裁机构的法律属性及其改革方向》，《比较法研究》2019 年第 3 期。

③ 刘家兴：《论仲裁权》，《中外法学》1994 年第 2 期。

反公序良俗以及与公共秩序相关的所谓强行规定，当事者可以自由地缔结任何契约。”① 契约的本质是合意的自治，因此在契约缔结和执行过程中发生的纠纷，通过主动协商的方式予以解决是最为便捷、高效的机制。就政府间行政契约，尤其是区域行政立法活动中所产生的纠纷而言，通过各缔约主体之间的充分协商与沟通，在平等自愿基础上达成谅解，从而友好解决争端，是最为理想的方式。但协商制度建立在自愿基础上，对各方皆无强制力，因此协商制度仍应以强制性争端解决方式的存在为保障。

（三）裁决制度

立法过程中的裁决是指有关国家机关，在处于同一位阶的各种规范性法律文件之间的规定不一致，不能确定如何适用时，有权依法经过裁判，决定适用某一规范性法律文件的制度和活动。立法裁决制度也是一种立法监督。就区域行政立法而言，裁决制度的适用相对仲裁制度可能要更加宽泛，区分情形主要包括以下几类。

第一，区域立法以法律法规或规章的形式出现，纠纷出现在区域行政立法与既有法律、法规以及规章的冲突上，则具体的裁决规则的适用根据《立法法》相关条文确定。

第二，区域立法以公法契约的形式出现，纠纷出现在区域立法与既有法律、法规以及规章的冲突上，具体的裁决由国务院或纠纷产生主体的共同上一级行政机关处理。

第三，纠纷出现在区域立法的缔结及履行过程中，不涉及法律规范冲突的，按照行政裁决的基本规则处理。

四、争端解决机制之二：司法审查的可能

契约正义的实现，必须借助于司法机关或准司法机关所代表的国家强制力，行政契约也不例外。

---

① ［日］田中二郎、肖军：《公法契约的可能性》，《行政法学研究》2002年第1期。

（一）司法救济的意义

法院是由宪法直接创设并行使审判权的司法机关，代表国家意志行使审判权能，以国家名义裁决各类纠纷。[①] 法院主要通过行政诉讼实现对行政权的监督和制约。在行政案件审理过程中，法院如果认为包括行政立法在内的行政行为违反了宪法、法律或者存在其他违法情形，有权作出确认违法、予以撤销、宣布无效等判决。对区域立法而言司法救济的作用同样重要。恰如政府合同研究的先驱人物特滨所言："西方国家在行政契约救济制度设计上坚持司法救济最终原则，正是因为当事人之间讨价还价的能力不平等，从而存在结果发生扭曲的危险，因而合同纠纷的处理应当诉诸第三人裁决。"[②] 我国目前并未确立司法审查制度，实践中行政诉讼对区域立法的监督主要是有限的审查。

人民法院在审查行政案件时，"应考虑行政法法源与行政诉讼复审依据之间的关系。不同的法源在行政诉讼中具有相异的法律地位，反映出行政规范对法院审判实践产生不同程度的约束力"[③]。人民法院审查行政案件所依据的规章，是参照适用而不是必须适用。也就是说，在审查行政案件的过程中，如果认为行政行为所依据的规章存在违法或不恰当时，可以不予适用，也就是实际上搁置。但是将规章搁置需要有一个前提条件，就是该案中还有可以适用的上位法。这也就意味着，如果两个规章的规定不一致，但是不存在上位法，这个时候法院只能提请最高人民法院送请国务院对冲突的两个规章进行解释或者裁决，不能够直接决定不适用其中任何一个规章。

实际上《立法法》和《中华人民共和国行政诉讼法》都隐含了规章的可审查性。但是行政救济中对规章的监督需要通过个案进行，不能直接针对规章提起行政救济。审查的程度在行政复议中和行政诉讼中也有区别。在复议过程中，如果认为具体行政行为依据的规章不合法或者不适当，有权处理的可以直接进行处理，无权处理的可以 7 日内转送有权机关处理。而在行政诉讼中，法院对作为依据的规章享有判断权，认为合法的则予以适用，不合法

---

① 参见韩大元：《宪法学基础理论》，中国政法大学出版社 2008 年版，第 382 页。

② Turpin，*Government Procurement and Contracts*，236—9. 转引自余凌云《论行政契约的救济制度》，《法学研究》1998 年第 2 期。

③ 曾哲：《反思与重述：行政诉讼的法源规范与依据选择》，《岭南学刊》2017 年第 3 期。

的可以不予适用。尽管法院对规章不享有直接处理的权力，但规章在司法实践中长期无法获得支持的话，事实上也就不再具备公信力和约束力了。

针对孙志刚事件的三博士上书，被看作是公民直接启动违宪审查机制的开端，而近年来所谓宪法司法化案件的不断涌现也使得学界和社会对建立我国的司法审查体制满怀热情和憧憬。建立司法审查制度对于控制行政立法权，保护公民权利，平衡我国当前行政权强于司法权的事实所带来的权力制约机制失衡是很有必要的。问题在于，目前我国的政治体制和现实环境是否足够适合司法审查机制的建立。另外，司法审查仍旧没有解决对行政立法自由裁量权的控制问题。也就是说在控制行政立法自由裁量权与权力的制衡与尊重之间，那个平衡点或者说限度仍然难以有效把握。因而司法救济的意义并不在于一定要通过诉讼解决争端，关键是建立与诉讼外解决机制的良好互动，为其提供国家强制力的保障，即对合意的治理提供国家规则化的可能。

（二）司法审查制度在区域立法中的适用

1. 现行行政诉讼制度的适当改造

公法契约制度以平等协商和各方合意为成立的前提，其实体权利义务的配置是双向或多向的，而不是单向的行政强制权力。但是现行行政诉讼制度的制度目标被设计为单向性构造模式，即以审查行政机关的具体行政行为、救济相对人合法权益为唯一目标①。而在公法契约制度下，除起诉主体的变动外，举证责任分配、调解原则以及判决形式等都应作出相应变革，即实现向双向性构造的诉讼结构的转变。②

2. 机关诉讼的引入

机关诉讼是国家机关之间关于权限争议而引发的行政诉讼，在日本等国有此制度。有学者认为，在我国建立机关诉讼制度既有必要性又有可能性③，引入机关诉讼用于解决区域间的纠纷具有妥适性，区域立法作为公法契约，

---

① 余凌云：《论行政契约的救济制度》，《法学研究》1998 年第 2 期。

② 刘家兴：《论仲裁权》，《中外法学》1994 年第 2 期。

③ 参见马怀德、吴华：《对我国行政诉讼类型的反思与重构》，《政法论坛》2001 年第 5 期；王太高：《论机关诉讼：完善我国行政组织法的一个思路》，《河北法学》2005 年第 4 期；邓可祝：《机关诉讼研究》，《行政与法》2007 年第 4 期。

缔结主体是不同地区的公法主体，因此，通过司法方式解决争端，必须要探讨机关诉讼在我国行政诉讼体制中的构建问题。根据司法最终解决原则，机关诉讼对于解决因地方政府之间的横向关系而引发的争端具有必要性和不可替代性。考虑到机关诉讼设定的稳妥性与可行性，在机关诉讼引入的时候可注意以下几点①。

第一，机关诉讼可以暂时通过单行法律法规设定，而不必通过修改行政诉讼法来作出一般性规定。这种模式主要是基于两个因素考量，一是避开司法实践中的行政区干预，二是回避当前行政诉讼受案范围和立案模式等的困扰。

第二，机关诉讼的范围暂时不宜过宽，可根据实践需要先设定典型的几类案件。

第三，尊重当事人的选择权。在争议出现时，是否选择机关诉讼的解决机制，由当事方自己选择。

就区域立法而言，司法救济更大的意义在于提供契约履行的国家强制力。鉴于区域立法自身的性质，相对于各类事后救济模式，事前审查模式应该作为首要选择，因此，健全包括权力机关监督、行政监督以及社会监督在内的事前审查模式，并通过过程和程序公正而实现区域立法的合法性、民主性和科学性是最佳选择。而在争端解决机制中，协商、裁决以及仲裁模式相对于司法救济而言，又是更优的选择。但是在现代法治社会中，司法最终解决的原则及司法权所代表的强制力和威慑力又是区域立法能够得以缔结并落实的根本保障。

① 刘家兴：《论仲裁权》，《中外法学》1994 年第 2 期。

第四章

国内外区域合作制度比较与借鉴

“新形势下促进区域协调发展，总的思路是：按照客观经济规律调整完善区域政策体系，发挥各地区比较优势，促进各类要素合理流动和高效集聚，增强创新发展动力……”

——2019 年习近平总书记在《求是》发表《推动形成优势互补高质量发展的区域经济布局》

“我国区域经济一体化的发展加深了行政区之间的联系，同时也催生了一系列区域公共问题，这对传统各自为政的行政区行政模式提出了挑战。”[①] 为解决区域经济一体化发展过程中的体制性障碍，各区域共同体政府皆通过实践和理论探索更为有效的化解方式。目前我国的实践主要包括横向的区域共同体内的政府合作和纵向的中央协调两种模式。本章在分析这两种模式的同时，选取美国的州际协定模式以及日本的区域行政协调制度进行比较研究，从而探讨在我国构建区域立法模式的可行性及其所能发挥作用的空间。

一、区域共同体内的政府间合作

“人们所以苦苦进行博弈……是为了形成最好的制度，这个制度能够保护那些使人们获得最大利益的所有合作关系，而合作关系是安全、幸福等各种

① 曾鹏：《区域经济一体化下政府合作治理及其制度权威》，《湖北大学学报》2021 年第 1 期。

最大利益的必要条件甚至是充分条件。”① 区域共同体内的政府间合作实际上是通过政府间订立行政协议即行政合同的方式实现政府间的合作，为区域经济一体化的发展尽可能消除制度层面的障碍。该合作关系依据的基础一般是政府间合作协议，也就是说，基于各地方政府的自愿意志，同意合作，并协商具体的合作内容，表述方式一般都呈现为宏观经济的建设发展规划。一般来说，结合政府的发展导向，协议规定目的也基本趋同，都是有关发展本行政区的产业经济建设、市场合作以及相关社会事业的合作建设等，通过区域内的共同建设来促进区域利益的整体增长，同时，这种发展和利益应当是符合合作方地方性、个别性的特殊利益需要的。根据协议安排，合作各方的地方政府应当承担协议义务，在各自行政区域内通过行政手段或市场调节等方式，组织建设和协调市场主体、社会主体，以保证直接落实协议内容，或为其实现创造条件。目前我国各区域经济共同体基本上都是通过政府合作的方式实现区域内的经济和制度协调。

（一）东北经济区的立法协作

为促进区域经济协调发展，国家发展与改革委员会在 2007 年发布了《东北地区振兴规划》，阐明国家战略意图，明确政府工作重点，划定规划范围，即东北三省和内蒙古自治区的一部分地区②。东北经济区各省虽然具备地缘以及历史上的多种渊源，具备经济共同体发展的各种优势，但相对于长三角地区和泛珠江三角洲地区而言，其经济一体化发展起步较晚，政府间协作在制度层面和实践层面较上述二者也相对落后。

东北地区作为我国的最重要的重工业基地，国家长期通过严格的计划性指令调节经济并引导资源分配。东北地区本身创造的财政收益也由中央政府统一集中调配使用。20 世纪八九十年代，为配合国家优先发展沿海开放地区的整体经济战略，大量生产重化工产品、原材料及原材料初级产品，通过低于市场的中央定价配置给其他地区，主要是东南沿海开放地区。尽管到 1993

---

① 赵汀阳：《坏世界研究：作为第一哲学的政治哲学》，中国人民大学出版社 2009 年版，第 17 页。

② 随着区域不断发展，目前的东北经济区的规划范围包括东北三省、内蒙古自治区的东二盟三市以及河北省秦皇岛市。

年国家定价的局面已经完全放开，但相对于长三角地区、泛珠江三角洲等地区而言，东北地区此时的市场经济基础极为薄弱，企业因习惯了政府主导的投资模式，面对市场经济的自我调适和适应能力极弱。这种经济模式也形成了“强政府-弱社会”的社会模型。这两个因素给东北地区的经济一体化进程带来了较大的阻碍。

此外，东北经济区的地方立法主体在各自的立法权限内制定了大量的地方性法规和地方政府规章，其中各省间的重复率超过30%。[①] 与重复立法并存的是立法冲突问题，集中表现在各种收费标准的不一致上，各地区养路费标准高低不同，直接导致吉林、辽宁大批车辆落户黑龙江，造成车辆养路费大量流失。“在区域经济一体化的背景下，消弭省际间的立法冲突，以法制协调促进经济、社会进一步发展是一个非常重要并亟待解决的问题。”[②]

随着东北地区区域经济一体化进程的加快，区域内各政府也寻求多方面的合作，以消除共同发展的体制障碍。2004年在吉林省长春市召开了“首届东北四城市市长峰会”，达成了联合打造东北区域经济共同体的共识。这项共识指出，东北经济区内哈尔滨、长春、沈阳、大连等四座城市，将坚持“真诚合作、体制创新、优势互补、互利互惠、有序竞争、统筹发展”的原则，率先实现并带动东北老工业基地振兴。其中部分省份基于本次峰会共识，达成特定行业领域内的协作，例如医药等，局部推进区域内行业联合和局部市场的打通。

“伴随着我国区域经济一体化的发展，为消弭省际间的立法冲突，以法制协调促进经济、社会的进一步发展的制度设计被提上议程，《东北三省政府立法协作框架协议》更是将此付诸实践。”[③] 2006年7月18日，黑龙江、吉林、辽宁三省共同签署了我国首个区域性立法的协作框架协议——《东北三省政府立法协作框架协议》。该框架协议规定，三省协作立法，旨在共享立法资源、降低立法成本、提高立法质量。按照协议，东北三省政府的立法协作将采取三种方式。

第一，三省成立联合工作组，专门联合解决三地政府和群众共同关心的

---

① 孙桂真：《东北三省立法协作机制研究》，《辽宁法治研究》2007年第3期。
② 宋方青、朱志昊：《论我国区域立法合作》，《政治与法律》2009年第11期。
③ 宋方青、朱志昊：《论我国区域立法合作》，《政治与法律》2009年第11期。

难点、热点、重点立法项目。

第二，其他存在共性的问题，由一省牵头立项，并单独负责组织起草，其他两省予以配合。

第三，各省需要先行梳理存在共识或资源共享的其他事项，由各省独立立法，而结果三省共享。

从三省协作的紧密程度来看，上述三种合作方式可以分别概括为紧密型、半紧密型和分散型。

为了促进协作的执行，三省每年年底由法制办主任联席会议来推进，作为基本联系机制，该会议负责“研究确定立法协作项目和论证项目，协调立法区域协作的重大事项”，并且确保协作的项目列入各省的立法计划。类似区域执行机构的则是每年一到两次的立法业务会议，由具体承办立法项目的处室负责组织。这种立法协作以立法项目为载体，只是工作方式的变通和协调，不涉及立法权限问题①。

从近年来的一系列合作项目来看，除了国家机构编制管理、行政执法监督和应对突发公共事件等具有共性的问题，其他经济和社会事务立法项目都凸显出鲜明的“东北特色”，并且“优势互补”思路突出。由一个省负责的立法项目，如果在起草阶段充分征求了其他省的意见，结果草案基本可以不必改动就能在各省顺利地实行。除省政府外，对于下级市、自治州、县所享有的制定政府规章等规范性文件的权力，省级人大都采取了积极鼓励的态度促进下级政府之间自主探索立法协作的机制。②

2009年9月9日，国务院通过了《关于进一步实施东北地区等老工业基地振兴战略的若干意见》，文件第八部分“深化省区协作，推动区域经济一体化发展”，标志着东北地区首长合作机制的建立。文件明确提出：第一，建立东北地区合作机制；第二，建立东北地区四省（区）③ 行政首长协商机制；第三，东北地区各省（区）定期研究协调跨省（区）协调发展问题；第四，对老工业基地进行调整改造。

---

① 参见宋方青、朱志昊：《论我国区域立法合作》，《政治与法律》2009年第11期。

② 徐元锋：《东北三省首推政府立法协作》，《人民日报》2006年7月18日。

③ 该四省（区）为黑龙江省、吉林省、辽宁省和内蒙古自治区东部地区。

2009 年 11 月，首届东北三省政府法制工作协作会议召开，通过对既有立法协作经验进行总结，达成的共识是将协作扩大到政府法制工作全部内容。为配合政府立法协调，下一步的问题就是细化规范和协调三省行政许可和行政处罚的自由裁量权。此外，三省还计划在行政执法领域深化合作，建立协作机制，并最终推进违法行政案件查处合作机制和联合专项监督检查的一体化。①

为深入贯彻落实《国务院关于新形势下加强打击侵犯知识产权和制售假冒伪劣商品工作的意见》《2020 年全国打击侵犯知识产权和制售假冒伪劣商品工作要点》部署和要求，2020 年东北三省建立区域执法协作“六大机制”，包括信息通报机制、案件协查协作机制、联席会议机制、线索移送机制、日常联络机制、备忘录的签订。②

（二）长三角地区的政府间协调机制

2007 年，长三角一体化发展首次上升为国家战略，国务院召开“长江三角洲地区经济社会发展专题座谈会”，长三角一体化由此进入发展的“快车道”。2008 年，长三角地区被界定的范围包括上海市、江苏省和浙江省（两省一市），但是，随着区域经济社会的发展，长三角地区的规划范围发生了一定变化，2019 年 12 月 1 日，中共中央、国务院印发了《长江三角洲区域一体化发展规划纲要》，明确长三角包括上海市、江苏省、浙江省、安徽省（三省一市）全域（见图 4－1）。“长三角一体化是长江三角洲区域发展的一体化，它几乎涵盖了三省一市的经济、社会、文化、生态建设等各个领域和方面。”③作为我国区域经济一体化发展态势最好的地区，长三角在升级发展的过程中也面临自己的问题：第一，地方保护主义严重。一方面导致产业结构同质化，直接导致区域整体效益的降低；另一方面则导致区域内地方之间恶性竞争，采用了不规范引进外资的行为，譬如牺牲地方利益而过分优惠的政策，甚至引入被淘汰技术等劣质外资。第二，环境污染问题。重灾区就是太湖流域，从面积上，太湖流域的面积仅占全国水资源面积的 0.38%，却承载了全国

---

① 张国强：《三省间处罚相差十几倍现象有望改变 东北行政处罚裁量权拟统一》，《法制日报》2009 年 12 月 2 日。

② 纪祥勇：《东北三省建立区域执法协作“六大机制”》，《中国质量报》2020 年 11 月 16 日。

③ 周仁标：《长三角一体化背景下的地方政府治理》，《安徽师范大学学报》2021 年第 1 期。

10%的污水排放量。沿流域的每个城市都想尽可能榨取水资源，且无节制将之作为垃圾倾倒池，没有谁去治理。然而，“太湖及太湖流域在长三角自然和经济地理空间具有举足轻重的地位，更是长三角区域一体化发展国家战略实施的关键地区”[①]。第三，地方法规和执法冲突所造成的地方制度壁垒。[②]

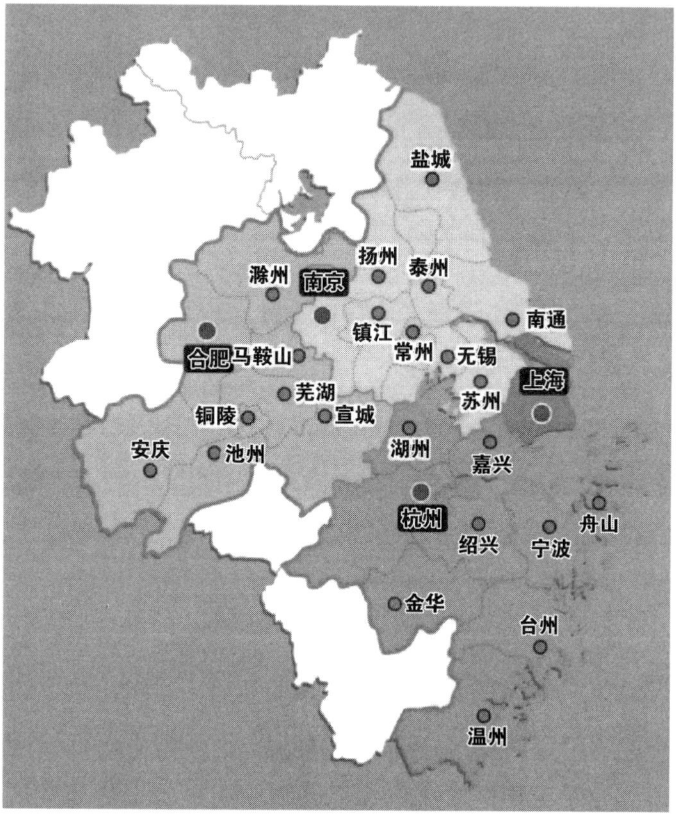

图 4-1　长三角地理位置和主要城市示意图[③]

面对这三方面问题，浙江省、江苏省和上海市的人大常委会法制工作委员会、政府法制办公室和法学会负责人于 2007 年在上海共同签署了《苏浙沪

① 陈雯、刘伟、孙伟：《太湖与长三角区域一体化发展：地位、挑战与对策》，《湖泊科学》2021 年第 2 期。

② 叶纯：《长三角区域协作立法研究》，《东南大学学报》2020 年第 22 卷。

③ 2019 年 12 月 1 日，中共中央、国务院印发了《长江三角洲区域一体化发展规划纲要》，规划范围包括上海市、江苏省、浙江省、安徽省全域（面积 35.8 万平方千米），以 27 个城市为中心区（面积 22.5 万平方千米）。

法制协作座谈会会议纪要》，开始以立法协作的方式来协调各方利益关系。从长三角作为一个区域谋求协调发展开始至此，该区域发展的协调深度和机制建设大致可以通过三个阶段来观察。①

第一阶段：1982 年 12 月 22 日国务院计划成立上海经济区规划办公室，长三角地区正式列入国家区域协调发展战略。1983 年 3 月 22 日国务院上海经济区规划办公室正式成立。由于经济和历史原因，上海经济区先后进行过三次调整来扩大地域范围。这一阶段的区域协调发展主要表现为各行政区划根据国家经济计划，针对跨省市的行业协作，从行业市场和行业经济的区域规划做起，以计划手段为主，市场调节为辅。

第二阶段：20 世纪 90 年代初到 2000 年。该阶段内，不仅省级或直辖市，长三角地区部分城市也参与进来，沪浙苏两省一市政府分管领导的联席会议和长三角地区城市经济协调会成为这一阶段协调发展的基本机制。此外，推进两省一市合作体制的立体化建设是这一阶段的重点，基本建立起从决策层、协调层，到执行层的区域协调合作机制框架。

第三阶段：2000 年至今。2004 年两省一市主要领导在上海进行会谈，启动了定期磋商机制，2008 年国务院出台的《关于进一步推进长江三角洲地区改革开放和经济社会发展的指导意见》是这一阶段区域协作的基础性文件，进一步提出完善两省一市区域合作体制与机制的总体思路。2009 年，两省一市人大联合制定了《沪苏浙人大常委会主任座谈会制度》，2014 年安徽省加入，三省一市协商讨论并修改制定了《沪苏浙皖人大常委会主任座谈会制度》，2018 年举行的长三角地区人大常委会主任座谈会通过签署了《关于深化长三角地区人大工作协作机制的协议》和《关于深化长三角地区人大常委会地方立法工作协同的协议》，三省一市会议式的人大协作机制初步建立，“长三角人大常委会主任座谈会”走向常态化与制度化。②

长三角地区的区域协调发展经历了一个由以企业为主体的生产要素合作向以政府为主体的制度要素合作转变的过程。随着改革开放和市场经济的进

① 殷为华：《基于新区域主义的我国新概念区域规划研究》，博士学位论文，华东师范大学，2009，第 122 页。

② 参见汪彬彬：《长三角区域立法协同研究》，《人大研究》2021 年第 3 期。

一步发展，长三角地区生产力不断提高和生产要素自由流动的强烈驱使，以行政区经济为核心的条块分割体制严重束缚了区域经济社会发展的前进步伐。因此，区域内政府合作机制的探索和实践成为决定长三角地区能否实现更高层次发展的关键因素。2000 年以后，长三角地区各级地方政府在制度机制合作方面，已经有了不少突破，建立了层次分明、分工合理的四级协调合作机制①。

一是长三角区域定期磋商机制。2004 年该机制在上海正式启动，主要是两省一市主要政府领导就区域发展的重大战略问题进行定期磋商会谈，研究确定区域合作的总体要求和重点事项。

二是“三地经济合作与发展座谈会”机制。2001 年发起，由两省一市常务副省（市）长主持，联络组设在两省一市的发展和改革委。该会议负责推进落实主要领导明确的各项工作重点。

三是职能部门沟通协商的专题合作机制。目前，已经先后就区域道路交通、货运、信息资源共享和诚信体系、旅游、生态资源和污染治理、规划建设以及人力资源、自主创新、能源合作等多个重点领域成立了合作专题组。

四是市长参加的长三角城市经济协调会机制。这一机制是由 1992 年建立的长三角 15 城市协作部门主任联席会议制度升级发展而来。基本任务是贯彻落实“沪苏浙经济合作与发展座谈会”精神，按照各城市的发展需要，推进城市间合作项目实施，协调解决城市间的实际问题。

（三）泛珠三角区域政府合作机制

泛珠三角区域②是新中国成立以来规模最大、范围最广、区域内体制框

① 周振华：《建设全球城市加快城市转型》（四），上海财经大学出版社 2008 年版，第 166 页。

② 关于泛珠三角区域在历史发展的不同阶段存在一个“小珠三角”和“大珠三角”的称谓。“小珠三角”即通常所指自然地理意义上的珠三角。1994 年 7 月，广东省委、省政府明确提出珠江三角洲地区要成为广东首先实现现代化的一个大经济区。同年 10 月，广东省委七届三次会议决定制定建设珠江三角洲经济区现代化的整体发展战略。1995 年 6 月初，广东有关部门根据珠三角经济区发展战略，完成了《珠江三角洲经济区城市群规划》的制定工作。该规划展示的珠三角都市圈建设的战略布局是，“以珠三角有机协调的城市群为整体，以广州为核心，以广州至珠海和广州至深圳的发展线为主轴，建设大广州和珠江口东岸、西岸 3 个大都市地区，建立都会区、市镇密集区、开敞区和生态敏感区 4 种用地类型的空间协调发展模式”。这一布局勾画出以广州为领头，以分别位于珠江口东、西岸的深圳、珠海为两翼终端的雁行发展蓝图。“大珠三角”是加上香港特别行政区及澳门特别行政区，也可以称之为粤港澳合作。

架最复杂的新区域组合，“作为中国东南沿海的巨型城市区域，旨在构建跨越经济社会系统的多元协同的综合一体化地区”[①]。区域内存在四种类型的行政区划：一是一般的行政区；二是经济特区；三是特别行政区；四是民族区域自治区。区域内发展不平衡状况凸显，香港和澳门是国际性城市，属于经济发展的第一阶梯；沿海发达城市，为第二阶梯；其他中西部发展较为滞后城市，为第三阶梯。泛珠三角区域合作的形成和发展既有“市场运作”的自发助力，但也在很大程度上有“政府推动”的作用，并且政府的作用尤其举足轻重。中央政府顶层设计和政策牵头为珠三角地区搭建的合作平台，是构成这一区域协调发展快速推进的基础保障。其中，重要的制度平台主要包括[②]：

第一，两大平台。即泛珠三角区域合作与发展论坛、泛珠三角区域经贸合作洽谈会。这两个平台由区域内省级人民政府，包括香港特别行政区、澳门特别行政区政府共同主办。国家发展与改革委员会、商务部、国务院港澳事务办公室、国务院发展研究中心担任论坛指导单位。

第二，高层联席会议制度。1998年在中央政府大力支持下，香港特别行政区政府与广东省政府联合召开两地高层联席会议。随着会议的多次召开，会议机制也逐渐发展出多种样式：一是行政首长联席会议制度。其职责是研究区域合作规划，针对区域合作中需要协调的重大问题开展深入研讨、探索解决方案；审议、决定区域合作的重要文件；根据秘书长协调会议提出的建议，作出决策，就本方参与区域合作的战略、规划、工作方案以及重大合作项目进行决策；向联席会议提出推进区域合作建议和需要提请联席会议解决的事宜。原则上该会议属于年会。在行政首长联席会议下，设立秘书处，执行行政首长联席会议的决定，并负责协调、日常工作和部门衔接等。二是政府秘书长协调制度。三是发展和改革委主任联席会议制度。“创新完善合作机制，充分发挥行政首长联席会议制度作用，扩大泛珠三角区域合作与发展论坛的影响力。”[③]

---

① 张衔春、杨宇、单卓然等：《珠三角城市区域治理的尺度重构机制研究——基于产业合作项目与交通基础设施项目的比较》，《地理研究》2020年第9期。

② 陈广汉、程小军：《创新和完善泛珠三角区域合作机制》，载梁庆寅、陈广汉主编《泛珠三角区域合作与发展研究报告（2008）》，社会科学文献出版社2008年版，第7—12页。

③ 《八项重点任务深化泛珠三角区域合作》，《财经界》2016年第4期。

第三，日常办公制度。日常工作办公室设在省市发改委（厅），香港特别行政区、澳门特别行政区政府则另行确定相应部门负责相关工作。日常办公室主要负责加强与本地区有关部门的沟通、联系，掌握本地区推进区域合作情况，研究提出加快推进区域合作发展的政策、措施及建议；编制本地区参与区域合作的发展战略、发展规划、工作方案；向政府秘书长或港澳特别行政区政府相应官员反映区域合作的进展情况，并就推进区域合作问题及时向各方政府提出思路和对策以及其他工作建议；负责政府秘书长协调会议的筹备、组织工作；负责跟踪落实政府行政首长联席会议以及政府秘书长协调会议确定的各项事宜；加强各方工作办公室之间的工作协调，研究组织加强合作的具体措施；建立信息交流制度，共同办好泛珠三角区域合作与发展官方网站。

第四，部门衔接落实制度。泛珠三角区域政府的主要合作方式比较多样化，在实践中也不断在发展变化。不过从形式上来看，基本可以总结为一般性的学习考察、定点对口支援、专门的干部交流、信息共享，以及针对具体主题或者问题建立项目，通过项目合作等。可以这样来理解，泛珠三角区域内政府各个层次合作基本都有一定的规范化、常态化的机制或载体，在中央政策的支持平台之上，也不断通过制度化推进区域协作的纵深、稳定、广泛发展。但受制于这一区域内的先天条件，尤其是体制差异和发展不平衡的基础限制，以及传统区域协作固有的协议法制效力薄弱等限制，并且在相当一段时间内，泛珠三角区域的民间力量自主参与和政府推进相比还是相对被动和不足，区域发展仍面临瓶颈。

2004 年 6 月 3 日，在广州签署的《泛珠三角区域合作框架协议》标志着我国最大的区域政府体制框架正式形成。以此为基础制定的《泛珠三角区域合作发展规划纲要（2006—2020 年）》，细化了区域发展规划。此后，区域成员分别针对产业、行业、部门、领域等，专门签订了多个双方或多方的合作协议。① 这一系列普遍性和专门性的协作协议作为一个体系整体，共同形成了泛珠三角区域政府合作与市场协调的机制，为推动泛珠三角区域合作的顺利展开提供了有效的保障。在全球化与信息化的大背景下，泛珠三角正在发

① 参见《泛珠三角区域合作与发展进程回顾》，《新经济》2016 年第 33 期。

展成为我国的世界级大城市群之一，成为我国南部区域进入世界的枢纽及世界进入中国南部的门户。[①] 在国家与泛珠三角区域各政府的共同努力下，区域合作成效明显，整体呈稳步推进趋势。2016 年，“十三五”规划出台，作为确定 2016—2020 年国家宏观社会经济发展大计的文件，其中明确提出要深化泛珠三角区域合作，标志着深化珠三角区域合作上升为国家战略。随后国务院发布《关于深化泛珠三角区域合作的指导意见》（简称《意见》），这也是将泛珠三角区域合作纳入国家“十三五”规划纲要后的细化要求。《意见》将泛珠三角区域定位为“全国改革开放先行区、全国经济发展重要引擎、‘一带一路’建设重要区域和生态文明建设先行先试区”。

（四）行政地方协作机制分析——以黔粤《旅游合作协议》为分析模本

黔粤《旅游合作协议》全文[②]

甲方：广东省旅游局

乙方：贵州省旅游局

黔粤两省旅游资源十分丰富，旅游市场具有较强的互补性，旅游合作潜力巨大。两省同属“9＋2”泛珠三角经济合作区域范围，旅游行政管理部门和旅游企业之间业已形成多渠道、多领域和多种形式的良好合作关系。为进一步加快两省旅游业发展，落实“9＋2”区域合作框架协议，联合打造泛珠三角旅游精品，按照“自愿、平等、公正、双赢”的原则，签订此协议。

一、甲乙双方积极参与推动“9＋2”泛珠三角旅游合作。在共同落实“9＋2”框架协议方面互通信息、协调立场、经验共享；在泛珠三角区域旅游多边合作方面，互相创造条件、互相支持和帮助。

二、甲乙双方积极推动两地旅游资源开发，实现优势互补、客源互济。双方通过多种渠道将本地区有开发潜力的旅游资源向旅游开发、投资商进行广泛宣传，支持和引导本地企业到对方考察旅游资源，为对方企业在本地的

---

① 参见陆大道：《关于珠江三角洲大城市群与泛珠三角经济合作区的发展问题》，《经济地理》2017 年第 4 期。

② 参见北大法宝：【法宝引证码】CLI. CS. 3468。

旅游开发及经营活动提供全面的咨询、服务和帮助。双方以互为目的地的形式开展旅游宣传促销活动，为对方旅游行政部门及旅游企业在本地的促销推介活动提供帮助。双方联合开发跨省精品旅游线路，共同开拓国内外客源市场，共同打造发挥本省资源优势的旅游品牌。

三、甲乙双方按照互利、双赢的原则，为两省旅游业发展中的薄弱环节的改善提供帮助。乙方的喀斯特山地生态旅游产品和民族文化、特色文化旅游产品可以作为甲方旅游产品体系建设的组成部分；甲方对乙方在提高接待能力和管理水平方面组织有关企业进行专项招商，按互惠互利的原则支持本地企业在乙方投资兴业，谋求资源开发和市场需求的协调发展。

四、双方确定把旅游扶贫和旅游就业作为本地旅游业推进“三个文明”进步的重点，为对方在旅游扶贫和旅游就业方面提供培训和经验共享，组织本地旅游行政部门和旅游企业实施对口帮扶，并在生态旅游、乡村旅游、农业及工业旅游等专项旅游产品建设、市场开发方面给予支持和帮助。

五、甲乙双方共同组织和指导旅游企业开展广泛合作，逐步消除旅游壁垒，推进两省无障碍旅游合作。双方支持对方旅游企业在本地开展旅游经营活动，并提供必要帮助，在政策允许范围内享受本地旅游企业同等待遇，共同维护旅游企业和游客的合法权益。双方组织、引导本地旅游企业与对方企业在市场开发和利益分配方面通过协商，形成合理、协调的跨省企业合作机制，鼓励企业间形成互惠互利、形式多样的联合作，放宽对方企业在本地的准入标准，为对方企业的经营活动创造条件。

六、双方积极组织本地旅游行政管理部门、旅游企业和媒体参加对方的大型旅游宣传、促销、招商活动，双方通过协商，在国内外联手组织大型促销活动。

七、双方积极推动旅游产业信息化工程，谋求共建旅游信息平台，实现旅游信息共享。

八、进一步加强双方旅游行政管理部门的联系，两省旅游局高层定期会晤，互通情况。在“黄金周”等旅游高峰期相互提供交通、接待设施及景区容量监控的信息，双方对旅游交通、旅游安全和重大旅游投诉等问题采取协调一致的合作立场，共同处理应急事件。双方在旅游发展规划、市场开发计划、旅游政策等旅游业发展重大决策方面及时通气，形成互相学习、借鉴和合理互动的合作机制。

以上协议的实施由双方提出具体实施方案后协调办理，未尽事宜双方商议解决。

甲方：广东省旅游局代表

乙方：贵州省旅游局代表

二〇〇四年七月二十九日于贵阳

黔粤《旅游合作协议》的表现形式在诸多政府合作协议和协调框架中是比较特殊的，套用了普通合同的方式，并列明了甲方乙方，因此，本文选该协议作为分析模本对当前各区域经济共同体内签订的各类协议进行初步分析。

第一，签订主体多样化。在样本中，协议签订的双方是广东省旅游局和贵州省旅游局的代表。综观我国目前已经签订的协议主体，包括区域共同体内的省级政府、省会城市政府、特别行政区政府或经济特区政府、省政府旅游局或文化局等不一而足。

第二，协议表现形式与名称多样化。“合作协议”“协作框架”“框架协议”“备忘录”“规划”“宣言”等称呼较为常见，而具体内容的表现形式也随着称呼的不同而表现出较大的随意性。

第三，协议内容较少地体现了规则意味。目前的合作协议更多的是政治层面的宣言式协议，而非法律层面的可供实施的具体协作方案。因而，从这个角度上讲，目前的行政协议基本上属于建立在签约主体共同意愿基础上的协议，而尚未构成法律意义上的行政契约。黔粤《旅游合作协议》共八条，其中提出双方要信息共享、加强交流，共同开放两地的旅游资源，消除旅游壁垒、推进两地旅游企业之间的合作，实现两地在包括旅游宣传促销、旅游服务业等在内的无障碍旅游一体化。同时还确立了两省旅游局的高层定期会晤制度。该协议并没有确定的明确的权利义务主体和内容，没有可供实施的具体内容，也没有纠纷解决机制和责任承担方式，也就意味着，尽管该协议具备了契约（合同）的外在形式，但却欠缺实体构成条件，从而欠缺实质的约束力和执行力。

第四，协议普遍欠缺执行力。不可否认的是政府间合作机制及其在合作过程中签订的一系列协议在推进区域经济一体化的发展过程中起到了相当大的推动作用。但是，一个不可忽略的问题是，我国目前政府间行政协定的约束力和执行力严重不足。效力的欠缺直接导致了许多协议在签署之后几乎得不到落实，必将从长久层面影响政府间行政契约制度的良性发展，同时，寄希望于通过行政契约实现区域经济协调发展和区域经济一体化由经济层面的合作向制度层面的转型终将落空。

案例 4-1：2001 年江浙重大跨省污染纠纷——太湖治理中区域内的“趋利避害”

2001 年 11 月 21 日晚，嘉兴 300 多个农民民间集资 100 万，自沉 28 条大船，动用 8 台推土机，数万条麻袋，筑起大坝将污染河流切断，以抗议 10 年未解决的污染。此次“沉船事件”震惊中央，也号称“民间的零点行动”。中央连续派出两个调查组，进行协调与处理。

此次江苏盛泽与浙江嘉兴之间的跨界污染纠纷始自 1993 年，从该年开始，盛泽的印染业迅猛发展，而经济的迅速发展换来的却是当地印染业排污的失控。嘉兴市环保局工程师吴根林也说：印染业的发展远远超过了环保设施的建设，盛泽日排放的污水量是 41 万吨，而新建的污水处理厂日处理能力不过 10 万吨，还有的为了减少成本，时放时停，偷偷地直接排放。盛泽的污水一部分向东排，最终进入苏嘉运河，一部分污水向南，造成嘉兴北部污染；一部分进入嘉善境内，污染区域达百平方公里。在最初发展阶段，从政府到企业的环保意识极其有限。1993 年 5 月中旬，嘉兴市渔政管理站工作人员顾升荣在田北荡值班，早上起来，他被湖面上白花花的死鱼惊呆了——“凶手”是盛泽大量未经处理的工业污水。此后，涌入嘉兴的污水越来越多，污水浓似酱油，臭不可闻。嘉兴地方的数据显示：盛泽污水排放量最高时达每年 9000 万吨；嘉兴北部王江泾镇从事水产养殖的渔民直接承担了污染后果。1995 年，200 多名忍无可忍的渔民挑着死鱼闯进对岸的盛泽镇政府，散发着腥臭味的死鱼在政府院子里堆成了山。此次灾难导致死鱼 20 多万斤，而在渔民的抗争下，盛泽政府仅同意支付 200 万元赔偿，其中的 100 万元拖了五年，另外 100 万是因为迫于国家环保总局（旧称）的压力才不得不赔。

1998 年，国务院采取了治理太湖流域水污染的“零点行动”，嘉兴区域水质有了改善，受到中央政策的鼓舞，渔民重新回到嘉兴太湖，但是 2001 年

4 月、8 月、9 月三次盛泽方面的大污染又向渔民袭来，污水造成水中溶解氧过低，致使水产品大面积窒息死亡，导致重大污染损失。鱼和珍珠蚌的大规模死亡将他们推向破产，而比鱼类和蚌的死亡更严重的是对人身健康和生命造成的损害：癌症村的不断诞生、智障儿的大量增加、部分村镇的连续人口负增长、新生儿病残率畸高、征兵体检几乎无人合格……

此后，浙江嘉兴养殖户和江苏盛泽镇排污企业之间的矛盾不断升级激化。国家和两省有关部门先后多次组织调查和调处。但实践表明，中央协调在地方利益面前作用极其有限。各级政府介入协调未果后，2001 年 12 月，嘉兴水产养殖户吴鸿祥、吉祥元等 47 人作为原告向嘉兴中级法院提起诉讼，要求污染损害赔偿，共同被告为位于江苏省苏州市盛泽镇的翔龙印染公司等 21 家企业。

2002 年 1 月 7 日，被告 21 家公司向嘉兴中级法院提出管辖权异议，认为该案涉及江浙两省，在全国影响重大，请求“改由最高法院管辖或由最高法院指定江浙两省以外的第三方法院管辖”。嘉兴中级法院随后通知被告，本案属环境侵权纠纷，受害人所在地的法院有权管辖；而且指定管辖不属当事人的异议范围。

争论焦点及法院的认定：本案属于环境污染纠纷，所致损害属于特殊侵权案件，根据法律原理，集中的审理焦点应在因果关系的认定和污染损失的核实。从侵权责任的法律要件出发，需要查明三个实质要件：(1) 被告有无侵害行为，即污染环境行为，且不应以违法与否有关；(2) 原告是否遭受了污染损害，即损害是否存在，以及损害范围；(3) 排污行为与损害之间有无因果关系。对于这类特殊侵权案件，法院认定，在因果关系这一关键事实的认定上，应适用推定成立，并采用举证责任倒置规则。即第一，损害事实，本案原告已经证明自身因为排污遭受损害的事实，即视为完成了原告的举证义务；第二，推定原告损害和被告排污之间存在因果关系；第三，被告既未能证明自身没有排污行为，也未能充分证明其排污行为与污染损害之间没有因果关系，视为未能尽举证责任，不能证明自身无责任，第二项因果关系推定成立；第四，排除自身责任的举证不成立，被告曾提出浙江也有 30 家企业应对污染损害负责，但未能提供充分证据推翻自身的责任，即不构成对自身排污与原告损害之间因果关系的“斩断”，主张未被支持，应承担“举证不能”的法律后果。

最终，嘉兴中级法院采纳了环保部门现场检查和监测分析结果，确定被告排污行为与原告损害结果之间存在法律上的因果关系。于2002年12月10日作出两份判决：江苏省翔龙印染公司等21家企业因污染损害，赔偿浙江省吴鸿祥等30个养殖户污染损失639.05万元；赔偿浙江省吉祥元等17户1 500 517元。两案共赔偿789万余元。各被告之间互负连带赔偿责任。[①]

本案中所反映的问题，从实质上看，包括两个层面：一是区域经济发展中既有行政区划利益与区域协调利益之间的矛盾，二是在市场经济发展过程中的利益最大化，集中表现在太湖治理过程中各区域地方的“趋利避害”。在盛泽经济发展的过程中，为了吸引投资，加速发展，除了私自降低排污标准、违法许可污染企业上马等，更令人震惊的是，盛泽已经在发展印染工业前，做好了精心准备，围绕整个盛泽镇都有土围，该镇在四周河系上设置多个闸门，导致污水只会向外流向嘉兴，一旦河水发生倒灌，盛泽就放下闸门，拒污于省外。这样处心积虑的设计，导致太湖流入的水源在盛泽境内西部是三类水——符合国家规定的饮用水标准，造成污染后，流入嘉兴的水就变成劣于五类水5～11倍的污水，而国家环保法规定的“五类水人畜不得饮用”。太湖的治理，则在“零点行动”等一系列的措施采取之后，2006年仍旧发生了大规模的蓝藻爆发，无锡市的水龙头流出来的水全部散发着恶臭，超市内的饮用水被一扫而空。多年来，太湖治理始终是困扰中央和环太湖地区地方政府的一道难题。1984年成立太湖流域管理局，多次的中央协调和联合调查，都未曾取得显著成效，而这也充分反映了中央政策及协调在面对地方利益时的无力。行政区式的水环境治理容易导致经济发展和环境保护目标的区域协同性较差。由于各地管理主体扮演着企业化地方角色大都考虑自身的需求，上下游和地区之间合作联动不强。上游发展经济，可能带来下游污染和损失；而下游为保护饮用水，对上游提出较高环境标准要求，使上游发展权受限。双方互不相让，导致跨界水环境共治迟迟得不到有效落实。[②]

---

① 翟明磊、童剑华：《断河记》，博客中国，https：//net.blogchina.com/blog/article/234335。

② 参见陈雯、王珏、孙伟：《基于成本—收益的长三角地方政府的区域合作行为机制案例分析》，《地理学报》2019年第2期；杨梦杰、杨凯、李根等：《博弈视角下跨界河流水资源保护协作机制——以太湖流域太浦河为例》，《自然资源学报》2019年第6期。

就太湖治理而言，其中涉及法律冲突的地方主要是各地在排污标准规定上的不一致，盛泽地区为吸引投资，地方排污标准大大低于国家标准。但我们发现，引发诸多矛盾的核心问题并不在于法律法规的冲突，而是其背后所代表的地方利益的冲突，因此，更根本的问题不在于单纯地减少法律冲突，而在于利益协调机制，或者说利益仲裁机制的建立。

二、中央协调机制

在地方政府合作的同时，区域经济共同体为克服发展障碍，也一直在积极寻求中央协调的模式。短暂存在的上海经济区规划办公室就是其中之一。

（一）上海经济区规划办公室

1982 年 4 月 30 日，国务院发出通知决定成立上海经济区，1983 年 3 月 22 日在上海正式建立上海经济区规划办公室，简称“规划办”。1983 年 6 月 30 日，一个初夏的晚上，苏浙沪三地的党政一把手，连夜被请到了国务院开会，这次会上，上海经济区成立目的与主要任务被系统明确了，据相关会议记录文件，主要包括以下四点。

首先，解决“条块”等分割发展的矛盾，解放生产力。

其次，走依靠中心城市的路子。将上海作为面向全国的经济中心城市，苏浙两地的一批中小城市尽管行政上仍要和上海独立，但要发展成为上海的卫星城。

再次，成立专门的研究机构，制定规划，并研究阻碍生产力发展的因素。

最后，规划是试验性质的，通过这一区域的探索，在全国逐步形成以大中城市为依托，不同规模发散式网络型的经济区。

规划办尽管承担的职责包括调研和协调，并且在运转的五年多时间里，规划办始终没有正式挂牌[①]，但却被寄予了极高的希望，期待它来打破“经

---

① 周寅杰：《一个权威机构为何从未挂牌——上海经济区：未完成的实验（上）》，上海招商网，http：//www.zhaoshang-sh.com/2005/7-4/10-27-1924710.html。该文中，作者认为规划办运转五年多却始终未曾挂牌，实际上反映了规划办的微妙处境。

济区”与“行政区”之间的隔阂。后来的事实证明，这种期望有些过高。

在规划办存续的五年内，其主要成就包括以下几项。

第一，以自行车行业的联合为突破口，首次成功推进区域内产业联合试点。1983 年 4 月 15 日，在规划办第一任主任王林推动下，规划办与轻工业部联合开会，听取了区内自行车行业现状的汇报，制定了工作提纲。一年后，依托国营大企业，以名牌产品为龙头的生产联合体正式出现。在“永久”和“凤凰”两大集团旗下，跨省市一共整合了区内近六十家企业。

第二，协调能源、交通等基础设施问题。规划办成立后，把电力供应作为重点规划，成立领导直接牵头的工作小组，扩容华东电网装机容量，很快区域内缺电问题得到了有效缓解。

第三，制定上海经济区发展规划。1986 年，《上海经济区发展战略纲要》八易其稿，终于问世，即便以现在的眼光来看，这依然是一份不错的战略规划。[①] 在纲要的基础上，规划办在存在的五年多时间里，先后主持制定了二十多项规划，大到整个经济区的总体走向，小到不同产业的具体发展战略。以整个经济区为对象制定产业规划，这对当时的整个国家来说也是一项创举。

但对于规划办而言，也有推行不下去，或者说根本无法解决的事项。

第一，调整产业结构。产业结构同质化在当时就已经是上海经济区的主要问题之一。产业近似导致区域内的低效、内耗、恶性竞争。但在经济区的省市长联席会议上，凡是涉及产业结构调整以及跨区域的行政协调时，便只能做“加法”，不能做“减法”。例如，不影响各项财税的自行车联合、电力增容等，往往会获得一致支持，但不管取消哪个地区的项目，都会因强烈反对而无法执行。

第二，规划的执行落实。规划办制定的二十几项规划，涉及能源、电信和交通等各个方面，极少数几个得到了一定的实施落实。但工业、农业，尤其是涉及产业调整的方案，基本无法实施下去。“制定规划容易，实施规划难”。

---

① 例如，纲要明确提出：“建立上海经济区，是我国经济体制改革的一项重要探索。旨在充分发挥中心城市的中心作用，打破经济体制的僵化模式，逐步建立起具有中国特色的社会主义区域经济新体制”。而在具体做法上，比较有意思的是提出了“丁”字形概念：“把经济区沿江沿海的‘丁’字形黄金地段，逐步发展为我国经济最发达的经济带和港口城市群。上海和长三角的工业，主要向高、新、精、尖发展，向技术密集型和知识密集型发展。”

上海经济区成立后，相关的各省市对一体化始终存在各种各样的疑虑。比如山东省一直没有加入该经济区，而加入的有些省市对于一体化的程度和方式也各存顾虑。在1984年召开的省市长会议上，时任江苏省副省长的陈焕友坦诚地表示，“一个省的部分地区参加经济区……党政领导、行政区划、计划财政等都属省。……在这种情况下，他们感到有些事情很难处理。省里也有难处……”在争议中，这种探索告一段落，1988年6月规划办宣告撤销。一般解释是当时国务院正在进行机构改革，要裁减一批机构。然而另一种说法是对经济区模式，仍没有获得共识。不管是基于哪种原因撤销规划办，都意味着对于区域经济发展进行协调的首个中央机构并未如预期一样实现协调发展的目的。①

（二）中央协调的困惑与不足

规划办的撤销实际上是必然的。最根本的原因在于其不可能在当时体制和基本结构下协调行政区和经济区的矛盾，即使放在今天，这个任务依然无法实现。规划办撤销以后，上海经济区也就实际上消亡了。而该区域的经济合作也陷入了长时间的低谷。几年后，呼吁重建上海经济区的声音开始出现。到今天，区域经济发展如火如荼，以至再次遇到发展瓶颈的时刻，人们在探寻问题的解决途径时，重新想起了二十年前的上海经济区及代表着中央协调的规划办。也有专家呼吁建立新的长三角管理机构。因此，认真反思规划办五年的存续过程以及其撤销背后的深层次原因，对于建立中央区域协调机制的必要性和可行性将有更深刻的认识。

首先，规划办成立及其运行的五年中，其宪法和行政组织法依据的问题始终没有解决，因而五年内该机构尽管做了大量的工作，但一直到撤销也没有“挂牌”。这不仅反映着规划办自身的尴尬，同时反映出了中央对该机构的

① 关于上海经济区及规划办的论述主要参考资料包括：周寅杰：《一个权威机构为何从未挂牌——上海经济区：未完成的实验（上）》，上海招商网，http：//www.zhaoshang-sh.com/2005/7－4/10－27－1924710.html；高渊：《当经济区理想遭遇行政区利益——上海经济区：未完成的实验（下）》，上海招商网，http：//www.zhaoshang-sh.com/2005/7－4/10－27－1924710.html；沈伟红、方小晶、董碧辉、陈欣：《长三角，一段尘封往事：“国务院上海经济区规划办公室”寻踪》，上海现代服务业网，http：//www.ssfcn.com/wenzhang_detail.asp?ID=1295&sPage=6&wordPage=1；李立军：《20年前的“长三角”试验——关于上海经济区办公室的历史考察》，《今日浙江》2008年第15期。

矛盾心态。一方面在对其定位的时候是作为研究机构而成立的，另一方面却希望该研究机构完成协调经济区和行政区矛盾的重任。模糊的定位，矛盾的心态，不可能完成的任务成为压垮规划办的三座大山。

其次，规划办尚未摆脱计划经济模式，主要通过行政命令的手段对区域经济发展进行协调，仍旧属于中央对地方的过多干预，与当下社会基本治理模式和理念相悖。当年规划办工作的基本流程是先做经济区的各项规划，然后送国家计委，计委再指派专人做规划的深入研究，最后可能批准执行其中的某些部分，再以行政命令的手段下达到经济区内各省市。中央协调依靠中央对地方的传统权威，但在地方作为利益主体诉求多元的情形下，这一协调机制能在多大程度上起到作用，实际上依赖于该协调机制给地方带来的利益以及地方政府对中央政策的认可度。但我国事实上的问题是，中央和地方的关系在财权事权不明的情形下，因市场经济的发展形成了表面上集权实质上分散的所谓“诸侯经济”①，中央统一协调规划对既有行政区划都难以有效实施，更遑论对区域经济。

案例 4-2：2004 年江苏铁本事件——中央调控与地方“诸侯”的博弈

1996 年初，戴国芳在江苏常州注册了江苏铁本钢铁有限公司（以下简称“江苏铁本”）。自 2002 年初，江苏铁本筹划一个总投资 105.9 亿元的建设大型钢铁联合项目，计划生产能力为每年 840 万吨。2003 年 6 月进入现场施工。这个项目如果建成，江苏铁本将成为相当于首钢规模的大型钢铁联合企业。该企业原本规模不大，自有资金仅有 3 亿元，却筹集了 100 多亿元的项目资金。从 2002 年 5 月项目筹划开始，戴国芳作为江苏铁本的法人代表，另外注册成立了 7 家合资（独资）公司，把项目拆分为 22 个子项目向有关部门报批。2002 年 9 月至 2003 年 11 月，常州国家高新技术产业开发区管委会、江苏省发展计划委员会、扬中市发展计划与经济贸易局先后越权、违规、拆项审批了江苏铁本合资公司的建设项目。导致该项目从“上马”到实施，存在多处违法情况。第一，作为一个高能耗、高污染的项目，江苏铁本在没有依法取得环保部门批复的环境影响评价报告书的情况下，擅自先行开工建设，

---

① 钟真真、傅强：《中国区域经济发展中的体制难题与立法》，《中国发展观察》2009 年第 2 期。

严重违反了国家有关建设过程中的环境管理法律法规。第二，建设用地违法，并在获得土地的过程中违规组织征地拆迁；常州国家高新技术产业开发区管委会、扬中市政府均存在未依法办理用地审批手续的情况下批准江苏铁本征用、占用土地，并违规组织实施征地拆迁，导致江苏铁本违法占用包括1200亩基本农田和4585亩耕地在内的土地6541亩，由于建设项目的特殊污染，土地无法复垦，造成大量耕地被毁。第三，在明知部分项目用地属于非法占用的情况下，2003年12月，江苏省国土厅仍违规批准了常州市涉及江苏铁本的14个批次的土地，共计5988亩，使其有了"合法外衣"。第四，截至2004年2月末，中国银行常州分行等国有银行金融机构对江苏铁本及其关联企业合计授信余额折合人民币43.39亿元，其中贷款25.6亿元——事后经调查，江苏铁本通过提供虚假财务报表等方式，虚构资信状况与能力，骗取银行信用和贷款之后，挪用银行流动资金贷款多达20多亿元，均用于固定资产投资，而不是申报时所陈述的项目建设或相关投资。这一过程中，江苏铁本固然存在欺诈，但有关金融机构存在贷前审查不严、贷后监控不力，同样严重违反了国家固定资产贷款审贷和现金管理规定等。

此外，根据之后的调查显示，江苏铁本公司存在大量的偷税漏税行为，已涉嫌经济犯罪。

2004年3月，这个令人瞩目的"宏大规划"被江苏省政府责令全面停工，其间造成的各类损失之高，难以估量。

根据检查结果，相关行政机关及其领导都受到了党政处分和组织处分，并且在专项检查结束后，这些人的问题转由司法程序进一步调查。戴国芳本人，以及相关涉案人员也被采取了刑事拘留强制措施。

表面上看，这只是江苏铁本违法审批、违法用地，但结合这个项目上马的大背景来看，该事件的始末实质上反映了地方经济发展与中央宏观调控政策的博弈或者说"抢跑"。

2003年中央开始实行紧缩的金融政策，要求金融机构防范各类信贷及流动性风险。针对能源紧张和通货膨胀的压力，中央的观点是经济过热，其中最重要的原因是过分集中在少数行业和地区，这些集中了大量投资的"少数行业"就包括钢铁，甚至造成市场上生铁等原料价格过高。因此，国务院配合央行货币政策的主要措施还包括控制钢铁等行业投资的过快增长。

然而中央的调控和地方发展的利益在具体细节上并不能总是保持一致，时任常州市长徐建明提到了国务院调控的时候，指出需要领会“在加快发展中推进调整”。但仍强调2004年政府的工作重点仍应当关注市人代会提出的固定资产投资增长50%、总量达到675亿元的目标。

2003年一季度的数据显示，虽然中央三令五申，但地方政府和企业的投资冲动却不弱反强，各个地方仿佛要在金融政策紧缩前夜加速冲刺，以期占有先机。在这个过程中，过分冲刺的地方政府和希望抢占先机的投机企业往往是中央政府“关注”的重点。2004年的江苏铁本事件就是其中一个典型例子。

2004年4月，国务院要求各地对在建、拟建固定资产的投资项目开展全面清理。该月的《人民日报》的社论《坚决维护宏观调控政令畅通》指出，国务院责成江苏省和有关部门对这一案件涉及的有关责任人做出严肃处理，是严格依法行政、维护宏观调控政令畅通的重要举措。短短60天时间，这场被称为“点刹”的宏观调控几乎做到了令行禁止。与此同时，钢铁市场陷入崩盘状态。

2004年7月，江苏铁本事件余温尚在，这一轮宏观调控还没有结束，《国务院关于投资体制改革的决定》将税制改革引入公众视野。深入反思1994年分税制对事权划分的模糊性，可以发现，地方政府积极推进投资的热情极大程度上来自于承担大量公共服务职能所需要应对的财政压力。所以，财税体制制约了地方政府向“公共服务型政府”转型。①

改革开放以来，市场经济的发展，增强了地方与中央的博弈能力。在以计划经济为基础推进的市场建设，以及以这种方式所启动的市场体制改革，没有及时跟进市场经济所需的制度支持，此时“政府替代市场”成为更加“高效率”的模式，换句话说，中央政府向地方政府的“放权、让利”，集中表现为扩大地方政府在市场经济领域的活动能力，包括管理权限、资源配置能力和行政供给制度，并进一步直接组织和引导市场运行。这个过程中，省

① 关于江苏铁本的报道参见黄一琨：《铁本陌路消失在信任危机中，制度安排需作出变革》，《经济观察报》2004年12月25日；王晨波：《剖析江苏铁本事件内幕：求解中央与诸侯之结》，《中国新闻周刊》2004年12月29日；江苏铁本专题：《江苏铁本：地方钢铁大王的崛起与陨落》，新浪网，http://finance.sina.com.cn/g/20041229/11291258882.shtml。

级政府作为重要的权力主体迅速崛起，省域格局打造的经济结构成为“中国特色”，“政府主导”式的市场模式①最后反过来压制和积压了社会经济力量和市场自主发展力量，地方利益保护不仅使得统一市场无法形成，区域合作难以展开，也导致了地方与中央在政府层面发生利益分歧，并且让地方政府采用各种“规避”“冲刺”等方式与中央以及其他地方相互博弈。中央政府的授权原本是要求地方政府贯彻中央的政策意志，却成为地方政府与中央政府博弈的依据，它们各自在满足自身利益最大化的前提下，对上级的要求进行独特的理解和贯彻。②

在既有体制无法或不可能在短时期内得到彻底改变，而中央协调的手段并没有实质性改进的前提下，寄希望于通过中央协调的方式来解决区域经济发展中遇到的体制性障碍，是难以实现的。

（三）中央与地方的行政协议

中央协调模式同区域内政府合作模式和区域行政立法模式相比更具备一定的优势，在传统的中央集权模式之下，中央具备的权威性，能够使得协调结果或意见更容易被执行和落实。而且，从更加广阔的领域而言，中央协调具有更宏观的视野，除了照顾到区域经济共同体内的利益，还能更好地兼顾区域经济发展与周边地区以及全国发展之间的协调问题。因此，中央协调模式在特定的领域仍有存在的必要，但协调模式、手段等都要受到规范和限制。

实践中我们发现中央政府与地方政府所签订的行政协议（见表 4－1），尽管这些协议在主体、内容以及执行力等问题上存在与地方政府之间的协议类似的问题，但中央与地方政府之间的协议至少说明了一个问题，即中央政府开始尝试以计划命令之外的手段调整中央与地方的关系，并对地方经济发展进行引导和适当控制。然而叶必丰提出“区域协议也具备法律效力”的观点，认为区域协议的法律效力来源于缔约主体间经平等协商形成的合意，合意具备法律效力的依据是诚实守信原则，而诚实守信原则能够在宪法与法律中找到实在法依据。以此推之，具备合意特征的区域规划、区域协议、区域性组

① 吴国平：《泛珠三角区域经济合作与法律制度安排》，《社会科学家》2006 年第 5 期。

② 钟真真、傅强：《中国区域经济发展中的体制难题与立法》，《中国发展观察》2009 年第 2 期。

织与区域指导意见等政府间行为均存在应然法律效力和实然法律依据。①

表 4-1 中央与地方的行政协议

签订主体	协议名称	签订时间	涉及领域
中国人民银行与沪浙苏政府	《推进长江三角洲地区金融协调发展支持区域经济一体化框架协议》	2007 年	金融一体化
环保部与广东省政府	《环境保护部广东省人民政府共同推进和落实〈珠江三角洲地区改革发展规划纲要（2008—2020 年）〉合作协议》	2010 年	环境保护

三、粤澳合作开发横琴的经验与障碍

（一）粤澳合作开发横琴的背景与意义

1. 横琴开发的背景

横琴新区设立在珠海经济特区的东南部位置、与澳门仅有一水之隔的横琴岛上，面积 106.46 平方千米。随着港珠澳大桥的开通，珠海一端的快速通道直达横琴，香港到横琴的车程缩短到半个小时以内，横琴位处珠海经济特区和香港、澳门两个行政特区之间，从地理位置上，横琴新区是距离香港特别行政区和澳门特别行政区最近的新区。为了充分发挥这种地缘优势，2011 年在《国务院关于横琴开发有关政策的批复》（以下简称《批复》）文件中正式批准横琴新区的建设开发和创新探索。在这项批复中，直接提出“同意珠海横琴实行比经济特区更加特殊的优惠政策”，象征着这块在特区中的“特区岛”建设规划，即“特区中的特区”构想正式获得国家的认可，也标志着新区探索创新的建设之路正式启动。

2. 横琴发展的战略定位

在国务院对横琴开发区的批复中，横琴新区的建设目标和定位被概括为“构建粤港澳紧密合作新载体”，它的功能被界定为“重塑珠海发展新优势，

① 参见陈婉玲、曹书：《中国区域经济法制模式探索与路径创新——以政策补强型法制为路径》，《经济社会体制比较》2019 年第 6 期。

促进澳门经济适度多元发展和维护港澳地区长期繁荣稳定”。毋庸赘言，作为沟通特别行政区和经济特区的地区，横琴新区的首要建设目标必然是围绕“一国两制”的巩固和发展进行，因此它是维护和促进港澳长期稳定和可持续发展的重要载体和平台，尤其对于一衣带水的澳门而言，要推进澳门的经济转型和多元化发展，就必然面临地理空间的局限性障碍，横琴岛的面积能够直接突破这种障碍。值得注意的是，横琴新区在整个粤港澳大湾区内，“粤港澳大湾区实质上是要推动实现异质城市群的一体化协调发展，并促进资源要素在空间上进行重新分配”[①]。最终旨在带动珠海作为珠江西岸发展核心能够在未来实现进一步升级发展。所以，从整体宏观的政治规划以及发展诉求来综合理解，国家设立横琴新区的目的，在 2009 年制定的《横琴总体发展规划》（以下简称《规划》）中很明确地指出横琴新区的战略定位，即“两区一平台”——第一，“一国两制”下探索粤港澳合作新模式的示范区；第二，深化改革开放和科技创新的先行区；第三，促进珠江口西岸地区产业升级的新平台。2021 年 9 月，中共中央、国务院印发了《横琴粤澳深度合作区建设总体方案》，重申横琴新区的战略定位，即促进澳门经济适度多元发展的新平台；便利澳门居民生活就业的新空间；丰富“一国两制”实践的新示范；推动粤港澳大湾区建设的新高地。

3. 横琴开发所享有的国家政策

《批复》中指出将在横琴实行比“经济特区更加特殊的优惠政策”，也就被人们理解为“特区中的特区”，可见，横琴的主要任务是促进经济市场的协调发展和资源融通。位于粤港澳大湾区内的横琴新区，“被确定为建设粤港澳世界级旅游大湾区的主力军，将负起探索合作开发旅游产品”[②] 等责任，必然需要国家政策支持。从目前国家的优惠政策来看，可以概括为三类基础平台，即特色政策、税收优惠和合作领域[③]。

---

① 刘毅、王云、杨宇、马丽：《粤港澳大湾区区域一体化及其互动关系》，《地理学报》2019 年第 12 期。

② 唐少清、谢茜、詹细明：《基于粤港澳大湾区中的横琴支点分析》，《中国软科学》2020 年增刊（上）。

③ 刘杰武、李贵才：《“特区中的特区”——珠海横琴新区与深圳前海合作区的比较研究》，中国会议论文，2013 年 5 月 25 日。

(1) 特色政策——通关制度

第一，关口结构实施“二线”管理制度。在横琴与澳门、横琴与珠海之间分别设置“一线”，一共两条线，横琴在中间。第一条线是横琴与澳门之间的，实施“放宽”，而与珠海经济特区之间设置的“二线”则要管住。横琴仿佛一个过渡带，既提供地理空间供澳门以及其他境外人口和企业依法使用，也不直接适用内地管理体制，回避制度冲突。

第二，开放式岛屿，即横琴环岛四周不设置隔离围网，而以环岛巡查和监控设施为主。

第三，为澳门居民进出横琴提供便利通关措施。人流是流通的核心要素，因此通关制度是横琴其他所有优惠政策得以施展的基础，也应该成为横琴的核心政策。

(2) 税收优惠

目前粤港澳合作中的优惠政策整体仍然遵循《内地与香港、澳门关于建立更紧密经贸关系的安排》(以下简称 CEPA) 框架，包括税收优惠。2021 年《横琴粤澳深度合作区建设总体方案》发布，关于税收发生了新变化。第一，对合作区符合条件的产业企业减按 15%的税率征收企业所得税，将有利于澳门经济适度多元发展的产业全部纳入政策范围。第二，对在合作区设立的旅游业、现代服务业、高新技术产业企业新增境外直接投资取得的所得，免征企业所得税。第三，对企业符合条件的资本性支出，允许在支出发生当期一次性税前扣除或加速折旧和摊销。第四，对合作区内企业生产的不含进口料件或者含进口料件在合作区加工增值达到或超过 30%的货物，经“二线”进入内地免征进口关税。第五，研究调整横琴不予免(保)税货物清单政策。第六，在合作区工作的境内外高端人才和紧缺人才，其个人所得税负超过 15%的部分予以免征。第七，在合作区工作的澳门居民，其个人所得税负超过澳门税负的部分予以免征。

(3) 合作领域

除了面向香港、澳门特别行政区的开放，“特区中的特区”沟通的另一端还包括与内地合作领域的开放，尤其是许多基础性行业，以及涉及基本体制的领域。为了促进和保障中国(广东)自由贸易试验区的建设与发展，2016 年《中国(广东)自由贸易试验区条例》(以下简称《条例》) 通过并施行。

自由贸易区是国家通过放松或取消管制的方式进而降低贸易成本、促进自由贸易的特定区域。这一举措的理论支撑是古典自由主义经济观，推崇自由竞争的贸易方式。[①] 尽管国家给自由贸易区新的政策的空间较小，但自贸区能够给粤港澳合作带来更大的空间。此前 CEPA 在内地和特别行政区之间，通过协议方式安排了特殊的市场自由贸易体制，局部设立了一个小的自由贸易区，这种创新实践获得了较大的成功，绕过了体制差异等问题。从 CEPA 本身的宏观设计来看，它贯彻了自由贸易区的原则和目标，要求逐步取消区域内各地方行政区划造成的货物贸易壁垒，其中包括关税壁垒和非关税壁垒，这也是比较适应中国特色的地方，但根本目的是为了消除差异、推进区域内经济发展水平的趋同，在更加平等的基础上促进各方经贸合作。这种思路的成功实践为粤港澳自贸区方案提供了有力的支持，这也意味着在粤港澳区域内，基于 CEPA 能够享受到的服务贸易和投资便利会进一步扩大。

此外，在 2021 年《横琴粤澳深度合作区建设总体方案》中明确横琴的建设重点是产业多元发展，通过发展横琴来促进澳门发展。横琴粤澳深度合作区的建设给澳门提供了广阔的腹地，为澳门发展高科技、中医药、文旅、会展、现代金融等产业提供发展空间。通过大力发展高科技与现代金融等产业，与澳门经济互相融合，促进产业适度多元发展。特别是实施国际大科学计划和大科学工程，高标准建设澳门大学、澳门科技大学等院校的产学研示范基地，科技力量将会大大提升，澳门的产业结构进一步高级化。在这方面横琴粤澳深度合作区可为澳门带来土地资源、专业人员、大型科技设备共享，以及更趋向于澳门的市场空间。在发展教育方面，澳门可利用合作区的空间资源和政策优势，适度扩大学生规模，增加国际和内地生源，与世界各地的著名院校合作办学，推动澳门高等教育发展。同时合作区还将重点推动以中医药研发制造为切入点的生物医药产业发展。通过大力发展新技术、新产业、新业态、新模式，为澳门经济发展提供新机遇，助推澳门实现产业多元化，为澳门长期发展稳定提供可靠经济基础。

4. 横琴新区开发对粤港澳的意义

从珠三角地区整体观察，广东省在改革开放几十年中积累下的传统劳动

---

① 参见王建学：《论我国自贸区改革试验功能的法治化与科学化》，《江苏行政学院学报》2021 年第 1 期。

密集型产业，近年来受到劳动力价格上涨等因素的挤压，逐步向外省甚至境外转移，这就意味着整个区域内的城市迫切面临产业转型、升级和城市整合的多重任务，需要重新系统梳理并有序构建珠三角区域内的城市群，改变过去遍地工业、城镇散乱扩张的局面。《珠江三角洲地区改革发展规划纲要（2008—2020）》就提出，要从科技创新着手，支持和推进建立港深、港穗、珠澳等各小区域范围内科技创新领域的合作机制。为推进这种小区域范围内的先行先试，广东再次发挥了改革排头兵的精神，积极在广州南沙、深圳前海和后海、深港边界区、珠海横琴以及珠澳跨境区等探索建立合作区域和创新发展区域，一方面依托地理优势强化与港澳的联系，另一方面发挥内地优势，为港澳高端服务业、高新技术产业等方面提供合作载体。从整体思路上看，鼓励粤港澳三地通过优势互补，联手参与国际竞争，回应进一步深化改革和扩大开放中的发展挑战以及国际竞争，是粤港澳各类创新区域合作的重要意义和长远意义所在。

具体到横琴，它对于粤港澳的意义包括：

第一，对广东省经济转型与深化改革开放的意义。粤港澳三地的合作历史由来已久，基于地缘优势，与港澳的深入合作为广东省提供了一个很好的对外交往窗口。随着整个珠三角地区城市和产业的发展重构，以及国家新的区域经济发展及深入推进改革开放政策的不断出台，广东省及珠三角地区的发展急需新的模式引领，在此背景下以横琴新区发展为契机，探索“一国两制”下区域合作的新模式，充分利用中央赋予的先行先试权，为广东省经济社会改革提供有益的探索，也为经济发展注入新的动力，同时也能够为全国的改革提供示范和借鉴。根据国家对建设横琴新区的批复，通过建设粤澳合作产业园区探索广东省医药监管体制改革，从而为全国提供示范作用也是横琴开发的重要意义。

第二，对于香港而言，劳动密集型产业主要向内地迁移，早就自改革开放初期已经开始，金融等高端技术服务业占了香港 GDP 总量的 90%以上，除此之外，传统低技术含量的制造业已经在香港空心化，而香港服务业的对象大部分都散布广东尤其是珠三角地区，因此，如何以横琴开发为试点探索香港与广东以及广东背后的内地其他地区的深层次合作模式，对香港的未来发展也至关重要。

第三，延拓澳门地域空间，促进澳门多元发展。“土地是不可再生的资源，也是最基本的生产要素。”① 对澳门而言，土地狭小与产业单一始终是困扰澳门发展的重要因素，以共同开发横琴为平台，探索多元化合作模式，拓展澳门的地域空间，实现澳门经济的适度多元化发展将是澳门未来发展的方向之一。

第四，对于内地目前推进的改革而言，当前的行政体制、司法体制改革和经济体制、社会管理体制改革都已经进入攻坚期和深水区，在国家层面难以大幅度推进的情况下，授权多个综合配套区改革享有先行先试权，实际上是在行政、经济及社会管理方面允许地方先行试点，为国家改革提供借鉴与示范，同时希望先行改革能给地方发展带来动力与活力。党的十八届三中全会将“加快自由贸易区建设”作为“加快培育参与和引领国际经济合作竞争新优势”的重要举措，依据这一改革与发展契机，横琴的开发应致力于实现粤港澳三地的市场深度融合以及要素自由流动，广东自由贸易区建设并形成引领国际经济合作竞争的新优势，最终形成法律和制度保障。横琴开发的最大优势在于粤港澳三方合作，三方不同的法律制度、行政管理体制以及社会管理体制在横琴实现相互融合、相互吸收从而探索最佳管理模式，促进内地与香港、澳门特别行政区共同发展。

（二）粤澳合作产业园区——粤澳合作的深化创新和制度实践

1. 粤澳合作产业园区建立与法律定位

根据 2011 年 3 月签订的《粤澳合作框架协议》（以下简称《框架协议》），广东省与澳门特别行政区合作开发横琴新区，其第二章第一条提出，珠海要在横琴开发中，发挥主体作用，联合澳门开展招商引资，在粤澳合作的实践中探索体制与机制的创新，不断拓展国际市场空间。为落实规划和政策，配套经济产业发展，珠海还应当积极依托横琴强化与澳门在社会管理与公共服务等方面的制度协调和管理体制的对接，研究制定能够帮助澳门居民跨境就业、跨境生活的相关政策。

---

① 邓慧慧、赵晓坤、李慧榕：《土地配置制度创新与工业全要素生产率：基于合成控制法的评估》，《浙江社会科学》2021 年第 1 期。

粤澳合作产业园区成立最大的意义在于将粤港澳合作的宽泛框架协议逐渐细化，并开始落到实处，也为澳门提供正式参与横琴开发和管理的平台。在粤澳合作产业园区规划展览大厅举办招商推介会召开后便有六个项目落户产业园区。随着项目的展开，粤澳双方在园区管理、法律制度等方面的合作将从理论构建转向实践操作，而实践需求和制度融合与改革的相互促使将促进更好的合作模式产生。

法律地位最初是民商法里的概念，用来指在民法中，法人、自然人等人格主体，在享有权利和承担义务方面的体现，但一直没有统一定义。然而可以明确的是在市场经济中，不同主体享有平等的法律地位，遵循机会平等、规则相同、公平竞争等原则。[①] 通常认为法律地位包括两方面的意义，一是法律定位问题，二是主体资格问题，与之相应可能发生的就是权利义务的对等问题。横琴新区内的粤澳合作产业园区，面积约 5 平方千米，其开发遵循的基本原则是横琴出地、澳门出资。粤澳合作产业园区的法律地位要解决的问题主要包括两点，一是粤澳合作产业园区在内地法的定位问题，二是粤澳合作产业园管理和开发模式的选择及机构组成，粤澳双方在其中分别享有的权利和义务。

就规划定位和法律设计而言，粤澳合作产业园区可以被看作粤澳合作开发横琴的第一步。根据《框架协议》、《条例》和《批复》等一系列政策文件的设计，粤澳合作产业园重点是对应了促进澳门产业的适度多元发展这一规划以及澳门的发展诉求的。因此，包括中医药在内的一系列产业管理制度在合作产业园内，由国家、广东省以及珠海市支持澳门全面参与，可以认为是以此为创新试点和突破口。

从政策规划和目前的制度框架来看，粤澳合作产业园是广东省与澳门特别行政区合作投资建设的产业园区。这一定义基本符合我国的产业园区普遍使用方式，然而根据联合国环境规划署（UNEP）的观点，产业园区的关键是大片土地聚集企业的区域。根据不同的运营模式，可以分为特色产业园区和产业开发区式的产业园区。后者更类似于横琴的状况，大多是政府或企业在没有切实产业基础的地区征用土地完善基础设施，然后再通过优惠政策引

---

① 参见崔建远：《法律平等保护物权原则的位阶论》，《浙江社会科学》2020 年第 12 期。

进企业和资本，运营相关成熟模式来形成园区。但目前我国对产业园区的定位存在较大的模糊。对国内既有产业园区的界定一般遵循两个原则，一是主权归属所在地，开发采用公司化运作方式，二是管理体制上建立管委会作为派出机构，管委会的级别根据开发区级别确定。若按此原则，粤澳合作产业园区将在主权上由横琴新区管辖并行使行政权，以及与主权相应的司法权等职权。但是横琴新区和粤澳合作产业园区根据授权可以对园区的行政管理体制和社会管理体制进行多个方面的大胆探索与创新，以保障企业自主权和澳门参与管理，并且要预留香港在未来参与的空间，加之产业园区面积不大，5 平方千米仅相当于内地一个村的范围，因此可以在管理体制上进行更大的探索。

2. 粤澳合作产业园区管理模式及粤澳双方权利义务

目前粤澳合作产业园发展成效显著，具体的行政管理体制和管理模式创新方案还可以继续从理论和实践层面进行探索。因此，作为横琴新区辖区的粤澳合作产业园区，在分析园区中的粤澳双方权利义务之前，有必要先对横琴新区的管理体制进行分析。

（1）横琴新区既有管理体制

横琴新区的管理机构于 2009 年 11 月 25 日成立，批准主体是中央机构编制委员会办公室，法律地位和级别是广东省政府派出机构，具体运行由珠海市代管，为副地厅级行政管理区。根据《规划》和《条例》，新区建立管理委员会（以下简称管委会）和开发运营公司两层机构，分别负责行政管理和投资建设管理。目前横琴新区的管理体制为决策委员会（以下简称决委会）领导下的管委会负责制，同时成立发展咨询委员会（以下简称咨委会）提供决策咨询和监督。

决委会由珠海市和横琴新区相关部门的负责人组成，决定横琴新区发展中的重大事项，包括①：

第一，横琴新区的经济社会发展规划、产业发展、重大改革举措。

第二，横琴新区的重大政府投资项目以及与港澳合作开发项目。

---

① 《珠海经济特区横琴新区条例》第十一条、第十三条。

第三，管委会提请的需与省、市人民政府及其职能部门协调的事项。

第四，决委会认为应当由其决定的其他事项。

横琴新区管委会是行政管理机关，接受决委会领导。管委会依法获得行使部分市一级行政管理权的授权，在这一范围内能够独立作为授权行政主体行动。新区管委会由珠海市筹建，管委会按照精简、统一、效能的原则设立工作机构。基于行政管理体制创新的理念，新区行政机构设置不必与珠海市和广东省相对应，确需设立和市级政府对口的专门下级分支机构的，应当由分支机构领导成员事先书面征求管委会的意见，才能对下级分支机构的人事进行任免。目前新区管委会设十二个机构。管委会的主要职责和权限包括[①]：

第一，先行审核权。法律法规明确规定由市政府或者有关部门先行审核的事项，由管委会负责审核，并上报相关材料，市政府以及有关部门应当在程序上为其提供便利和支持。

第二，自主人事权。在市人民政府确定的机构编制的条件下，横琴新区可以自主决定科级及以下公务员的职务任免、调动，事业单位人员的招聘，建立新型的人事薪酬制度。

第三，自主财权。自 2012 年 1 月 1 日起至 2020 年，横琴新区征收的各项税费收入中留存市财政部分，全额返还。但是，对从本市其他区域迁移到横琴新区登记的企业等的税费收入归属划分，按市政府相关规定执行。自 2021 年起各项税费收入的归属划分，由市人民政府确定。

第四，土地管理权。自《条例》施行之日起至 2020 年，横琴新区的土地收益，全额留存横琴新区，用于横琴新区的土地开发、基础设施建设和融资信用保障。

第五，规划保障权。横琴新区的城市总体规划由管委会组织编制，报市人民政府批准后实施。周边区域的城市规划应当与横琴新区总体规划相协调。

第六，公共服务职责。横琴新区应当探索各类有效方式和途径，提供优质的公共服务。

横琴新区咨委会由决委会设立，作为横琴新区发展的咨询机构，成员包括专家学者、港澳人士、行业代表等。咨委会成员由决委会聘请。咨委会的

---

① 《珠海经济特区横琴新区条例》第十八条至第二十二条。

运作经费由市财政予以保障。咨委会的职能和权限主要是提供决策咨询和监督执行情况，并应将监督提出咨询意见的事项执行情况向决委会报告。①

（2）粤澳合作产业园区管理模式探索

根据相关规定，在粤澳合作开发横琴机制下，园区采用三级协调管理运作机制：一是粤澳高层共同参与的协调委员会，负责决策园区开发的重大事项，并且联合向国家提出政策支持申请等；二是以双方专责工作组为基础，根据园区开发事项和工作协调需要，成立专门的工作协调小组；三是成立合作开发公司，负责园区的开发经营和日常管理。但是高层参与的协调委员会以及工作协调小组都较为泛化，无法形成日常工作机制，只能确定发展方向，难以落实到具体事项，这也是大多数区域合作机制难以解决区域经济发展及区域合作深层次问题的根本原因。为解决横琴新区开发以及粤澳产业园发展的具体管理问题，目前已有的参考模式包括以下几种。

第一，以澳门大学横琴新校区为代表形成成果的租管地模式。澳门特别行政区政府以 12 亿元澳门币，租赁横琴岛上约 1.09 平方千米土地，获得土地使用权，作为澳门大学横琴校区的建设用地，租赁期自新校区启用之日始，至 2049 年 12 月 19 日。该土地适用“一国两制”模式，地属横琴岛，但由澳门管辖，适用澳门法律。

第二，借鉴中国和新加坡政府的苏州工业园区模式，在行政管理体制上实施“体制分立型”，实施“以块为主”的管理体制，也是当前较为成功的管理体制之一。园区管委会作为苏州政府的派出机构，负责行政管理，依据属地原则行使地方政府的部分地方管理权力。

为了适应园区特殊管理需要，苏州工业园的管委会在机构和人员的体量上仅为市政机构的三分之一。为推进政企分开，在政府和企业关系方面进行了有益的探索，创立“管理与开发主体分离”的管理体制。园区管委会承担传统的社会管理和治理职能，中方和新方的资本财团组建成立中新苏州工业园区开发有限公司，承担商业运营和市场环境建设等事务，秉承企业式运营理念，追求利润最大化。管委会是园区的行政主体，开发公司为园区的开发主体，两者共同处理园区的各项事务，实现了政府和企业的有机结合。同时，

---

① 《珠海经济特区横琴新区条例》第十四条至第十六条。

行政管理职能和企业管理职能相互独立、各负其责，真正实现了开发区政企分开和自主经营、自负盈亏的原则。[①]

第三，上海自贸区模式。2013 年国务院正式批准在上海市外高桥保税区等 4 个海关特殊监管区域设立中国（上海）自由贸易试验区。根据 2013 年《中国（上海）自由贸易试验区管理办法》的规定，自贸区内实行政府主导型管理模式，成立的中国（上海）自由贸易试验区管理委员会是市政府派出机构，负责自贸区内行政管理、改革和协调等一系列工作。

第四，混合合作开发模式。这一模式实际上是在上海自贸区的实践中探索出的新路径，即“同城化＋合作园区”。上海自贸区管委会为落实改革试验、统筹管理以及协调行政事务等一系列多重任务，探索具体的落实方式，参考了澳门经济学会 2010 年澳门公民住房等公共问题的研究报告《珠澳合作开发横琴专题研究——澳门如何参与》。同城化指的是以澳门大学横琴校区的模式发展澳门的公共房屋和其他公共事业，以解决澳门公民的安居乐业问题。横琴新区总体面积小，如何提高土地利用率是新区发展的关键，土地可以以租赁或其他有偿方式取得，由澳门政府主导开发，规划引领。科学选址、实现功能规划科学定位，根据澳门特区政府总体发展规划，[②] 主要用于兴建公共房屋、长者居所、医院、安老院及其配套设施；合作园区，指的是划出土地成立粤澳合作园区，园区内参照自由贸易区的要求在口岸管理、经济管理、社会管理方面进行大胆探索，制定相关特殊政策。横琴出地，澳门出资组建园区投资开发公司，向国际招商，主力发展与澳门博彩业有别，但可以促进休闲旅游产业发展的多元化产业。这也符合 2019 年《国务院关于横琴国际休闲旅游岛建设方案的批复》中对横琴新区未来发展的定位，该批复指出“探索国际休闲旅游岛开发新模式，逐步将横琴建设成为面向未来、国际品质、生态优先、协同发展、智慧支撑的国际休闲旅游岛。”[③] 园区内采用澳门的管理制度和体制，与之配套的建议是在税收上享有特殊的改革权限，即实施区

---

① 王宇灏：《我国开发区治理模式研究》，硕士学位论文，苏州大学，2009，第 29 页。

② 参见魏澄荣：《国家级新区用地困境及破解路径——以福州新区为例》，《福建论坛》（人文社会科学版）2019 年第 12 期。

③ 国务院：《国务院关于横琴国际休闲旅游岛建设方案的批复》（国函〔2019〕30 号），中国政府网，http：//www.gov.cn/zhengce/content/2019－04/01/content_5378738.htm。

域内的特殊税制，统一收税之后，除去按规定上缴部分，预留税收及其他收益，双方按商定的股份比例进行分配。这种模式的优势就是通过利益共同体结构，兼顾利益与风险的共担，充分发挥和调动珠澳双方的积极性。[①]

综合比较四种模式，租管地模式具有较大的灵活性，也具有很强的务实性，暂时搁置"姓资姓社"的争议，解决横琴发展和澳门用地的现实需求。[②]在横琴开发的过程中，不排除还会有其他的地块以租赁的方式交由澳门使用，但产业园区完全适用租管地模式的可能性不大。根据《框架协议》、《规划》和《珠海经济特区横琴新区条例》（以下简称《横琴新区条例》）的规定，管委会作为产业园区开发的主体，承担行政管理职能，园区内适用中国内地法律，与租管地的法律属性不同。横琴新区很有可能会发展成为另一个自由贸易区，但在产业园区内适用上海自贸区模式的可能性也很小。上海自贸区行政管理体制改革不涉及其他行政主体，而产业园区的一个定位是促进澳门的产业多元化发展，因此，其管理模式在设计的时候要考虑到澳门的参与合作，并充分借鉴澳门的管理制度和管理经验。因此，产业园区最可能的行政管理模式应该是在借鉴苏州园区模式的基础上，充分吸收混合合作模式的优点，利用先行先试权，创新新区和产业园区行政管理体制与社会管理体制。

（3）粤澳双方权利义务

横琴新区和粤澳合作产业园中粤方的法律地位和权利义务基本上由行政组织法和授权确定，需要明确的是澳方在产业园中的权利义务，根据目前的《框架协议》《条例》所确立的合作开发机制，澳方享有的权利义务包括：

第一，参加高层会晤，决定双方重大合作事项。

第二，参加联席会议，就有关合作项目和事项达成共识，确定年度重点工作。

第三，共同设立或调整粤澳合作有关专责小组，加大工作落实和执行力度。

第四，强化粤澳合作联络办公室职能，督促和协调落实粤澳合作协议及

---

① 柳智毅博士在澳门经济学会《珠澳合作开发横琴专题研究——澳门如何参与》专题报告发行仪式上的讲话，2010年5月9日。

② 程立：《"横琴模式"的宪法学思考》，《法制与社会》2010年第28期。

有关合作事项。

第五，共同建立粤澳合作开发横琴协调机制，对横琴开发重大问题提出政策建议，支持横琴新区就具体合作项目与澳门特区政府有关部门直接沟通。

第六，吸纳各界代表和专家共同组建粤澳发展策略研究专责小组，形成政府、业界和研究机构互动机制。

第七，与粤方共同组建合资开发公司，负责产业园区的投资、开发建设及招商引资等事项，在产业园区建成后行使园区的经济发展管理权，并参与社会管理。

第八，参加横琴新区咨委会，对新区决策与管理提供咨询决策并进行监督。

第九，横琴新区创新社会管理体制后，利用行业协会等组织参与横琴新区社会管理。

目前的规定存在两个较大的不足：一是缺乏澳门高层和专家学者之外的普通澳门居民参与途径；二是大多针对决策层面，而没有涉及管理层面，澳方享有的权利较为宽泛，难以保障澳方在新区管理中的充分参与。因此，园区管理模式的设计必须充分利用先行先试权试点粤澳深层次合作的需求，也为香港进入横琴及港澳与内地其他地区的合作提供经验。

3. 粤澳合作产业园区的行政管理体制创新

（1）先行先试权在横琴新区及产业园区的体现

习近平总书记曾明确指出："先行先试是经济特区的一项重要职责，目的是探索改革开放的实现路径和实现形式，为全国改革开放探路开路。"[①] 国家文件中首次出现先行先试是 2006 年在批准天津滨海新区的综合配套改革试点。先行先试这个提法在此后多份文件中反复出现，其中就包括《珠江三角洲地区改革发展规划纲要（2008—2020）》。应该说，先行先试是在中国渐进式改革过程中中央赋权由地方政府进行的先行试错，而其核心在于权力的下放，在中国传统的人权、财权和事权体系中，由中央控制向地方转移。先行

① 习近平：《在庆祝海南建省办经济特区 30 周年大会上的讲话（2018 年 4 月 13 日）》，人民出版社 2018 年版，第 7 页。

先试权作为超越实体法领域的一项权力，可以在横琴新区和粤澳合作产业园区实践中分为先行规定权和变通规定权。[①]

第一，先行规定权。由某个地方先对新生事物作出立法上的规范和调整，待条件成熟时再由全国人大制定为法律推广，这便是立法领域的先行先试。[②]但横琴新区获得的先行先试权不仅限于有立法权限的先行立法，还包括政府机关制定行政规范性文件的权力。根据《横琴新区条例》的规定，横琴新区内探索行政管理体制、经济管理体制、城市管理体制和社会管理体制创新，借鉴香港、澳门相关法律制度，依法制定适用于横琴新区的相关经济特区法规。

第二，变通规定权。随着《立法法》第七十三条第二款对省、自治区、直辖市和设区的市在上位法空缺时先行制定地方性法规的授权，先行立法权已经不再专属于特区和新区。因此，对法律和行政法规的具体规定根据地区发展的需要在不违背基本原则的前提下有所变通，即赋予特区和特定区域立法变通权便成为先行先试权的重要内容。横琴新区享有的变通规定权主要是《横琴新区条例》第四十九条的规定："本市制定的地方性法规不适应横琴新区实际情况的，市人民政府可以提请市人民代表大会及其常务委员会就其在横琴新区的适用作出相应规定；本市制定的规章不适应横琴新区实际情况的，管委会可以建议市人民政府就适用问题作出决定"。

横琴新区和产业园区建设涉及"一国两制"、不同法系，在此种环境中进行区域融合发展，需要体制机制创新，而体制机制的创新首先需要建立在立法权中。[③] 应该说，先行先试权中关于先行规定权和变通规定权的规定，为横琴新区和产业园区进行的管理体制改革和创新探索提供了原则性指引和依据，具体的、细化的方案则需要在实践中逐步完善。

（2）粤澳合作产业园区行政管理体制创新与模式设想

粤澳合作产业园区的行政管理体制创新与设计的核心在于如何在横琴新区的既有体制之下，充分向澳门开放，吸收澳方直接参与管理，并尽可能适

---

① 王诚：《改革中的先行先试权研究》，博士学位论文，上海交通大学，2009，第 31 页。

② 王诚：《改革中的先行先试权研究》，博士学位论文，上海交通大学，2009，第 34 页。

③ 参见黄金荣：《大湾区建设背景下经济特区立法变通权的行使》，《法律适用》2019 年第 21 期。

用澳门法律制度。有一点需要指出，产业园区面积5平方千米，相当于内地一个自然村的面积，因为面积小，可以大胆试点，不会造成无法承受的后果，若试点成功，会为后面的项目和投资提供巨大的制度效应。因此本文提出参照内地的村民自治制度实行园区自治制度。

——园区自治制度的基本设计

由粤澳双方共同组成区委会，作为园区管理机构。第一届区委会由横琴新区政府和澳门政府以及粤澳合资开发公司共同组成，负责园区的开发建设过程中的行政管理事务处理，园区开发建设完成后，探索并实践区委会选举制度，由园区内居民和企业选举产生区委会，园区内居民不分户籍都享有选举权与被选举权。第一届区委会组织起草制定本园区章程作为管理依据，章程经区委会提交横琴新区政府通过后生效。基本原则为园区行政管理权由区委会行使，经济管理权由投资开发公司行使，社会管理由行业协会和行业组织实行。

——横琴新区行政管理体制创新继续推进

粤澳合作产业园区的行政管理体制创新，与横琴新区的行政管理体制存在互相作用、互相影响的关系，产业园区的制度创新需要新区的支持，园区创新的成功经验也会为新区的改革提供经验。为保障合作产业园区的管理体制创新，横琴新区的行政管理体制还应在以下方面继续推进。

第一，向自贸区政府转变，坚持政府管理有限性原则、规范性原则、高效率原则以及权威性原则。在国家机构改革背景下，创新政府管理方式，加快向服务型政府转变是大趋势，需要积极探索自贸区赋权新路径以及政府服务新模式。① 主要表现为横琴新区政府主要承担与经济职能相关的行政管理权，为自贸区发展提供服务和必要的监管，并避免转变为常规政府后面临的机构臃肿和官僚化。其他职能充分放权，在新区内分块管理，根据不同产业园区的不同定位实行不同的管理模式，实现管理体制的多元化与充分自治。横琴新区应充分利用先行先试权中的先行规定权，根据横琴新区和产业园区的发展需要，制定相应法律规范或提请全国人大常委会、广东省人大常委会以及珠海市人大常委会根据权限进行相应的认证或豁免。

---

① 参见张威：《创新发展的中国自由贸易试验区》，《国际经济合作》2021年第1期。

第二，探索澳门居民直接进入横琴新区和产业园区管理机构任职的途径和程序。澳门经济学协会提出的考虑委任澳门特区人士出任横琴新区政府副职的官员；以及两地政府可以互相邀请或派出官员到对方的相关部门试行挂职锻炼，彼此加强认识和互信，提高治澳人才的水平。[①] 两个提议都值得进一步研究，同时，还可以考虑将横琴新区和产业园区工作人员招考或招聘的资格向澳门居民放开等。《横琴新区条例》已经规定，横琴新区的廉政检察机构可以聘任港澳籍人员担任人民监督员。未来还可以在更多的机构内探讨如何招考或招聘澳籍人员。园区自治应该全面放开户籍限制，允许港澳籍公民与内地居民享有平等的选举权与被选举权，参与园区治理。

第三，粤港澳三地应致力于建立警务信息共享机制和平台，在警务等社会秩序管理方面展开全面合作，避免新区和园区成为犯罪洼地，也为粤港澳三地的长远合作提供保障。正如 2013 年 11 月 10 日举办的第三届珠澳合作发展论坛上专家指出的，横琴新区应借鉴港澳先进警务理念，构建现代警务机制，完善珠澳警方网上合作平台，探索建立由横琴警方与澳门警察总局、海关、消防、司警、治安警等部门之间的直接联络通道。建议横琴公安分局设立粤澳警务联络官、珠澳口岸警务联络官等；横琴警方各个警种能与澳门一线各个对口警种直接联络，包括博彩经济犯罪、情报、毒品、交警、出入境、反恐等。[②]

4. 粤澳合作产业园区的法律适用

（1）横琴新区及粤澳合作产业园区的法律渊源

“法律渊源是法律推理、法律论证以及法律裁判据以作出的具有法律约束力的权威性法律依据。”[③] 横琴新区和产业园区的法律渊源除共同参加的国际条约和协议外，还包括三大类：一类是宽泛意义上而言，我国宪法及内地法律法规；二是广义上针对横琴新区和产业园区作出安排的规划、纲要以及法律法规；三是法人、组织和公民自由选择适用的港澳法律。

---

① 柳智毅博士在澳门经济学会《珠澳合作开发横琴专题研究——澳门如何参与》专题报告发行仪式上的讲话，2010 年 5 月 9 日。

② 《“特区中的特区”，横琴下一步怎么走》，南都网，http：//epaper. oeeee. com/N/html/2013 - 11/11/content _ 1968391. htm。

③ 李星：《中国法治语境中的法律渊源概念阐释》，《人民论坛·学术前沿》2020 年第 14 期。

（2）横琴新区及粤澳合作产业园区的既有法律分类适用

根据目前的法律规定，产业园区的法律适用需要根据法律部门的差异进行区分。

第一类：民商事法律。允许涉港澳的商事案件当事人在仲裁中选择适用港澳实体法律。[①] 在不违反法律强制性规定的前提下，涉港澳合同的当事人还可以在合同中明确约定选择适用港澳法律处理合同争议。[②]

第二类：刑事法律。刑事法律原则上适用内地法律，另行签订合作协议的除外。

第三类：行政管理类法律。除明确授权停用外，适用内地法律。但国家鼓励横琴新区和产业园区实现行政管理体制改革的创新，因此，在先行先试范围内通过立法的方式吸收澳门制度和法律内容作为管理依据是可行的。根据《横琴新区条例》的规定，在横琴新区内，个人和所在单位并未以谋取私利为目的，也没有与他人恶意串通，也没有对公共利益造成损害，由此开展的创新活动，免予追究相关人员责任。

（3）横琴新区既有法律适用争议解决机制

《框架协议》和《横琴新区条例》为包括粤澳合作产业园区在内的横琴新区确立的法律适用和争议解决机制包括：

——建立港澳法律专家小组，在立法过程中，转换、吸收、借鉴港澳法律制度，减少法律冲突带来的壁垒。

——除法律另有禁止性或强制适用的规定外，涉港澳合同的当事人可通过约定，明示选择适用港澳法律处理合同争议。

——鼓励港澳仲裁机构在横琴新区设立联络点，为当事人提供民商事仲裁的法律咨询服务。

——珠海仲裁委员会以及在珠海的其他仲裁机构可以依法从具有经济贸易、科学技术、港澳法律等专门知识的港澳人士中聘任仲裁员。

——在横琴新区设立民商事审判机构，审理有关民商事案件，吸纳香港、澳门永久性居民中年满 23 周岁的中国公民作为人民陪审员参与横琴新区涉港

---

① 《珠海经济特区横琴新区条例》第五十五条。

② 《珠海经济特区横琴新区条例》第五十八条。

澳民商事案件的审理。

——港澳选择管辖权。横琴新区内涉港澳合同或者涉港澳财产权益纠纷的当事人，可以用书面协议选择与争议有实际联系的香港或者澳门地区审判机关进行管辖，但法律另有规定的除外。

——裁决及判决的互认与执行。港澳地区的仲裁裁决与民商事判决需要执行，被执行人住所地或者财产所在地在横琴新区范围内的，当事人可以根据内地与港澳签署的相互认可和执行仲裁裁决、民商事判决等法律文件，申请珠海审判机关予以执行。

——警务合作机制。澳门和珠海以及横琴在相关规定下进行警务合作，打击新区内的跨境犯罪行为，维护新区治安。

（4）产业园区法律适用可能的突破

纵观世界上的自贸区和产业园区，在刑事、军事、政治等领域的法律适用均按主权归属所在地，因此，产业园区法律适用及争端解决机制创新主要探讨民商事领域。目前产业园区依据横琴新区既有法律适用机制和争端解决机制，在民商事领域相对其他地区已有所突破，但是有三个问题没有解决。

一是产业园区并不能完全适用国际私法冲突法规则、区际私法冲突规则以及统一实体法规则来解决，粤澳双方不存在主权问题，却又有各自的司法系统，实行不同的法律制度，因而上述规则的适用都有各自的局限性。

二是既有法律适用规则和争端解决机制，只解决了当事人事先自愿选择适用法律的情形，但忽略了当事人事先未选择适用法或者在合同订立阶段双方便就实体法律适用产生争议，争议产生后基于各自的法律认知，对法律适用结果产生不同预期却坚持适用己方法律的情形，应如何适用和解决。尽管这种争议和冲突可以通过冲突法规则最终予以解决，但是冲突法规则的适用将带来纠纷解决的低效率，不利于粤澳合作和产业园区的长远发展。

三是既有争端解决机制忽略了立法合作和调解制度，而笔者认为正是这两个领域最有可能带来法律适用和粤澳双方合作的深层次突破。

基于上述分析，笔者认为产业园区的法律适用除遵守 CEPA 框架下的平等互利原则、最密切联系原则和意思自治原则之外，应该探讨以下几个领域的突破。

第一，共同立法及立法合作。不同地域的不同法律适用才会产生法律冲突及法律适用问题，若能够统一实体法规则，则在园区内的法律冲突问题便可一劳永逸地解决。产业园区由珠澳双方共同开发，无论园区是否能够实行自治制度，都可以利用横琴新区的先行规定权和变通规定权，由粤澳双方共同组成立法小组，就粤澳合作产业园区内涉及的民商事法律，在充分吸收粤澳法律制度的基础上，制定专门适用于园区的管理规定。同时，其他领域的法律问题也应该跟进协调和对接，从立法机关之间的交流与合作着手，配合司法领域合作，联合起草发布有利于珠澳同城化建设的法律、法规和框架性协议，推动法律制度的设计和运作各个领域良好对接并逐渐深度协调、融合，即通过立法路径制定相关冲突规范和共同规则也应成为解决法律冲突的基本原则之一。

第二，多元程序和调解制度。发挥多元化程序在纠纷解决中的互补作用，推进纠纷解决机制的多元化，回避诉讼和实体法的僵硬已在跨域纠纷解决中发挥越来越重要的作用。“多元化纠纷解决理念的合理性源于社会纠纷主体对纠纷解决方式的多样性需求，而该种多样性需求又根源于纠纷的多元性、当事人利益需求的多元性以及当事人关系的多元性。”[①]《横琴新区条例》中对仲裁制度的规定也充分体现了这一精神。但遗憾的是，《横琴新区条例》中忽略了调解制度在园区法律适用和纠纷解决过程中的适用。调解制度发端于我国民间智慧，在我国经过了长期发展，在解决民事争议方面享有其他纠纷解决方式难以取代的优势。调解方式灵活多样，成本低，时间短，既能解决争议，又以推进双方当事人的理解与互让为原则，非常适合有着共同利益目标的经济合作双方用来化解矛盾。[②] 一般来说，只要不违背法律禁止性规定，双方当事人达成的合意不会造成国家、社会公共利益或第三人合法权益的损害，都属于法律允许范围内的合意。在横琴新区尤其是产业园区内允许民商事争议通过调解制度解决，可以最大限度地回避法律冲突以及法律选择与使用，同时可以通过组建由粤澳双方共同参与的调解组织，在充分吸收借鉴粤

---

① 邵培樟、梁美英：《涉台投资纠纷仲裁制度创新初探：以多元化纠纷解决理念为视角》，《台湾研究》2019 年第 2 期。

② 杨海霞：《横琴岛涉澳民事争议解决机制探寻》，《广东行政学院学报》2013 年第 6 期。

澳两地法律制度的基础上，共同制定适于产业园区和横琴新区发展的调解规则，确定统一的调解员名单和收费标准，共同研究调解成功后的协议履行机制。由此，调解制度不仅可以在法律适用和纠纷解决机制中发挥作用，其成功合作经验还可以推进双方共同立法以及在司法和其他领域的深层次合作，同时调解过程中的磋商和相互谅解与让步，还可以加深对彼此文化制度的认可和融合。

（三）粤澳合作开发横琴对京津冀区域合作的制度价值

中国地域宽广且地域差异大，尤其是随着环境等问题的日益凸显，基于地缘优势而进行的经济一体化及区域政府间合作在多个地方展开，包括珠三角、长三角以及京津冀等地区在内的传统区域合作，以及近年来进行的国家综合配套改革试验区等的建设，都是中央与地方试图突破既有行政管理体制和法律制度的束缚寻求经济发展新动力的努力。在此过程中，涉及中央向地方的放权，也涉及地方政府间合作以及地区壁垒的打破。随着合作的逐步深入，既有解决机制包括高层会晤、联席会议等制度，如同粤澳合作框架协议所确立的粤澳合作机制存在同样的问题，即只能制定原则性的框架协议，难以建立日常工作机制，因此，难以保障区域合作规划和协议的落实，同时因难以建立起有效的区域合作争端解决机制而导致合作各方仍是各自为政，地方保护主义和法治碎片化始终难以克服，因此地方政府间合作已走到瓶颈期。粤澳合作产业园区内若能成功试点，将不仅对粤澳合作，也对港澳地区与内地其他地方的合作以及内地的区域政府间合作和地方政府改革提供成熟的范本。

1. 园区自治制度

在保障主权的前提下，赋予园区自治权，小范围区域内试点多元化的治理方式。尝试打破一元化的治理模式，充分调动各方参与意识，避免科层制行政管理模式的低效率束缚经济活力。该模式将比既有园区和开发区管理模式更进一步，需要注意的是该模式的前提是完善的配套和保障措施以及来自地方政府的配合和支持，园区自治的权力和自治机构的地位应当通过立法予以明确和保障。

2. 共同立法

共同立法是解决法律冲突的最直接方式，也是地方政府间合作的最高层次。通过共同立法吸收不同法律制度和规定中的合理要素，共同立法成立的可能性在于不同地方将利益诉求的一致性，① 通过充分协商制定出互利共惠且能为各方接受的规则，适用于特定的区域，对合作各方而言是最低成本最高效率的做法。但共同立法需要解决的是立法权的来源以及立法的位阶及效力问题，粤澳合作产业园区试点的意义在于，地域较小，可以以制定园区章程的方式进行立法合作，同时可利用横琴新区的先行先试权提请立法，从而作为法律适用的依据。该方式若可行，便可以民间合作推动上层变革。

3. 多元化争端解决机制

无论是诉讼、仲裁还是调解，都需要依靠执行机制予以保障。仲裁制度和调解制度的适用提供了多元化程序，能够保证利益方在程序内的充分磋商和协调，并最终达成互谅互让。在横琴新区和产业园区探索多元化的争端解决机制，形成对合作双方有约束力的制约机制，将成为区域合作突破瓶颈的重要推动力。

四、美国的区域协调制度

19 世纪末，美国抓住了第二次工业革命的契机，一跃成为“世界工厂”。“但美国在推进工业化的过程中，区域间的发展也出现了较大的差距。”② 然而美国在联邦宪法的基础上，区域合作与区域协调形成了比较完善的制度体系。经过几百年的发展，产生了很多成熟的合作方式。在这些合作方式中，也分为正式和非正式两种。正式的合作形式主要包括州际协定、行政协议和有关州际冲突的司法裁决等形式。非正式的合作主要有成立自愿的联合会、相似法律的有选择颁布及出台示范法等。③ 其中州际协定是区域间最主要的

---

① 参见黎桦：《长江经济带地方立法协作研究》，《西南民族大学学报》2020 年第 7 期。

② 肖翔：《世界大国协调区域发展差距的实践及启示——以美国、俄罗斯、巴西为例》，《理论月刊》2018 年第 1 期。

③ 何渊：《美国的区域法制协调——从州际协定到行政协议的制度变迁》，《环球法律评论》2009 年第 6 期。

协调方式，因为它既具有州法的性质，又有合同性质。正如有学者言，“由于美国联邦最高法院通过判例确立的以‘宽松’著称的功能性‘联邦权威’标准，客观上使州际协定从一个解决区际争端的法律工具一跃成为了解决全国性问题的法律机制”①。而行政协议作为一种新兴制度，因为其便捷性与灵活性正得到日益广泛的应用。本文选取州际协定与行政协议作为比较与借鉴。

（一）州际协定

1. 州际协定的法律基础及制度历史

《美利坚合众国宪法》（以下通称美国联邦宪法）第一条第十款第三项“协定条款”规定，任何一州，未经国会同意，不得与他州或外国缔结协定或盟约。这是州际协定的直接法律基础，有学者认为该条款体现了制宪者们的两种考量：一是防止各州通过互相联合或勾结外国势力，进行侵害联邦权威或改变联邦体制内力量平衡的行为和可能；二是州际协定可以成为协调州际关系的必要手段。② 因此，各州应在国会同意的前提下签订协定，用以协调州际关系。该条款也被看作是州际协定的宪法依据，③ 尽管这属于一个折中性的规定。

美国州际协定的发展还存在两个宪政基础，一个是各州与联邦之间的权力让渡与保留原则，另一个是宪法所确立的各州法律地位平等。各州在法律上是平等的主体，因此各州之间的关系与公民之间的关系是一样的，当然可以通过对话或协商解决，也可以通过联邦法院来裁决。但是某些事务由于区域性无法由联邦来统一立法，只能在联邦所提供的制度平台上，通过缔结协议而作出制度化的安排。④

关于美国的州际协定制度的历史，其最初是为了解决 13 个州的边界争端，这些协定在得到英国女王的批准后发生法律效力。1787 年宪法没有否认

---

① 何渊：《论美国〈宪法〉“协定条款”的法律变迁及对中国区域法律治理的启示——从二元联邦主义到合作联邦主义再到新联邦主义》，《比较法研究》2016 年第 2 期。

② 陈伟国：《区域合作背景下之行政协议研究》，硕士学位论文，西南政法大学，2007，第 14 页。

③ L. zimmerman and Mitchell Wendell, *The Law and Use of Interstate Compacts* (Chicago: The Council of State Governments, 1961).

④ 石欣贤：《行政协议——区域合作的契约治理模式探讨》，硕士学位论文，华中科技大学，2008，第 31 页。

殖民时代的州际协定的效力，此后的美国联邦条例第六条①和第九条②对州际争端等的规定，对后来宪法“协定条款”的诞生有着巨大的影响。③

早期的州际协定并没有得到广泛适用，从 20 世纪 20 年代开始，州际协定广泛地适用于包括自然资源的保护、刑事管辖权、公用事业的管制等在内的其他领域。但是在 1970 年到 1980 年的十年之间，州际协定的发展重点是修订已经签订的协定，并根据经济形势和社会环境的变化，以及联邦立法的发展，来重新定位既有州际协定和根据已有州际协定产生的协调机构。但这一时期，州际协定对于环境保护的意义和州际合作的促进意义已经得到彰显。④

1980 年至 1992 年，州际协定新通过的数量呈现上升趋势，共颁布 22 个，提议 14 个。关注焦点集中在自然资源保护和环境污染治理领域。这一时期协定机构的设立以及州际协定成员州的数量上也都有大幅提高。近年来，州际协定的数量和涉及领域继续扩展（见表 4－2），许多州际协定的缔约主体也从原来的两个州之间扩展到更多的地区或者联邦政府。此外，出现了在国会的授权下制定的州际协定，如《紧急事件处理协助契约》《工业化、标准化建筑物州际契约》以及有关低辐射放射性垃圾处理的协定。⑤

表 4－2　美国主要的州际协定⑥

州际协定成员	协定类型				
	社会/项	商业-环境/项	商业/项	惩戒和犯罪/项	教育/项
康涅狄格州	3	2	3	4	4
缅因州	3	2	2	5	5

① “除非经过美国国会的同意，并且具体指出该协定的目的以及持续的期间，任何两个或者更多的州不能签订州际协定，结成邦联或同盟。”

② “对于现存的或者今后可能遇到的州际争端，包括边界、司法权等问题的冲突，美国国会有最终的裁决权。”

③ 何渊：《美国的区域法制协调——从州际协定到行政协议的制度变迁》，《环球法律评论》2009 年第 6 期；石欣贤：《行政协议——区域合作的契约治理模式探讨》，硕士学位论文，华中科技大学，2008，第 31 页；Patricia S. Florestano. “Past and present utilization of interstate compacts in the United States,” *Publius*, *Fall*, 1994, 24（4）。

④ F. Zimmerman, *Interstate Cooperation*: *Compact and Administrative Agreements*（Westport, CT: Greenwood Press, 2002）, pp. 53—57.

⑤ 于立深：《区域协调发展的契约治理模式》，《浙江学刊》2006 年第 5 期；何渊：《美国的区域法制协调——从州际协定到行政协议的制度变迁》，《环球法律评论》2009 年第 6 期。

⑥ David. C. Nice, “State Participation in Interstate Compact,” *Oxford Journals*, Vol. 17（1987）: pp. 70—71. 转引自冯望：《地方政府间行政契约研究》，硕士学位论文，中国政法大学，2009，第 18 页。

（续表）

州际协定成员	协定类型				
	社会/项	商业-环境/项	商业/项	惩戒和犯罪/项	教育/项
马萨诸塞州	3	3	2	5	4
新泽西州	1	2	3	5	2
纽约州	2	3	5	4	3
宾夕法尼亚州	2	5	3	4	1
罗得岛州	4	2	2	5	4
佛蒙特州	3	2	3	6	6

州际协定是解决区域问题的有效手段。对于联邦而言它也有自己的价值，因为在尊重国会职权的同时提供了解决各种面临的共同问题的方案，并且这些方案具备良好的效果和执行力。[①]

2. 州际协定的分类和效力

（1）国会的批准与州际协定的分类

对各州缔结州际协定的权力进行控制，防止对联邦权威和国家主权的侵犯，是国会和联邦最高法院的职责所在。随着社会的不断发展，按照控制范围和干涉程度的不同州际协定被分为政治性协议和非政治性协议两类。该分类由联邦最高法院通过1893年的“弗吉尼亚州诉田纳西州”案判决确定。该案明确：政治性协议指的是触及联邦政府权力或可能改变联邦体制内力量平衡的，这类州际协定必须经过国会批准；不涉及上述内容的协定属于非政治性协议，它们可以不经国会明示批准也可以生效。[②] 1978年，联邦最高法院再次作出改变，政治类协定只要没有侵占联邦权力扩大成员州权力，不经国会同意也可以生效[③]。例如，《南方区际教育协定》在没有征得国会同意的情况下实施了很多年。[④]

目前，大多数州认为，国会的批准权是绝对的，国会不仅可以决定州际

① 于立深：《区域协调发展的契约治理模式》，《浙江学刊》2006年第5期。

② Patricia S. Florestano，“Interstate Compacts：The Invisible Area of Instate Relations”（Annual Meeting of American Political Science Association，1993）.

③ Steel Corp. v. Multistate Tax Commission. 434U. S. 452，1978.

④ 石欣贤：《行政协议——区域合作的契约治理模式探讨》，硕士学位论文，华中科技大学，2008，第32页。

协定是否属于政治类协定，也可以决定批准的有效期以及批准的程序。[①] 而州际协定若涉及联邦政府的关注焦点或敏感领域，如核能、环境或交通等，需要请求国会同意。

（2）州际协定的效力

州际协定的效力主要包括两重：一是法律的效力，一是合同的效力。[②] “美国《宪法》‘协定条款’使州际协定成为美国最重要的区域法律治理机制。”[③] 在美国联邦宪法的保障下，州际协定的效力表现在几个方面：一是对各成员州的公民都具有约束力。二是效力优于成员州自身的法规。三是当州际协定的条文与州法相冲突时，州际协定的效力更高。州际协定确定的义务，任何一方都不能单方面放弃或拒不履行。[④]

州际协定同时具备私法契约的效力，即使州际协定没有经过国会的批准，也没有被各成员州通过各自的立法程序立为州法，依然对各缔约州产生私法契约约束力，类似于主权国家之间的条约。相关的州和公民须严格遵守，不得单方随意修改或者撤销。[⑤]

3. 州际协定的缔结程序

美国州际协定的签订程序与私法合同是非常类似的，其主要包括以下程序。

（1）要约与承诺

要约与承诺是所有合同缔结的必需步骤，但与普通私法合同也有不同。订立州际协定最普遍的做法是将要约的全部内容作为某法规的一部分，或者作为该法规的附件，以成文法的形式同时宣布将遵守该要约。也存在特定情

---

① 石欣贤：《行政协议——区域合作的契约治理模式探讨》，硕士学位论文，华中科技大学，2008，第 32 页。

② Council of States Governments, *Interstate Compacts and Agencies* (Lexington, Ky. 1983), p. vi; Glendening and Reeves, "Pragmatic Federalism," *Western Political Quarterly* (Sep. 1977): pp. 279—280.

③ 何渊：《论美国〈宪法〉“协定条款”的法律变迁及对中国区域法律治理的启示——从二元联邦主义到合作联邦主义再到新联邦主义》，《比较法研究》2016 年第 2 期。

④ L. Zimmerman and Mitchell Wendell. *The law and Use of Interstate Compacts* (Chicago: The Council of State Governments, 1961); Joseph F. Zimmerman, *Interstate Relations: The Neglected Dimension of Federalism* (Westport: Praeger Publishers, 1996).

⑤ Johnny H. Killian and George A. Costello, *The Constitution of the Unit States of America: Analysis and Interpretation* (Washington: U. S. Government Printing Office, 1996).

况，一州根据议会特别授权，直接向明确的要约对象，即另外一州发出要约，并在要约中明确接受的具体条件等。可以看出，州际协定的正式性是非常明显的，州政府需要通过法规的形式来表示接受约束，并且只具有有限的表示自由。①

承诺与要约具有类似的构成要件，且一经作出即具有成文法的效力，并且应当以成文法的形式宣告，体现承诺的全部内容。承诺可以由一州或多州作出。跟民事合同一样，承诺若改变要约的内容，则视为新要约而非承诺。②当要约被一定数目以上的州接受之后，该协定便会产生法律效力。如果该协定属于政治性协议，则需要国会的批准才能生效。

（2）主要条款

美国不区分公法与私法，而州际协定既然属于合同的范畴，则必须具备合同法所要求的基本条款。因此，典型的州际协定应当包括以下内容：③ 标题及缔结目的、协定的主旨以及目标、各州功能和权利义务、实质性规制条款、履约组织或独立规制机构等、成本分担、履约标准、合同解释权归属、主体退出或加入、生效或修改、效力变更或终止、术语界定与解释、实施期限等。

（3）执行机构

美国的州际协定一般都会规定实施机构。或者由缔约成员州的相关部门执行，或者设立由各成员州任命的委员会。例如依据《大湖流域契约》建立“大湖委员会”，依据康涅狄格州和马萨诸塞州签署的《西蒙斯河谷洪水控制契约》建立的河流管理机构。这些根据州际协定建立的执行机构的政治责任是分散的，与州政府存在严格的区别，不能享受州政府专有的一些权力。因为州际协定的执行机构，本质上是享有各州通过协定让渡出来的部分权力的执行机构。④

---

① 石欣贤：《行政协议——区域合作的契约治理模式探讨》，硕士学位论文，华中科技大学，2008，第 33 页。

② Joshua Stein，“Model Inter-creditor Agreement，” *Practicing Law Institute*，Vol. 548，p. 471.

③ 于立深：《区域协调发展的契约治理模式》，《浙江学刊》2006 年第 5 期；何渊《美国的区域法制协调——从州际协定到行政协议的制度变迁》，《环球法律评论》2009 年第 6 期；石欣贤：《行政协议——区域合作的契约治理模式探讨》，硕士学位论文，华中科技大学，2008，第 33 页；冯望：《地方政府间行政契约研究》，硕士学位论文，中国政法大学，2009，第 18 页。

④ Marian E. Ridgeway，*Interstate Compacts：A Question of Federalism*（Southern Illinois University Press，1971），p. 300.

（4）修改与解释

州际协定的修改与解释存在两种情形，一种是在协定中规定专门的修改和解释条款，一种是协定中没有规定相关的条款。前者在修改与解释时适用协定中规定的专门条款，而后者则需要依靠所有成员的一致同意。另外需要注意的是，根据州际协定的类型不同，其修改与解释的程序也存在差异[①]。从修改与解释的规定来看，州际协定的契约性质还是非常明显的。协定一旦订立，各缔约方只能按照协定确立的方式执行和遵守，对协定的违背，将承担违约责任。

（5）缔结期限

州际协定的缔结往往需要花费大量的时间，尤其是在主要问题上存在争议的协定，20 世纪 60 年代，缔结一项新的州际协定的平均花费时间是 5 年到 9 年。[②] 但最近几年州际协定的缔结速度也在加快。1989 年 12 月美国“中西部立法协调会”下属的一个委员会核准了《美国中西部高等教育州际契约》，该契约交给中西部 12 个州的立法者批准，13 个月之后就生效了。[③]

4. 争端解决方式

美国州际协定纠纷的解决途径包括两种，即调解与仲裁和司法程序，但大多数纠纷适用的都是调解与仲裁程序，即现在被广泛介绍和借鉴的 ADR（Alternative Dispute Resolution）制度，可根据其实质意义，理解为诉讼外纠纷解决方式。

（1）调解与仲裁

调解与仲裁作为纠纷解决方式，很早便在美国的民事领域得到运用。从 20 世纪 20 年代开始，在州际协定领域引入。目的在于提高州际纠纷的解决效率，降低法院诉讼解决纠纷所导致的高成本。在州际协定的争端解决条款中也会规定调解或仲裁的方式。《蛇河协定》（Snake River Compact）第四条、《克拉马斯河协定》（Klamath River Compact）第十条[④]、《皮克斯河协定》

---

① 石欣贤：《行政协议——区域合作的契约治理模式探讨》，硕士学位论文，华中科技大学，2008，第 34 页。

② 于立深：《区域协调发展的契约治理模式》，《浙江学刊》2006 年第 5 期。

③ 于立深：《区域协调发展的契约治理模式》，《浙江学刊》2006 年第 5 期。

④ Frederick L. Zimmerman and Mitchell Wendell, *The Law and Use of Interstate Compacts* (Chicago: The Council of State Governments, 1975), pp. 80—96.

(Pecos River Compact) 第十三条都在州际协定的争端解决机制规定了仲裁或者调解。[①]

一般情况下州际协定的执行机构也是争端处理机构。保障协定的遵守和执行，协调与处理各缔约方因履行协定而产生的纠纷及争端是执行机构的必备职责。就协定的执行而言，也根据协定的效力分不同的情形。如果州际协定得到国会的认可，从而成为联邦法律的组成部分，则执行机构对协定的履行，即等同于执行联邦法律。就其他协定的执行而言，则按照州际协定规定的纠纷解决方式执行，原则上在产生纠纷之后，选择替代性纠纷解决机制（ADR）会以强制性规定的形式（mandatory duty）出现在各种政府间行政契约里，即要求因政府间契约的履行而产生的各种纠纷，在穷尽行政救济之前不得诉诸司法途径。缔约各方必须主动将纠纷提交至执行机构，如果某一方直接诉诸法院，则所有的诉讼费用均由该方承担。[②]

执行机构通常会要求争议各方先互相交换争议相关信息，如果在 30 天至 45 天内争议仍得不到解决，争议将进入纠纷解决程序，由执行机构中相关的委员会或专门机构来处理纠纷。如果委员会或专门机构没能够在争议各方认同的期限内制定出纠纷解决方案，则任何一方均可向执行机构申请裁决。裁决作出后，任何一方对解决方案不满，均可在 60 天内向执行机构提出驳回或修正意见；若在 60 天内不提出反对意见，则该解决方案即为终局裁决。[③]

（2）司法程序

美国作为普通法系国家，司法程序作为最终救济手段在政府契约纠纷解决时同样适用。因此，各州因州际协定履行而引起的争端和纠纷在通过仲裁和调节无法解决时，可以向法院提起诉讼，寻求司法解决。

美国通过“Dyer v. Sims”一案确立了法院对政府间行政契约的司法管辖权。[④] 弗吉尼亚州是俄亥俄水务契约的签订方之一，弗吉尼亚州需要履行该

---

① Frederick L. Zimmerman and Mitchell Wendell, *The Law and Use of Interstate Compacts* (Chicago: The Council of State Governments, 1975), pp. 80—96.

② Richard L. Masters, “The Interstate Compact On Adult Offender Supervision: Using Old Tools To Solve New Problems,” *Roger Williams University Law Review*, Vol. 9 (2003): pp. 118—121.

③ 参见何渊：《美国的区域法制协调——从州际协定到行政协议的制度变迁》，《环球法律评论》2009 年第 6 期；冯望：《地方政府间行政契约研究》，硕士学位论文，中国政法大学，2009，第 18 页。

④ 冯望：《地方政府间行政契约研究》，硕士学位论文，中国政法大学，2009，第 47 页。

契约规定的预算义务，但是审计长拒绝签发同意该预算支出的命令。于是该州的总检察长将审计长诉至州最高法院。州最高法院以 3 票对 2 票的判决支持了审计长，理由如下[①]：

第一，对契约中确定的预算义务所需要的财政支出不在州宪法规定的支出范围之内，所以政府批准契约中预算的分担是无效的。

第二，契约中涉及州警察权的授予，本州宪法规定警察权不得授予其他州或者联邦政府，自然更不得授予一个契约成立的委员会。

随后，弗吉尼亚州政府和委员会将该案提请联邦最高法院审理。弗吉尼亚州政府向联邦最高法院提出了以下主张[②]：

第一，在国会同意的前提下，弗吉尼亚州不能依据自己的宪法来限制其自己订立契约的权力。

第二，即使该州的宪法可以约束该州与其他州订立契约，弗吉尼亚州最高法院引用的宪法规定也是错误的。

第三，即使该州的宪法可以约束该州与其他州订立契约，该契约并不致使该州违反其宪法。

第四，该契约并不导致违反州宪法的警察权的授予。

以上主张也获得了该契约其他签订方的支持。

联邦政府认为州际协定的有效履行对联邦利益是有利的，因此在判决中支持了弗吉尼亚州政府和委员会。但是联邦政府并未采纳弗吉尼亚州政府的上述四个理由，而是将私法契约的判断标准引入了州际协定。认为对于政府间契约而言，意思自治等约束私法契约的规则再次照样适用。该契约的签订完全基于各州政府的意思自治和协商一致而成立，也完全可以根据各州的意思自治而废止或修改，因此该契约并没有违反弗吉尼亚州宪法的规定。联邦最高法院在判决中指出："本法院从来就有处理州之间纠纷的管辖权，不论州与州之间是否签订了契约。弗吉尼亚州最高法院是其宪法的最终解释者，但

① Dave Frohnmayer, "The Compact Clause," *the Apponitments Clause and the New Cooperative Federalism: The Accommodation of Constitutional Values in the Northwest Power Act*, *Envtl. L.*, Vol. 17 (1987): pp. 782. 转引自冯望：《地方政府间行政契约研究》，硕士学位论文，中国政法大学，2009，第 47 页。

② Frederick L. Zimmerman and Mitchell Wendell, "The Interstate Compact and Duer v. Sims," *Columbia Law Review*, Vol. 51 (1951): pp. 931—950.

是在这份契约涉及了其他州以及联邦利益的情况下，本法院有权对州法院最终判决予以审查。”九位大法官一致认为弗吉尼亚州作为契约的一方应受到契约的约束。法院驳回了关于警察权授予违宪的主张，认为契约中对警察权谨慎和有限的授予是合理的。[①] 援用私法契约的相关规定来分析政府间行政契约，是联邦最高法院的一次尝试，并在此后的实践中得到了认可。

从该案中也可以看出，政府间行政契约由法院作为最终纠纷解决方式，同时该判决实际上肯认了政府间行政契约的合宪性和正当性，并且承认了私法契约规则在行政契约中的适用。

（二）行政协议

行政协议的兴起是近年来州际协定最为重要的一个发展趋势。行政协议也分为正式和非正式两种，随着州际协定签订数量的降低，行政协议签订数量急剧攀升。[②] 一般情况下，国会颁布产生州际行政机构的法律，并为之提供必要的活动经费。[③] 州际行政官员联合会负责定期召开会议，起草州际行政协议，为各州的行政官员提供进行协商的平台。

美国行政协议的广泛兴起的主要原因在于其弥补了州际协定的固有缺陷与飞速发展的社会需求之间的裂痕。州际协定的签订一般需要漫长的周期和繁复的程序，并且往往以成文法的形式出现，一旦确定后修改与解释都受到严格的程序控制，因此在灵活性和适应性上存在一定的欠缺。而耗时长久的谈判所带来的高成本和不确定性也使得各州对缔结州际协定的信心有所下降。因此，在全球经济一体化大背景下，随着各州在各领域的合作日益广泛的情形下，行政协议以其自身的优势得到各州的青睐。“行政协议的成立及生效只要行政首长达成意思表示一致，不需要经过州的立法程序，更不需要征得美国国会的同意。非正式的行政协议缔结程序则更简便。相对简易的程序带来

---

① Frederick L. Zimmerman and Mitchell Wendell, “The Interstate Compact and Duer v. Sims,” *Columbia Law Review*, Vol. 51 (1951): pp. 931—950.

② F. Zimmerman, *Interstate Cooperation: Compact and Administrative Agreements* (Westport, CT: Greenwood Press, 2002), pp. 165—180; 转引自何渊:《美国的区域法治协调：从州际协定到行政协议的制度变迁》,《环球法律评论》2009年第6期。

③ 石欣贤:《行政协议——区域合作的契约治理模式探讨》，硕士学位论文，华中科技大学，2008，第37页。

了弹性和灵活性，在应对快速的社会变迁时能够体现出优势来。”①

行政协议往往在州以下地方政府之间订立，目的在于处理跨区域事务。该协作方式起源于20世纪90年代，由于地方政府财政困难，地方政府间探索通过合作以降低施政成本。随后行政协议的适用逐步扩展到公共服务领域，包括交通运输、垃圾处理、水资源保护、环境保护等。行政协议适用范围广泛，而且避免了州政府对区域性问题的立法干预，因此，有将近63%的地方政府都缔结过此类行政协议或者契约②。但是，在美国行政契约不能用来解决存在严重分歧的州际争端，这些争端只能通过州际协定或由国会来解决。

1. 行政协议的相关机构

区域联合会根据州立法机关的授权成立，活动经费由地方政府、州政府、联邦政府提供。③ 区域内各州可自行规定选派方法，派出代表参加。区域联合会只享有建议权，没有行政权和立法权。区域联合会承担平台功能，通过定期举行会议的方式，让代表讨论本区域内共同的问题，拟定协议计划书后向各自政府提交。因为只是建议，所以政府可以接受也可以不接受。

各州政府一般会为政府间协议的执行设立具有较高权威的综合性机构。执行机构的法律依据由州立法机关授权。执行机构可以制定自治规章，规定自身的组织方式和职权。政府间协议的执行机构负责区域内的整体性事务，而各地方政府仍然执行地方性事务，从而使得资源在区域内实现有效流通，避免区域政府的破坏性竞争。此外还有一种情形，即不成立政府一级的执行机构，只针对具有明显跨界需求的公共事务，设立非政府的协调机构进行协调。④

与州际协定类似，重要事务的跨区域行政协议的签订，必须经过州议会的同意。近年来行政协议的发展呈现出行政首长自由裁量权扩张的趋势，各州议会通过授权法，允许各行政首长与其他州、加拿大各省及墨西哥各州，

---

① 何渊：《美国的区域法治协调：从州际协定到行政协议的制度变迁》，《环球法律评论》2009年第6期。

② 何渊：《美国的区域法治协调：从州际协定到行政协议的制度变迁》，《环球法律评论》2009年第6期。

③ F. Zimmerman, *Interstate Cooperation: Compact and Administrative Agreements* (Westport CT: Green wood Press, 2002), pp. 165—180.

④ F. Zimmerman, *Trends in Interstate Relations: Political and Administrative Cooperation* (The Book of States 2002), pp. 42—47.

以及其他对等机构缔结行政协议。[①]

2. 行政协议的主要条款和内容

行政协议的主要条款与州际协定类似，也分为实体和程序两个部分。其中比较关键的条款包括经费和成本分担、协议内容（见表 4 - 3）、协议期限与生效时间、协议的监督执行机制、协议执行的协调机制、效力保障机制以及争端解决机制等。[②]

表 4 - 3　行政协议的分类与内容

<table>
<tr><th>名称</th><th>类别</th><th>主要内容</th></tr>
<tr><td rowspan="3">行政协议的分类</td><td>府际合作契约</td><td>由一方地方政府向另一方地方政府居民提供服务，并于契约内容中约定服务给付的方式与程序</td></tr>
<tr><td>共同服务协议</td><td>地方政府间共同规划、共同办理并依约定分摊财务，以为居民提供服务的协议</td></tr>
<tr><td>府际服务转移协议</td><td>某一事务的处理依照契约签订的内容，委托另一方地方政府或特定公共组织或非营利机构办理的协议[③]</td></tr>
<tr><td rowspan="6">行政协议的内容</td><td colspan="2">（1）各州采取统一的规则来解释相同或类似法规</td></tr>
<tr><td colspan="2">（2）各州采用统一的规则和类似的程序来管制州际贸易</td></tr>
<tr><td colspan="2">（3）通过谈判或仲裁而不是通过立法的方式来解决州际难题</td></tr>
<tr><td colspan="2">（4）各州之间相互承认和接受对州际问题的事实判断</td></tr>
<tr><td colspan="2">（5）各州之间实现磋商沟通和信息共享</td></tr>
<tr><td colspan="2">（6）各州积极参与州际会议，并成为州际行政官员联合会的成员</td></tr>
</table>

（三）区域协调的优势及借鉴

州际协定与行政协议成为常见的解决州际法律冲突和协调区域发展的方法，不仅能够协调州与州之间政策，而且利于环境污染等跨境问题的解决，其中先进的法治经验和协调制度对我国区域一体化有着重要的借鉴意义。

第一，规则与合意的有效结合。美国的州际协定与行政协议制度最大的

① 何渊：《美国的区域法治协调：从州际协定到行政协议的制度变迁》，《环球法律评论》2009 年第 6 期。

② 何渊：《美国的区域法治协调：从州际协定到行政协议的制度变迁》，《环球法律评论》2009 年第 6 期。

③ Garland C. Routt, "Interstate Compacts and Administrative Co-operation," *The Annals of the American Academy of Political and Social Science*, (Jan. 1940): pp. 101.

特色在于实现了规则和合意的有效结合，将私法契约的原则和制度引入公法领域，并通过具体的制度设计保障合意的实施，从而实现合意的规则化。

第二，平等磋商，合意共赢。美国属于联邦制的国家，各州被赋予很大的自治权，事实上，美国各州在加入联邦之前是具有宗主国的殖民地或是附庸国，其相互之间的关系是平等国家的关系，区域协调制度使得其相互之间的关系从平等国家的关系转变为一种平等区域的关系。“州际平等与州际礼让不仅表现为不倚强凌弱，也表现为平等磋商，只有这样合作基础各方才能在充分表达自身利益需求的基础上来进行谈判和协商，从而达到共赢的效果。”①

第三，协议灵活，赋予行政裁量。美国州政府职能的各个部分，涉及的各个领域，都有通过正式和非正式行政协议进行的合作。非正式行政协议因为赋予了行政官员更多的自由裁量权，在使用方式和手段上也具有更大的灵活性和弹性，因而在实践中比正式的行政协议使用更加普遍和广泛。而事实上，大多数非正式行政协议成效显著，尤其是在建立行政协助的机制方面进步明显。②

第四，设置专门机构，保障协定履行。通常在实践中，每个州政府为了自己的利益考量，只执行对自己有利的条款，这将导致损害其他缔约方的利益，从而引发争议，不利于州际协定的履行，因此美国设置了州际协定委员会，保障州与州之间合作的顺利进行和协定的贯彻执行。

第五，利用多元纠纷解决机制，注重争端解决。州际协定是各州为了促进区域合作与发展而共同订立的协议，主要目的是实现和满足本区域的利益最大化。因此，各州为了自己的利益，在缔结和履行协定的过程中不可避免地出现纠纷与冲突，对于纠纷的解决，除了通过司法途径，还提供了仲裁、调解等方式解决纠纷，化解争议。

五、日本的广域行政

广域行政实际上指的是日本的跨区域行政管理和协调。日本的中央集权

① 王菁：《区域政府合作协议研究》，博士学位论文，苏州大学，2015，第 89 页。

② 何渊：《美国的区域法治协调：从州际协定到行政协议的制度变迁》，《环球法律评论》2009 年第 6 期。

色彩浓厚，其跨区域行政管理和协调机制，经过多年的实践和探索，形成了自己的独有特色。实践中，日本的广域行政分为狭义和广义两种。前者的依据是《地方自治法》中有关广域行政制度的规定，地方公共团体据此处理共同的行政事务。后者指的是除依据《地方自治法》之外，地方公共团体之间可以根据实际需要，采取行动处理或应对共同的行政事务①（见表 4-4）。

表 4-4　日本广域行政的范畴

名称	范畴
广域行政	(1) 都道府县广域行政事务，即制定地方综合开发计划，推动跨越市町村广域事务
	(2) 推动市町村等行政区域合并
	(3) 在都道府县及市町村行政区域不调整的前提下彼此合作推动广域业务

(一) 日本广域行政的制度背景

日本的广域行政的兴起是建立在地方自治和地方分权的基础之上。"二战"后日本的地方自治通过三个阶段的发展逐步走向成熟，在《地方自治法》的指引下，希望实现三个目的。②

第一，根据地方发展和居民的需要，及时调整政策和行为，以更好地适应各地方发展的实际情况，满足地方居民需求。

第二，解决跨地域的综合性问题。跟所有地方政府一样，日本地方政府同样面临着一系列新问题，单凭一个部门和一个地区难以有效解决，综合行政的需求十分现实。

第三，能够高效解决地域问题。地方自治团体在居民信赖的支持下，对诸多局面相对而言更能够迅速作出判断并及时处理问题。在这一目的指引下，1995 年，日本政府颁布《地方分权推进法》，并成立地方分权推进委员会。根据该委员会的建议，1998 年 5 月，日本政府以内阁决议的形式确定了地方分权的总目标，即实现国家与地方的对等关系③，同时确定推进地

① 龙志平：《日本地方自治与广域行政》，硕士学位论文，华中师范大学，2007，第 17 页。因第一外语不是日语，关于日本广域行政制度的描述基本上借鉴自前引龙志平文与傅钧文文，在此特表示感谢。

② 龙志平：《日本地方自治与广域行政》，硕士学位论文，华中师范大学，2007，第 17 页。

③ 龙志平：《日本地方自治与广域行政》，硕士学位论文，华中师范大学，2007，第 17 页。

方分权的措施[①]（见表4－5）。

表4－5　日本推进地方分权的主要措施

序号	措施	说明
1	废除机关委任事务，分为“法定委托事务”和“自治事务”。国家与地方直接的共同事务，在明确范围和权责的前提下，由立法与司法控制的方式协调	法定委托事务指的是根据法令由国家委托给地方处理的事务，占45％
		自治事务指的是地方自治体依法处理的固有事务，占55％
2	充实、确保地方税源	地方分权顺利进行的物质保证
3	实行市町村合并	使行政与财政更趋合理化、规模化、效率化，针对人口老龄化、少子化的社会现实，合并后扩大的市町村的作用将明显增加
4	新设国家地方纠纷处理委员会	国家与地方自治体发生纠纷时，先由该委员会进行调查、裁定，当事双方或其中一方对裁定不服时，可向高等法院提起诉讼。未经该委员会裁定的纠纷，高等法院将不予受理
5	完善相关法律，依法行政	为适应分权改革的需要，包括《地方自治法》在内的475件法律得到修订。修改后的地方自治法在完善现行内部监察制度的同时，又增加了外部监察制度，借以强化地方自治体的自身制约机制

此外，交通便利和信息社会所带来的人们生活圈范围的扩大、老龄社会的逐渐到来、人们对行政效率的高要求等各方面，也构成了广域行政发展的现实基础。

（二）法律基础

制度改革，法治先行。不管是地方分权制度的推进，还是广域行政的具体制度安排，日本都是首先制定或修改相应法律作为改革的依据，从而一方面减少改革的阻力，另一方面为制度改革提供合宪性、合法性以及正当性基

① 龙志平：《日本地方自治与广域行政》，硕士学位论文，华中师范大学，2007，第14—16页。

础。就日本的广域行政而言，其法律基础主要包括以下几项。

一是《地方自治法》。日本《地方自治法》可以说是地方分权以及广域行政等制度的基本法，其关于地方主体以及基本职能的规定为广域行政制度提供了基本依据。具体制度将在广域行政的具体制度中论及。

二是《地方分权推进法》。地方分权推进委员会向政府提出四项劝告，内阁通过决议决定实施。四项劝告涉及废除机关委任事务、扩大自主权、制定调整中央与地方关系的规则以及保障分权改革的可行性的相关建议。其中包括制定法律、确立公平透明的干预原则和干预的形式、明确干预的手续以及纠纷调解的办法，也包括通过制定自治事务和法定委托事务的事先协议等制度保障政策的可行性等问题。

三是《地方分权一揽子法案》。该方案 1999 年通过，2000 年开始实施。该法案重新划分了各级政府之间的行政权限，对严重打击地方自主性的机关委任事务进行了废止，将中央和地方关系变成对等、合作关系，为地方自治理论确立了法律依据。应该说，扩大地方自治的最重要的目的是推进地方分权，改善国家、都道府县、市町村等各层级政府以及社会团体之间的关系，不断扩大团体自治的政策和扩大居民自治的政策，提高自我决定和自我负责的程度①。

（三）主要制度安排

类似于所有地方的跨域治理，广域行政按照是否改变既有行政区划，也可以分为两类，一类是通过合并区域和地方行政组织，从而实现跨域治理；另一类是不改变既有行政区划的跨区域行政管理②。事实上，通过合并地方组织处理跨区域事务是日本政府最常用的方式，因为行政组织的合并能够保持制度的相对稳定，从而实现跨域事务处理的高效和畅通。不改变既有行政区划来处理跨区域行政事务，依据的是《地方自治法》中的相关规定，其中所涉及的主要制度包括事务委托、部分事务组合、协议会等形式（见表 4－6）。

---

① 龙志平：《日本地方自治与广域行政》，硕士学位论文，华中师范大学，2007，第 16 页。

② 傅钧文：《日本跨区域行政协调制度安排及其启示》，《日本学刊》2005 年第 5 期。

表 4-6 日本跨域事务共同处理的主要方式

《地方自治法》中规定的事务共同处理①	特别法中规定的相关制度②
(1) 事务委托 该法第二百五十二条第十四款规定："地方政府可以与另一地方政府签订协议，将一部分事务委托给另一地方政府处理"。这时，委托方须将所需资金转移至受托方，责任和权限也同时被转移。事务委托大多数发生于同一县内，也有少部分是跨县的	(1) 地方行政联络会议 由《地方行政联络会议法》所规定，并于 1962 年设立，目的在于通过加强地方政府之间的横向联系，促进跨区域行政的实施，同时有助于地方自治向跨区域发展。地方行政联络会议涉及面广泛，一般情况下只是向中央政府提建议，但会对有利害冲突的问题采取回避态度
(2) 部分事务组合 该法第二百八十四条第二款规定："地方政府之间可通过协议，共同设立一个专门处理地方政府部分事务的组织，即部分事务组合"。在日本的法律中，各级地方政府都属于普通地方公共团体，事务组合的法律地位是特别地方公共团体。事务组合可拥有自己的职工，可以制定和颁布相应的条例。都道府县加入事务组合须经总务大臣的批准，市町村加入事务组合须经相应的都道府县知事批准。目前，事务组合最多的是用于环卫领域的事务处理。1974 年日本修改法律后，允许设立处理多项事务的复合型事务组合，因而一个事务组合不再限于专门处理单一事务	(2) 地方公共团体之间的协定 由《防汛法》和《消防法》所确定。主要针对公共事务处理过程中的相互扶助和合作
(3) 协议会 该法第二百五十二条第二款规定："协议会由地方政府间通过协议设立"。协议会是为应对公民生活圈不断扩大所带来的一系列跨区域事务而采取的形式。与事务组合不同的是，协议会不属于地方公共团体，没有固定的职工和财产，不具有法人资格。协议会的工作人员一般由有关地方政府派来的人员担任。协议会的主要工作是：处理事务，联络和协调，制定跨区域的计划	(3) 实施划定广域行政圈政策 实施划定广域行政圈政策的目的是避免原市町村在公共设施方面的重复投资，尤其在一些财源较少的市町村，采取该做法可收到少花钱、多办事的效果。广域行政圈又分为广域市町村圈和大都市周边地区广域行政圈。前者于 1969 年设立，现有广域市町村圈共 340 个；后者于 1977 年设立，现有大都市周边地区广域行政圈共 24 个

① 参见龙志平：《日本地方自治与广域行政》，硕士学位论文，华中师范大学，2007；傅钧文：《日本跨区域行政协调制度安排及其启示》，《日本学刊》2005 年第 5 期。

② 参见龙志平：《日本地方自治与广域行政》，硕士学位论文，华中师范大学，2007；傅钧文：《日本跨区域行政协调制度安排及其启示》，《日本学刊》2005 年第 5 期。

（续表）

《地方自治法》中规定的事务共同处理	特别法中规定的相关制度
（4）设置共同机构 该法第二百五十二条第七款至第十三款规定，地方政府之间可通过协议共同设立委员会并安排专职委员。该制度与上述协议会一样，都不属于地方公共团体，但不同的是，设置共同机构的主要目的是为了精兵简政，减少行政支出，提高行政效率，同时确保优秀的专职委员。这一机构由设立该机构的几个地方政府共同所有。以神奈川县为例，该县有两个有关老年人护理员资格认证的认定审查会，均属由几个町共同设立的机构	（4）事实上的协议会 除上述有法律依据的政府间协调制度以外，日本还存在着大量没有法律依据的跨行政区的协商型机构或组织，如全国市长会、全国市议会议长会、全国町村长会、全国町村议长会以及一些大城市圈的行政首脑会议等，这些机构被称为"事实上的协议会"。这种协商型机构由于设立手续简便，因而被大量运用于向政府建言献策、政府间协调和信息交换。一些协议会的参与者除了政府，还包括行业团体、非政府组织和非营利组织，因而能够形成代表面较广的民意
（5）跨区域政府联合 1994年修改后的《地方自治法》第二百八十四条第三款规定："跨区域的政府可以用联合的形式处理跨区域行政事务"	
（6）区域开发事业团 该法第二百九十八条规定："几个县可以共同成立旨在对跨区域基础设施进行开发的区域开发事业团。该事业团的设立须经相关县的县议会表决通过，并经总务大臣和相关县知事的批准"。区域开发事业团一般只从事基础设施的前期开发，不涉及项目建成后的管理，而且项目开发完成之后事业团即宣告解散	

（四）广域行政的优势及启示

以地方自治和地方分权为制度背景的广域行政，对提高日本的行政效率，促进区域协调发展起到了重大的推动作用。广域行政以基本法作为制度依托，同时以地方团体间的行政协议为基础，实现共同事务的跨区域管理。广域行政下的地方团体具有独立的主体地位，而广域行政组织也具有保障的独立性，并且根据授权享有相对而言较为宽泛的权限，法律同时规定，必须经过各成员团体议会的选举，才能够产生跨域管理的执行机构，从而更好地反映跨区域的民意。不仅如此，在跨区域进行行政管理过程中，法律也赋予了广域行政组织制定计划的强制性权力，以保障跨域协调或管理的效力和执行力。

理论研究已经揭示，无序竞争的结果将是各方受损。跨域治理和区域协调发展更需要明确的制度来保障。日本已在这方面做出了可贵的探索。[①] 对于我国当下的探索和实践而言，能够提供以下几个方面的借鉴[②]。

第一，法律先行，注重效率。日本的广域行政以《地方自治法》《地方分权推进法》等一系列基本法为基础，同时在单行法如《防汛法》《消防法》等中涉及区域协作的部分也会予以明确规定。有法可依一方面为制度建设提供规划和指引，保证了合法性与正当性的获得，同时规定了广域行政相关执行机构的建立、职权以及所采取的措施的效力来源，对制度的约束性起到保障作用，同时也提高了区域管理的效率。

第二，政府主导，社会参与。政府、企业、行业团体、非营利组织和非政府组织以及个人都有途径参与到日本的跨区域行政协调制度中去，这对提高跨区域管理的有效性与可行性具备积极意义和保障功能，但在此过程中政府的主导作用发挥又保证跨域管理不会损害中央权威和其他地方的利益，并且不会危害到法律体系的统一。

第三，循序渐进，先易后难，不涉及产业整合。跨区域行政协调的制度安排既涉及一个国家的地方政权制度建设，也涉及相关的地方政府利益，应当遵循循序渐进原则。制度建设的构想不应当与整体的地方政权制度相冲突，即使有利于跨区域行政协调，仍应当遵循宪法和法律框架下的跨域协调的宗旨和目的。日本广域行政适用的领域集中在环保、医疗卫生、道路、教育、消防等公共领域，主要目的是便民利民以及提高财政资金的使用效率，并没有涉及产业整合等竞争性领域。目前包括日本在内，还没有出现政府成功整合地区产业的先例。而这一点对于我国的提示尤其重要。[③]

---

① 傅钧文：《日本跨区域行政协调制度安排及其启示》，《日本学刊》2005 年第 5 期。

② 参见龙志平：《日本地方自治与广域行政》，硕士学位论文，华中师范大学，2007；傅钧文：《日本跨区域行政协调制度安排及其启示》，《日本学刊》2005 年第 5 期。

③ 傅钧文：《日本跨区域行政协调制度安排及其启示》，《日本学刊》2005 年第 5 期。

第五章

京津冀地区协同治理的中国创新

"京津冀如同一朵花上的花瓣，瓣瓣不同，却瓣瓣同心。"

——2019年1月18日，习近平总书记在京津冀协同发展座谈会上的讲话

一、京津冀地区区域经济一体化的发展历程

区域一体化是一种文化认同的过程，最终会形成一个利益共同体、责任共同体乃至于命运共同体。[①] 一体化的前提在于区域间存在共同利益，而行政力量或制度力量在一体化进程中具有重要作用。区域经济一体化至少要在以下几个方面进行充分整合：经济要素、产业结构、基础设施、城市体系、环境保护以及管理政策。[②]

(一) 京津冀地区区域经济一体化实践

根据京津冀经济领域的竞争与合作，可以将改革开放以来的京津冀地区区域一体化实践划分为四个阶段[③]。

---

① 参见刘伟：《走向共同体的路径创新——粤港澳大湾区演进的逻辑》，中国社会科学网，http：//ex. cssn. cn/gd/gd _ rwhn/gd _ ktsb/qyhzdbjyjj/201911/t20191120 _ 5045795. shtml。

② 参见吴志功主编：《京津冀雾霾治理一体化研究》，科学出版社2015年版，第127页。

③ 参见付承伟：《大都市经济区内政府间竞争与合作——以京津冀为例》，东南大学出版社2012年版，第68—88页；张军扩、侯永志：《协调区域发展：30年区域政策与发展回顾》，中国发展出版社2008年版，第344—351页。

1. 第一阶段（改革开放之初至1995年前后）

本阶段是在计划经济向市场经济转轨初期，政府间关系以竞争为基本特点，合作形式和效果都欠理想。当时天津与石家庄纺织业大战，北京和天津之间以首钢为代表的重工业和资本密集型产业之间的竞争，都是改革之初地方盲目追求经济产值的体现。而当时竭力发展重工业的做法，也给今天北京的环境、资源等造成严重的后果，如遏制了高端服务业、高科技产业的发展，首都功能及文化科技中心的定位没有得到充分发挥，给本来就有限的水、电、交通、空气等带来难以逆转的影响，同时扭曲了首都相应的规划等，又因其首都地位而抑制了天津和河北的发展。

2. 第二阶段（1995年前后至2005年前后）

本阶段外资大规模进入，三地为招商引资展开政策大战，区域合作不仅是搁浅，可以说是与上一阶段相比还有退步。地方政府通过税收优惠、低成本出让土地以及补贴基础设施建设等方式，建立大量的工业园区和城市开发区，集中在电子信息、生物医药工程、新材料、新能源等产业领域，导致区域内部的产业同构和过度竞争，从北京和天津“十五”计划中关于高新技术产业发展的提法也可以清晰看到两个城市在产业布局方面的高度相似。同时，因地区竞争关系导致基础设施建设上的人为障碍，如天津和保定之间、天津滨海新区与河北曹妃甸高新区之间的铁路和高速路不易修建起来，从而阻碍京津冀一体化的进程。同时水资源的竞争和争夺矛盾更加尖锐。

学者在总结本阶段的一体化及政府间合作不如上一个阶段的原因时指出，关键是没有组织保障——20世纪90年代作为政府主导型区域经济合作组织的经济技术协作办公室被撤销或降格并入其他部门，许多其他的区域经济合作组织消失或名存实亡。因此，表面上的原因可以概括为三个方面：政府机构改革的整体考量，经协工作者大量下海以及区域经济合作组织本身的工作内容和方式出现的问题。[①]

3. 第三阶段（2005年前后至2014年前后）

该阶段京津冀地区区域协同发展已经开始上升为国家战略，尽管地方政

---

① 付承伟：《大都市经济区内政府间竞争与合作——以京津冀为例》，东南大学出版社2012年版，第77页。

府之间的竞争加剧，但是从国家层面到地方层面的规划整合以及一体化发展与合作也取得了新的进展和成就。从经济层面来看，京津冀各地都强调发展高新技术产业和重化工产业，各城市规划中的产业定位存在较多雷同，京津在结束重工业竞争后，转向以金融业为代表的高端服务业领域的争夺，而唐山与天津在化工、港口、机械产业等领域竞争加剧，首都第二机场选址在三地的争夺案例成为基础设施建设竞争的典型案例。水资源竞争的加剧导致规模不等的跨省水资源纠纷事件出现。

从竞争的主体来讲，京津冀地区逐渐由京津之间的竞争扩大到京津唐及其周边地区的竞争，且激烈程度逐渐升级。而政府间合作却呈现出明显的滞后性，并没有能够起到对过度竞争的约束作用，导致政府间竞争扭曲了资源配置，重复建设和人为分割市场导致了对资源的浪费以及对环境的破坏，没有能够为区域经济的一体化发展提供足够的制度保障。

4. 第四阶段（2014 年前后至今）

“从京津冀区域发展的治理定位看，近年来，协同治理已经成为新的政策定位。”① 早在 2013 年 5 月，习近平总书记在天津调研时就指出要谱写新时代社会主义现代化的京津“双城记”。2013 年 8 月，习近平总书记在北戴河主持研究河北发展问题时，提出要推动京津冀协同发展，并指出：“目前京津冀三地发展差距较大，不能搞齐步走、平面推进，也不能继续扩大差距，应从实际出发，选择有条件的区域率先推进，通过试点示范带动其他地区发展。”②

2014 年 2 月，习近平在北京主持召开座谈会，听取京津冀协同发展工作汇报，是京津冀协同治理的重要事件节点。习近平总书记在这次会议上提出“实现京津冀协同发展，是面向未来打造新的首都经济圈、推进区域发展体制机制创新的需要，是探索完善城市群布局和形态、为优化开发区域发展提供示范和样板的需要”，“要坚持优势互补、互利共赢、扎实推进，加快走出一条科

---

① 有学者认为，区域一体化与协同治理是两种不同的理论。区域协同治理理论（regoinal collaborative governance theory）也称“新区域主义”（new regionalism）理论，与区域一体化治理理论（regional integrative governance theory）也称“传统区域主义”理论，二者相对应。笔者认为，从区域治理来讲，区域协同治理仍然是区域一体化的一种形态，因此，本章仍然是围绕区域一体化来进行讨论的。参见杨宏山、石晋昕：《从一体化走向协同治理：京津冀区域发展的政策变迁》，《上海行政学院学报》2018 年第 1 期。

② 霍小光、张旭东、王敏等：《千年大计、国家大事——以习近平同志为核心的党中央决策河北雄安新区规划建设纪实》，《人民日报》2017 年 4 月 14 日。

学持续的协同发展路子来”。由此京津冀协同发展成为了一项重大国家战略。

2014 年《京津冀协同发展规划纲要》基本编制完成，经过多轮讨论、征求意见、上报审核、修改完善，于 2015 年 4 月在中共中央政治局会议上通过。此后无论是大兴机场的选址建设、雄安新区规划和建设，还是京津冀环首都生态屏障带等生态环境治理行动、冬奥会北京河北两地举办等诸多事例都充分体现了出京津冀协同治理战略的科学性、前瞻性和可行性。

（二）京津冀地区区域一体化中的困难和问题

京津冀地区目前发展不均衡，呈现北京最强，天津次之，其他城市目前尚不具备与之平衡的实力的特点，并且北京享有在政治上的“特权”和资源优先配置权。[①] 总体上京津冀目前的发展也呈现出“强者恒强，弱者恒弱”的局面。从当时三地对首都新机场（3 号航站楼）选址争夺中也可略窥一斑。

案例 5－1：首都新机场选址之争[②]

首都新机场的建设就是京津冀一体化的缩影。长期以来，在机场方面存在一个顺口溜：“北京吃不了，天津吃不饱，河北吃不着。”对首都机场外溢客源的争夺则成为天津机场和石家庄机场的契机。石家庄机场从 2013 年就开始给乘客报销火车票了。现在在网上购买春秋航空公司的机票，也能享受报销高铁车费的待遇，除此之外，石家庄机场方面还在向铁路系统申请更多高铁车次停靠石家庄正定机场站。2014 年 5 月，天津机场在北京南站设立了“天津滨海国际机场北京南站城市候机楼”，乘客可以在候机楼买机票，如果从北京到天津坐飞机，北京到天津的高铁费可以给予报销。

从 2006 年提出建设新机场开始，选址在哪儿就成为争论的焦点。彼时也正是京津冀达成“廊坊共识”的第二年，涉及新机场“候选地”之争时，三地显然没有达成“加强区域协调发展符合区域内各方利益”的共识，纷纷扬长避短争取新机场能落户“自家院落”。

北京新机场历经三轮选址，2008 年 3 月，国家发改委牵头会同总参、民

① 参见薄文广、陈飞：《京津冀协同发展：挑战与困境》，《南开学报》（哲学社会科学版）2015 年第 1 期。

② 参见黄荣：《航空公司暗战北京新机场》，《财新周刊》2017 年第 46 期。

航局、空军、海军以及北京市、天津市、河北省政府等有关部门成立工作协调小组，最终经专家评审后确定北京大兴南各庄作为新机场的地址。在一个城市内打造两大国际巨型枢纽，世界范围内尚无先例。而航空联盟之间、产业链各相关利益者以及监管层方面，都存在巨大争议。

1. 空域之争及协调。首都机场目前存在的航线和时刻资源紧张及航班延误等问题的核心是空域资源，以航站楼和跑道资源来看，首都机场并未饱和。因此，在空域资源管理体制不变以及军民双方的空域资源需求量皆迅速增长的情况下，新机场的规模是否能够满足也是不确定的，更遑论外溢客源给天津和河北机场。

2. 航权之争。2016 年 7 月，新机场相应航空公司的基地建设方案获批后，航空公司被一刀切地分配到不同机场。其中国航等星空联盟成员留在首都机场，东航、南航等天合联盟成员搬到新机场。但是因为新机场距离市区相对较远，对于京沪航线等商旅客户为主的航线劣势明显。因此，一刀切的分配方案是否能够落地，尚有诸多不确定因素。国际航权的分配在各个航空公司之间的争夺以及航权分配方案是否能够发挥市场最大化效能，形成适度竞争，当时还不得而知。

3. 区域协调与利益共享。当时在北京和天津周围尚分布着 3798 个贫困村、32 个贫困县，离首都不到 100 千米。新机场建设的目的之一在于通过机场的临空经济发展模式，带动周边区域的发展，将河北周边地区融合到京津冀一体化进程之中。但临空经济的辐射范围是有限的，距离越远影响力越弱。且新机场的建设打破了行政区划，区域合作是否能够解决包括 GDP、税收等在内的利益共享、责任分担等问题，将直接决定区域协同发展的共同目的是否能够实现。

新机场的选址之争，只是京津冀地区区域竞争与合作众多案例中的一个缩影。“受财政体制、考核指标的影响，京津冀之间的竞争关系并无实质性的改变，仍存在行政壁垒，要素流动受阻，资源配置效率不高，这也是目前京津冀协同发展需要解决的重大问题之一。”[①] 该案例还折射出以下问题。

① 颜廷丙：《创新资源丰度视域下京津冀区域现代化经济体系构建路径》，《河北学刊》2020 年第 3 期。

1. 区域内部发展不平衡

马海龙在《京津冀区域治理——协调机制与模式》一书中，对京津冀区域差异和区域产业结构进行了具体的分项测度，并通过不同的指数计算对京津冀地区的区域内部发展得出如下结论。[①]

第一，从城市首位度的指数来看，京津两个中心城市对其他城市的带动作用不强，其他城市发展较慢，区域内部的差距在逐渐拉大。

第二，从经济联系度的测度来看，京津冀区域发展呈现出严重的不协调趋势，“京津冀区域统一要素市场发展相对滞后，市场壁垒仍然存在”[②]，北京作为中心城市，在城市流强度、城市流倾向度和外向功能量上都居于首位且远远高于其他城市，天津作为次中心城市，辐射范围面向区域，石家庄、秦皇岛和唐山构成环绕京津的三个区域性联系中心，而河北省北部和南部的其他城市发展比较缓慢。

第三，从非均衡的空间测度来看，京津两市经济总量占整个区域的一半以上，但京津两市却没有成为统领区域经济发展的中心城市，反而吸附了区域内的资源、资金、人才。

第四，京津冀地区的城乡二元结构特征突出，且三地的发展差距仍在继续扩大。这一点与长三角和珠三角形成了明显差异。同时，医疗、卫生、教育等公共服务资源和社会保障资源在三地差异巨大，促使优质生产要素加速向北京聚集。[③]

2. 区域内部合作主体地位严重不对等

合作的前提是平等，合作能够长久的保障是利益共享。京津冀地区相对于长三角和珠三角的发展而言，最大的特点便是区域内部合作主体之间的地位不平等。其中，不平等表现在经济地位和政治地位的不平等。北京作为直辖市，又作为首都，天津也是直辖市，导致区域内的很多经济问题可能上升为政治问题。

---

① 马海龙：《京津冀区域治理——协调机制与模式》，东南大学出版社 2014 年版，第 58—73 页。

② 张宜云：《浅析区域立法的方位和维度——以京津冀区域为例》，《人大研究》2020 年第 3 期。

③ 薄文广、陈飞：《京津冀协同发展：挑战与困境》，《南开学报》（哲学社会科学版）2015 年第 1 期。

3. 制度供给不足，区域协作机制不健全

“制度是人类社会所独有的现象，调整与规范着人类社会关系，推动着人类社会进步与发展，具有基础性价值。”[①] 如道格拉斯·C. 诺斯所言：“制度是一种社会博弈规则，是人们所创造的用以限制人们相互交往的行为框架。”他还把博弈规则分为两大类，即以宪法、产权制度和合同为代表的正式规则和以习俗、规范为代表的非正式规则。制度是一个社会的博弈规则，是人为设计的、形塑人们互动关系的约束体系。[②] “人类社会任何一个共同体的生存与发展都离不开制度，如果没有或缺乏一定的制度，也就无所谓共同体，更谈不上共同体的生存与发展。”[③] 由此，京津冀区域一体化的过程首先是一个制度变迁的过程，也是利益调整的过程。但目前区域合作过程中的地方保护、政府间合作停留在表面而难以深化、利益难以协调、产业结构雷同、重大基础设施供给过度与不足并存等问题，关键原因都是制度的供给不足，不能为一体化过程中的市场、企业以及组织提供一套框架，使得合作具有可预见性和可信赖性。区域合作过程中的制度供给主体包括两个层面，即由国家（包括中央和地方政府）提供的正式规则（外在制度）和由社会与市场提供的非正式规则（内在制度）。而两个层面的规则（制度）供给情况以及二者之间的关系决定了合作的深度及未来。

案例 5－2：京津冀区域都市圈规划难以推出[④]

继 2002 年南京市编制国内第一个都市圈规划，京津冀在 2004 年几乎要成为第一个大区域都市圈的样本。国家发改委发起制定《京津冀都市区域规划》，花费两三年时间。2004 年，正式提交国务院审议，但是一直没有公布，而规划更晚的珠三角和长三角发展规划纲要已经分别于 2008 年和 2010 年推出，京津冀可谓是“起大早，赶晚集”。究其原因在于京津冀三方的利益难以协调，各方利益没有达成一致，三地缺乏协同治理机制，导致“三地共输”。

① 周伟：《地方政府间区域合作治理中的制度权威建设》，《理论月刊》2018 年第 5 期。

② 参见［美］道格拉斯·C. 诺斯：《制度、制度变迁与经济绩效》，杭行译，上海人民出版社 2008 年版，第 4—5 页。

③ 周伟：《地方政府间区域合作治理中的制度权威建设》，《理论月刊》2018 年第 5 期。

④ 本案例主要参考资料俞琴：《如何破解京津冀迷局?》，转引自界面新闻网：https：//www.jiemian.com/article/3179974.html。

2013 年，来自环保的压力却意外地将三方“团结”在一起。2015 年，中央主持的《京津冀协同发展规划纲要》才正式落地。

京津冀三地的政府间合作推进缓慢，目前的反思集中在缺乏统一稳定的协同机制以及制度化上（内在制度和外在制度的欠缺），包括在协同立法层面，联席会议、信息共享等是其立法的重要机制，属于“软约束”，并未形成明确的标准和完善的机制。[①] 追根溯源在于政治安排与经济博弈所折射出的央地财权事权关系的不匹配，以及在既有的官员考核晋升条件下的横向合作动力不足。从政治安排的角度来讲，在我国当前的国家体制之下，作为国家战略的区域一体化伴随着改革开放的始终，也见证了我国中央和地方关系以及财税体制的几次大的变革；从国家的层面而言，对于区域合作以及区域共同发展的认知基本是统一的，对该战略的重要性也没有异议，但是区域合作规划以及协议往往呈现出“开会热闹、后续乏力，从协议到协议”的基本特征，究其原因就在于政治安排和行政区经济之间始终存在博弈，在政治安排没有产生实际的利益或者约束，而经济指标与地方考核和官员晋升联系在一起的时候，理性人说或者成本效益评估的结果便是搁置政治安排，选择经济效益。

二、京津冀地区区域政府间合作历程

京津冀地区之间的区域政府间合作历程，不同学者根据不同标准进行不同的划分，李国平和陈红霞（2012）将京津冀区域合作分为三个阶段：启动阶段、徘徊阶段和复兴阶段。[②] 刘良（2017）将之分为省级政府间经济协作阶段、城市政府间多边式合作论坛阶段、省域政府间多方位合作阶段以及京津冀协同发展与环渤海区域政府间合作再整合阶段。[③] 杨志云和毛寿龙（2017）

---

① 参见梁平、律磊：《京津冀协同立法：立法技术、机制构建与模式创新》，《河北大学学报》2019 年第 2 期。

② 李国平、陈红霞：《协调发展与区域治理：京津冀地区的实践》，北京大学出版社 2012 年版，第 200—206 页。

③ 刘良：《改革开放以来环渤海地区的政府间合作：历史、绩效与挑战》，《华北电力大学学报》（社会科学版）2017 年第 2 期。

认为京津冀协同发展有着长久的过去，却只有相对短暂的实质性合作历史。从1986年提出环渤海区域合作市长联席会议开始，实质进展缓慢，直到2014年中央关于京津冀协同发展的国家战略提出才进入发展快车道。[①] 上述划分方式的时间节点基本是一致的。

（一）合作初始阶段（1980年至2000年）

1982年，《北京城市建设总体规划方案》中正式提出“首都圈”的概念，同时成立华北地区经济技术协作会。1986年6月，在时任天津市长李瑞环的倡议下，渤海周边14市（地区）的市长（专员）论坛召开，决定成立环渤海地区经济联合市长（专员）联席会，[②] 会议决定建立环渤海地区经济联合市长（专员）联席会联络处，作为常设机构，并在天津设立办事处，天津市担任主任城市，大连、秦皇岛、青岛担任副主任城市，各市（地）派一名县级干部担任市长联络员，负责落实市长联席会决议事项。1988年，北京与保定、廊坊、唐山、秦皇岛、张家口、承德组建了环京经济协作区，建立了市长、专员联席会议制度，设立了日常工作机构。

1990年，华北地区经济技术协作会在举办第七次会议后被取消了，1994年后环京津经济协作区的作用力和凝聚力都在很大程度上被削弱，区域协作组织要么逐渐弱化，要么干脆被取消。因此，本阶段京津冀地区的区域合作基本上停留在概念层面，在合作的方式、内容及规则等方面没有任何实质性推进，环京津贫困带的形成以及整体经济增长缓慢表明这一时期的区域一体化发展是极其不充分的。

（二）缓慢推进阶段（2001年至2013年）

2001年，清华大学两院院士吴良镛从京津冀一体化的视角提出大北京规划，认为京津冀一体化势在必行。京津冀地区当前面临诸多挑战，主要来自东北亚的城市竞争，区域内部中心城市与腹地之间的发展差距，资源环境

---

① 杨志云、毛寿龙：《制度环境、激励约束与区域政府间合作——京津冀协同发展的个案追踪》，《国家行政学院学报》2017年第2期。

② 刘良：《改革开放以来环渤海地区的政府间合作：历史、绩效与挑战》，《华北电力大学学报》（社会科学版）2017年第2期。

“瓶颈”日益突出。[①] 2004年6月，环渤海合作机制会议召开，决定成立环渤海区域经济合作联席会议[②]。此后，京津冀一体化合作进入实质性阶段，主要表现如下。

第一，签订一系列政府间合作协议（见表5-1）。

表5-1 2000年至2013年京津冀地区主要政府间协议

签订时间	协议名称
2003年	《京津唐新技术产业战略合作协议》
2004年	《廊坊共识》《京津科技合作协议》《环渤海区域合作框架协议》
2005年	《京津冀人才开发一体化合作协议》《环渤海港口城市旅游合作框架协议》
2006年	《推进环渤海区域合作的天津倡议》《北京市人民政府、河北省人民政府关于加强经济与社会发展合作备忘录》《京津冀都市圈城市商业发展报告》
2007年	《京、津、冀旅游合作协议》《京津冀人才开发一体化合作协议书》《京津冀人才交流合作协议》《京津冀人才网站合作协议书》《京津冀人事代理、人才派遣合作协议书》《河北省秦皇岛市北戴河区与北京CBD战略合作协议》
2008年	《北京市天津市河北省发改委建立“促进京津冀都市圈发展协调沟通机制”的意见》《北京市人民政府河北省人民政府关于进一步深化经济社会发展合作的会谈纪要》《天津市人民政府河北省人民政府关于加强经济与社会发展合作备忘录》《京津冀检务合作协议》
2009年	《关于建立京津冀两市一省城乡规划协调机制框架协议》《京津冀旅游合作协议》
2010年	《教育区域合作发展框架协议》
2013年	《京津合作协议》《津冀合作协议》《京冀合作协议》《京津冀及周边地区落实大气污染防治行动计划实施细则》

第二，建立常态化政府间合作机制。2004年7月，环渤海地区七省（区）省级政府间签订《环渤海区域合作框架协议》，这是全国省级主体签订的第一个框架协议。协议商定成立三层组织架构，为区域合作提供保障。第一层架构是建立由各省长、直辖市长、自治区主席担任环渤海合作机制轮值主席，并保证每年举行一次联席会议的制度，以研究决定区域合作重大事宜；

---

① 祝尔娟主编：《京津冀都市圈发展新论（2007）》，中国经济出版社2008年版，第4—6页。转引自吴志功主编《京津冀雾霾治理一体化研究》，科学出版社2015年版，第133页。

② 张军扩、侯永志主编：《协调区域发展：30年区域政策与发展回顾》，中国发展出版社2008年版，第345—346页。

第二、第三层架构是建立政府副秘书长协调制度和部门协调制度。同时，明确环渤海区域经济合作联席会议接受国家有关部委指导，对外联络由博鳌亚洲论坛负责，各省市均设专门的联络机构和联络人员，联席会议日常工作机构设在河北省廊坊市。

但是自此次会议之后，三层架构设计的具体推进再无下文。反而是 1986 年成立的环渤海地区经济合作市长（专员）联席会（2008 年更名为环渤海区域经济合作市长联席会），由成立之初的 15 个城市发展到包括天津、河北、内蒙古、山西、山东、河南、辽宁等省（直辖市、自治区）在内的 41 个成员城市，在推进区域经济合作以及多层次行业组织的整合发展等方面起到了积极的作用。但是作为一个成员众多的松散型组织，又缺少了最重要的成员——北京，市长联席会议的协调能力有限。2013 年 10 月 23 日，环渤海六省市和国务院七部委在北京建立环渤海区域大气污染防治政府间协作机制，标志着京津冀地区区域政府间合作进入新的阶段。

（三）快速发展阶段（2014 年起至今）

在 2014 年京津冀协同发展上升为国家重大发展战略之后，京津冀区域合作进入崭新阶段，对区域一体化建设的反思和建议都开始进入到宏观规划的起草和具体规划、决策的落实阶段（见表 5 - 2）。2015 年 4 月 30 日，中共中央政治局审议通过了《京津冀协同发展规划纲要》，作为国家重大发展战略，京津冀协同发展的核心是有序疏解北京非首都功能，逐步推动京津冀交通一体化、生态环境保护、产业升级转移等重点领域率先取得突破，这也意味着在中央的顶层设计上将全面重新建构京津冀地区政府间合作机制。

表 5 - 2　2014 年至今的京津冀地区主要政府间协议

签订时间	协议名称
2014 年	《共同打造曹妃甸协同发展示范区框架协议》、《共建北京新机场临空经济合作区协议》、《共同推进中关村与河北科技园区合作协议》、《共同加快张承地区生态环境建设协议》、《交通一体化合作备忘录》、《共同加快推进市场一体化进程协议》、《共同推进物流业协同发展合作协议》（七项协议）、《贯彻落实京津冀协同发展重大国家战略推进实施重点工作协议》、《京津冀协同发展税收合作框架协议》

（续表）

签订时间	协议名称
2015 年	《京津冀区域环境保护率先突破合作框架协议》《京津冀农业技术推广战略合作协议》《司法行政工作服务京津冀协同发展框架协议》《京津冀监狱工作协同发展合作协议》《京津冀法治宣传教育工作区域合作协议》《京津冀公证工作协同发展合作协议》《京津冀加强律师代理重大敏感案（事）件协调指导工作合作协议》
2016 年	《推动人力资源和社会保障深化合作协议》《专业技术人员职称资格互认协议》《京津冀养老工作协同发展合作协议（2016—2020 年）》《京津冀信息化协调发展合作协议》
2017 年	《京津冀口岸深化合作框架协议》《京津冀节能监察一体化战略合作协议》《通武廊司法行政合作框架协议》《通武廊司法行政合作联席会议工作规则》
2018 年	《京津冀地区合同监管合作协议》《关于共同推进京津冀基础研究合作协议》《京津冀科技创新券合作协议》《关于共同推进京津冀协同创新共同体建设合作协议（2018—2020 年）》《京津冀博物馆协同创新发展合作协议》《京津冀地区共同建筑市场合作协议》
2019 年	《京津冀救灾物资协同保障协议》《京津冀科协全面战略合作框架协议》《京津冀科学教育馆联盟建设发展战略合作协议》《京津冀产业链引资战略合作框架协议》《京津冀医疗保障协同发展合作协议》
2020 年	《京津冀区域协同社会信用标准框架合作协议》《京津冀重大危机粮食安全协同互助协议》《京津冀新视听战略合作协议》
2021 年	《京津冀自贸试验区三方战略合作框架协议》《京津冀城乡社区治理协同发展战略合作协议》《京津冀市场监管执法协作框架协议》《京冀姚家园路东延和神威北大街、石小路和安石路两份跨界道路接线协议》《津冀密涿京沪高速公路联络线接线协议》
2022 年（截至 4 月）	《关于打造京津冀工业互联网协同发展示范区框架合作协议》

京津冀地区政府间合作机制主要包含三个层次[①]。

一是决策层，即成立国务院京津冀协同发展领导小组，组长由中央政治局常委、国务院副总理担任，小组成员是京津冀三地主要负责人和国务院相关部门负责人，该小组办公室设在国家发展和改革委员会，主要负责有关京

① 刘良：《改革开放以来环渤海地区的政府间合作：历史、绩效与挑战》，《华北电力大学学报》（社会科学版）2017 年第 2 期。

津冀协同发展的顶层设计。二是协调层，即在省市级政府层面建立由各省市发改委牵头的规划协调机制，负责京津冀三地产业对接、生态环境治理、土地规划、交通网络建设等方面发展规划的统筹和协调。三是执行层，即在省市级政府职能部门和关联地区地方政府层面建立专项协同的执行机制，负责专项工作的贯彻落实。合作机制的建立使得政府间合作领域的拓宽、层级和内容的具体化以及合作机制的逐步常态化。

2017 年党的十九大报告明确提出："以疏解北京非首都功能为'牛鼻子'推动京津冀协同发展，高起点规划、高标准建设雄安新区。"从 2018 年起，京津冀协同发展进入实质性推进阶段，逐步调整区域经济结构和空间结构，探索超大城市、特大城市等人口经济密集地区有序疏解功能、有效治理"大城市病"的优化开发模式。

2019 年 1 月，《河北雄安新区总体规划（2018—2035 年）》获批通过，雄安新区的建设将不仅能够疏解北京非首都功能，同时也为京津冀地区的区域发展进行更高层面的设计，从而为政府间合作和制度供给提供另外一种可能和指引。同年 1 月 16 日至 18 日，习近平总书记在京津冀三省市考察，主持召开京津冀协同发展座谈会并发表重要讲话，强调要从全局的高度和更长远的考虑来认识和做好京津冀协同发展工作。"要发挥市场机制作用，采取市场化、法治化手段，制定有针对性的引导政策，同雄安新区、北京城市副中心形成合力。要立足北京'四个中心'功能定位，不断优化提升首都核心功能。""要把设计成果充分吸收体现到控制性详细规划中，保持规划的严肃性和约束性，用法律法规确保一张蓝图干到底。""要破除制约协同发展的行政壁垒和体制机制障碍，构建促进协同发展、高质量发展的制度保障。"[①] 京津冀一体化建设由此进入实质性推进时期，整体定位是"以首都为核心的世界级城市群、区域整体协同发展改革引领区、全国创新驱动经济增长新引擎、生态修复环境改善示范区"。"与长三角区域的世界级城市群、粤港澳大湾区区域的世界级城市群不同，京津冀世界级城市群的建设，既面临如何打造疏解非首都功能的重要载体平台职能，也面临依据京津冀三地各自的经济和产

① 谢环驰、鞠鹏：《稳扎稳打勇于担当敢于创新善作善成 推动京津冀协同发展取得新的更大发展》，《人民日报》2019 年 1 月 19 日。

业高质量发展目标，依据京津冀三地协作打造世界级先进制造业集群的发展目标，重构以首都为中心的产业链、供应链、人才链和资金链的圈层式分工体系，进而重塑京津冀世界级城市群的中心——外围新体系乃至不同区域板块的多中心体系。”① 最终形成的应当是世界级城镇群，是与长三角、珠三角并列的国际重要“都市圈”之一。

案例 5-3：北京大兴国际机场助力京津冀协同发展

2002 年为配合北京首都国际机场三期改扩建，北京新机场的选址工作重新启动；定位由中型机场改为大型机场，选址选出了河北廊坊地区的旧州、曹家务、河西营和天津武清的太子务 4 个备选场址，并推荐廊坊市西偏北的旧州作为首选场址。2003 年经过反复论证，民航部门确定了北京大兴南各庄场址，河北固安后西丈、彭村、东红寺等 4 个场址作为预选场址；最终从行政管理和市场运营的角度考虑，确定大兴南各庄场址。2013 年 2 月 26 日，北京新机场建设领导小组成立；7 月，民航局、北京市、河北省与指挥部联合建立北京新机场三方建设协调联席会议机制。2014 年 12 月 26 日，北京新机场正式开工建设。2018 年 9 月 14 日，北京新机场名称确定为北京大兴国际机场（以下简称大兴机场）。②

大兴机场距北京中心城区约 45 千米、雄安新区约 55 千米、天津市区约 80 千米，处于京津冀三角中心地带。2019 年 9 月 25 日大兴机场正式建成投运，其不仅是京津冀协同发展的重要成果，而且为推动京津冀协同发展提供有力支撑和坚实保障。

大兴机场占据着重要的地理位置，是京津冀区域规划吞吐能力最大的航空枢纽机场，地处京—津—雄三角形相对中心位置，可成为真正服务辐射三地的区域国际性综合交通枢纽门户。③ 同时大兴机场被赋予京津冀协同发展示范区的战略定位，不仅促进京津冀协同发展，也是京津冀协同发展的重大成果，彰显着非凡意义。

第一，大兴机场是京津冀协同发展的重要引擎和成果。关于新机场的选

---

① 张杰：《5 年，雄安给京津冀世界级城市群带来了什么?》，《新京报》2022 年 4 月 2 日。

② 参见《龙凤呈祥——临空经济助力京津冀协同发展》，中国经济网，http：//www.ce.cn/xwzx/gnsz/gdxw/202109/08/t20210908_36891351.shtml。

③ 刘武君：《以新机场为契机启动新北京城市发展战略》，《综合运输》2012 年第 1 期。

址之争已久，历经三轮选址，最终确定在北京大兴区以及毗邻河北廊坊广阳区，是全国唯一同时拥有两省市自贸区政策的优势区域，同时辐射天津。大兴机场作为国家“十二五”规划确定的国家级重大基础设施项目，促进了京津冀基础设施互联互通，整合了区域优势资源、创新区域合作机制、协调区际利益关系，全面提升整体经济实力，促使京津冀综合实力显著提升。

第二，大兴机场带动形成的临空经济助力京津冀协同发展。大兴机场的运行将产生较大的经济驱动力，带动形成临空经济区，其核心区约 150 千米，其中，北京大兴部分 50 平方千米，设综合保税区、国际航空社区、国际会展中心、国际消费枢纽、国际学校、中央生态公园、国际生命健康社区、国际人才社区、科技创新区、医院等。河北廊坊部分约 100 平方千米，建设目标是成为河北省创新发展、绿色发展、高质量发展的样板，成为京津冀协同发展的大平台、世界一流航空城。大兴机场带动了临空经济的跨越式发展，不仅对周边的人流、资金流、信息流、物流形成极大的带动和吸引，最大限度实现机场港区、临空产业区、航空都市区、相关城市乡村及周边区域在空间布局上的统筹衔接，而且对京津冀大区域的服务功能和支撑作用进一步强化，有力地推动了航空客、货运输业的快速、协调发展。

第三，以大兴机场为纽带，构建京津冀三地城际主通道。2015 年《京津冀协同发展规划纲要》明确京津冀定位，“一核、双城、三轴、四区、多节点”发展思路与空间布局，制定交通一体化布局。[①] 大兴机场的建设支撑了以京—津—雄为金三角结构的核心区内部之间多方式、多通道联系，核心区对外以放射线辐射为主的京津冀城市群轨道交通联系格局，同时还强化了“一核”北京的功能地位，北京与天津、雄安之间分别形成“1＋3”[②]、“2＋2”[③] 区域轨道联系通道，天津与雄安之间形成“1＋1”[④] 区域轨道联系。从空间功能布局上来看，形成以大兴国际机场为城际联系的核心纽带，城际铁路向北 2 支联系

---

① 首都机场集团公司法律事务部：《机场跨地域发展的法治协同研究——以北京大兴国际机场跨地域运营和京津冀机场协同发展为视角》，《北京航空航天大学学报》2019 年第 6 期。

② 北京与天津“1＋3”指 1 条高铁（京沪高铁）、3 条城际（京津城际、京滨城际和天津—大兴机场联络线）。

③ 北京与雄安“2＋2”指 2 条高铁（京港台高铁、京广高铁）、2 条城际（京雄城际、机场轨道快线）。

④ 天津与雄安“1＋1”指 1 条高铁区域连接线（津保铁路）、1 条城际（津雄城际）。

北京中心城区和城市副中心，向南2支分别联系雄安和天津；市域轨道快线向北2支联系北京城区西南部和东部地区，向南1支联系雄安新区。①

2019年9月25日，习近平总书记在出席北京大兴国际机场投运仪式时的讲话就提道："城市现代化要交通先行，要发挥好大兴国际机场的辐射带动作用，联通京津冀世界级城市群、北京'四个中心'、雄安新区建设，服务好京津冀协同发展。"大兴机场是世界规模最大的机场之一，被英国《卫报》评为"新世界七大奇迹"之首，其建设与投运意义重大，不仅是京津冀的纽带，也逐渐成为京津冀前行的强劲助推器和国家发展的新动力源，其临空经济更是助力京津冀协同发展。

案例5-4：北京冬奥会——京津冀协同发展的"助推器"

2022年2月4日至20日，第24届冬季奥林匹克运动会在北京举行。此届冬奥会实际上是在京冀两地举行的，北京赛区承办所有的冰上项目和自由式滑雪大跳台，延庆赛区承办雪车、雪橇及高山滑雪项目，张家口赛区承办除雪车、雪橇、高山滑雪和自由式滑雪大跳台之外的所有雪上项目。

京津冀协同发展，首先是空间上的规划。2015年《京津冀协同发展交通一体化规划》提出"四纵四横一环"的交通重点线路图，为冬奥会交通提供保障让交通规划的建设"提速"，建设"轨道上的京津冀"。如今，从北京清河站到延庆赛区仅需要26分钟，到张家口市的崇礼赛区仅需65分钟。2019年12月30日京张高铁正式通车，从张家口到北京仅需1个小时，京津冀"1小时生活圈"中又多了一个地市级。京张高铁、京津城际延长线、京雄城际铁路、京哈高铁连点画线成网，基本形成京津冀核心区的1小时交通圈和相邻城市间的1.5小时交通圈。2022年底北京到雄安也将实现1小时抵达。与此同时，区域内交通也更加便捷，京津冀交通一卡通发行近千万张，并与全国288个城市实现互联互通。

其次是体育事业和产业的协同发展。2014年，北京市、天津市、河北省的体育局在崇礼共同签署了《深入推进京津冀体育协同发展议定书》，京津冀在发展全民健身事业、提高竞技体育水平、推进体育产业发展、密切相互沟

① 参见王宇、杜恒、殷会良：《"轨道上的京津冀"新格局》，《综合运输》2021年第6期。

通联系等方面展开交流合作，推动三地体育事业健康快速发展，不断增强京津冀地区体育综合竞争力。2016 年签订《深入推进京津冀体育协同发展议定书》，2017 年又签订《京津冀体育产业协同发展行动计划》和《深入推进京津冀体育协同发展议定书》，三地通过建立体育工作联系机制加强服务冬奥会的协作，在场地建设、活动组织、教育培训等方面展开交流合作与协调联动。①

再次是公共服务的一体化。北京冬奥会申办成功后，崇礼区人民医院如何升级为冬奥会提供医疗保障被列上日程。2018 年 9 月，张家口市人民政府、崇礼区人民政府、北医三院共同签署协议，采取“人财物全托管”合作模式，由北医三院全面接管，成立北医三院崇礼院区。北京医疗资源不仅服务于张家口崇礼赛区，而且辐射到华北地区，200 个以上的县级区域因此而受益。冬奥会结束后，北医三院崇礼院区留下一支医疗队继续为地区服务。

最后是解决劳动就业、脱贫致富乃至产业发展。崇礼区曾经是国家级贫困县，贫困发生率达 16.81%，流传着“一条马路尽是坑，一个警察两头盯；百货商店一个人，蔬菜门市一捆葱；十字路口一盏灯，十五瓦灯泡照全城”的歌谣。冬奥会将崇礼作为赛区，带动当地实现脱贫人口 9000 多人，直接或间接从事冰雪产业和旅游服务业人员达 3 万多人。承担赛事的三个区域都受益于冬奥会，加速冰雪、绿色能源等产业的对接和发展，首钢打出“城市复兴新地标”的口号，延庆打造的是“最美冬奥城”，张家口的目标是“亚洲冰雪旅游度假目的地”。张家口冰雪运动装备产业园已被评为国家新型工业化产业示范基地，有望在未来打造出一个 50 千米范围内的冰雪产业集群。②

此外，为巩固冬奥会、冬残奥会成果，三地正在制定《雪道施工技术规程》《人工冰场施工技术规程》等京津冀区域协同标准。

早在 2016 年 3 月 18 日，习近平总书记在听取北京冬奥会、冬残奥会筹办工作情况汇报时，就指出“要把筹办冬奥会、冬残奥会作为推动京津冀协同发展的重要抓手，下大气力推动体制创新、机制创新、管理创新和政策创新，推动交通、环境、产业等领域协同发展先行先试，重点突破，以点带面，

---

① 宋秋喜、齐华、杜丞博：《冬奥会背景下京津冀体育产业协同发展现状分析及路径研究》，《中国管理信息化》2021 年第 14 期。

② 佟欣雨：《瓣瓣同心，“一起向未来”——从 2022 年北京冬奥会看京津冀协同发展新成就》，《解放军报》2022 年 2 月 17 日。

为全面实施京津冀协同发展战略起到引领作用。要发挥北京冬奥会、冬残奥会筹办对城市发展的促进作用，落实首都城市战略定位，进一步发挥北京对京津冀区域发展的辐射带动作用”。如今，冬奥会和冬残奥会的成功举办，不仅彰显出新时代中国的风采，也为京津冀协同发展的蓝图上增添了浓墨重彩的一笔，成为京津冀发展历史上的重要成就，在交通、能源、环境、体育、公共服务、劳动就业和产业发展等多个方面实现互补互助，为区域共治贡献了成功案例。

案例 5－5：京津冀协同发展生态环境成效显著①

区域生态环境作为一个有机整体，其治理工作不单是一个地方政府的责任，而且是区域范围内多个地方政府的协调整治工作。② 一直以来，生态环境保护作为京津冀协同发展的重点领域，在三地共同努力下成效显著。例如：京津冀三地空气质量明显改善是京津冀区域生态环境协同治理的重要成果；在大气污染、水污染、固废处理以及环境执法方面，京津冀生态环保工作都取得了重大进展。

在大气污染方面，生态环境部统一部署，搭建区域空气重污染预警会商平台，定期开展预警会商，联合应对空气重污染。2016 年京津冀三地率先统一空气重污染应急预警分级标准，修订重污染天气应急预案，加强联合应对，削减空气重污染的污染峰值，减缓污染积累速度，有效降低污染程度，实现区域空气重污染过程“削峰降速”。此外，生态环境部等有关部委、北京市等相关省市 2017—2018 年秋冬季起，连续四年联合印发秋冬季大气污染综合治理攻坚行动方案，持续推动改善重点时段区域大气环境质量，为减轻区域重污染过程发挥积极作用。

在水污染方面，2014 年 10 月，京津冀三地生态环境部门签订《京津冀水污染突发事件联防联控机制合作协议》，成立京津冀水污染突发事件联防联控工作协调小组，建立联席会议制度。2018 年京冀两地政府签订《密云水库上游潮白河流域水源涵养区横向生态保护补偿协议》，按月开展跨界断面水质

① 参见《深入合作 成效明显 京津冀协同发展生态环境保护率先突破》，北京市昌平区人民政府网，http：//www.bjchp.gov.cn/cpqzf/315734/bmdt/5421306/index.html。

② 申伟宁、夏梓莹、姚东来等：《京津冀生态环境治理的制约因素与协同机制研究》，《华北理工大学学报》2020 年第 3 期。

联合监测。生态环境部会同北京市与河北省共同印发实施《潮河流域生态环境保护综合规划》，由中央财政、北京和河北共同安排补偿金，支持张家口、承德两市开展水环境治理、水生态修复和水资源保护相关工作，共促流域治理，积极推动密云水库上游生态保护补偿。此外，京冀两地生态环境部门联合印发《白洋淀流域跨省（市）界水污染防治工作机制》，建立联合监测、信息共享、应急联动等机制，加强流域共治，积极推进雄安新区上游流域综合治理。

在固废（危废）处理方面，京津冀加大对重点产废和固（危）废处置利用单位的监管，依法查处管理台账记录不真实，非法转移、处置、利用以及跨省倾倒等违法行为。同时，将检查中发现的涉及外省市的违法线索及时移送相应的生态环境部门处理，共同打击涉废违法犯罪行为。

在环境执法方面，京津冀生态环境执法部门在京津冀环境执法联动工作机制的基础上，进一步明确定期会商、联动执法、信息共享等工作制度。2019 年起，进一步将联动执法机制向区（市）县一级下沉。同时，三地积极完成交界的区（市）县联动执法协议的签署工作，进一步加强交界地区联合执法力度。

京津冀协同发展是重大国家战略，生态环境保护是三大率先突破的重点领域之一。“十三五”期间，北京市积极推动三地在协作机制、统一立法、统一标准、联合执法等多方面深入合作、不断突破，协同治理成效明显。京津冀三地空气质量实现大幅明显改善，细颗粒物（PM2.5）年均浓度 2019 年与 2015 年相比下降 36%，区域共享空气质量改善成果。北京市 PM2.5 年均浓度从 2015 年的 80.6 微克/立方米降至 2019 年的 42 微克/立方米，2020 年 1—10 月北京市 PM2.5 累计浓度为 39 微克/立方米，在区域“2+26”城市中浓度持续保持最优。

案例 5-6：行政管理制度创新，不断优化营商环境[①]

京津冀三地通过行政管理创新、简政放权和“放管服”改革，不断打破

① 参见骆国骏、涂铭、郭宇靖、吉宁：《风好正是扬帆时 奋楫逐浪天地宽——京津冀协同发展迈向更高水平综述》，《人民日报》2022 年 2 月 26 日；李嘉瑞：《从“三国演义”到“桃园三结义”——京津冀协同发展五年间打破哪些体制机制“藩篱”》，转引自中国政府网，http://www.gov.cn/xinwen/2019-02/27/content_5368874.htm。

管理藩篱和行政壁垒，为三地老百姓提供更为便捷的管理和服务。

异地延伸监管是典型的执法管辖创新。由于土地和环保压力，药企从北京转移到河北，如果重新注册落户，没有两三年是不可能完成的。2019 年北京·沧州渤海新区生物医药产业园内，通过跨区域管理体制，入驻的北京药企名称、注册地址不变，产品批准文号不转移，仍由北京药监部门监管，也就是“生产在河北、监管在北京”，实现了产业顺利转移。

天津滨海—中关村科技园在管理体制上创新，领导小组由北京、天津两市常务副市长任组长，分管副市长任副组长，统筹科技园创新发展的重大事务；管委会则设双主任，分别由中关村管委会主任和滨海新区区长担任。这一管理创新让北京企业顺利在天津落户，员工医疗、教育和户口等问题都得以解决。

“跨域通办”又是一例创新做法。北京城市副中心政务服务中心作为市级综合性政务服务中心，承接的事项办理辐射北京东部甚至京津冀区域。人在北京，就可以为天津滨海新区创办的公司办理注册登记手续，以往需要往返两地五天完成的手续，现在一个窗口两天就可以办结。三地签订政务服务“跨省通办”框架协议、互设办事窗口和便民服务自助终端，北京城市副中心通州区与天津滨海新区、宝坻区已经实现了 106 项政务服务事项和 387 项高频便民服务事项的“跨省通办”，并与河北廊坊北三县等实现了 70 项政务服务事项和 453 项高频便民事项“区域通办”。

通过行政管理改革，不断优化营商环境，提高区域行政管理和服务水平，助推产业协同协作，截止到 2022 年 2 月，天津滨海—中关村科技园挂牌以来累计新增注册企业超过 3000 家，北京与廊坊北三县累计签约智能制造等领域 120 多个合作项目。

“三地交通、产业、生态等由‘硬协同’向标准、体制、规则等‘软协同’转变，产业疏解由‘政府主导”向‘市场主导’转变，公共服务由‘单向对接’向‘主动协同’转变。异地养老、医保定点互认、职业资格互认、政务服务‘跨区域通办’改革等取得新进展。京津冀体制机制改革、行政壁垒的破除，为京津冀协同发展创造了新空间。”① 通过不断总结和分析之后，

① 李苑、李雁争、陈芳等：《京津冀八周年再出发 跑出协同发展新速度》，《上海证券报》2022 年 3 月 11 日。

京津冀协同治理从行政主导、运动型治理向立法主导、常态型治理转型。京津冀三地同步施行机动车和非道路移动机械排放污染防治条例，这标志着三地协同立法获得突破性进展。下一步，污染物排放标准、收费标准等还需统一，并且要同步进一步完善生态治理的相关地方性法规和地方政府规章，并提高行政执法的力度和科学性。类似的生态环境协调机制还有很多方面需要纳入法治化轨道，通过协议、立法等作出制度化安排，推动问题进入常态化解决的途径。

三、京津冀地区区域立法发展与检视

政府合作在京津冀地区的区域经济发展过程中发挥着举足轻重的作用，政府间合作协议与政府间合作机制并驾齐驱为区域经济发展保驾护航，然而，形成整体协同，立法保障必不可少。

（一）京津冀人大协同立法的主要进展

案例 5－7：京津冀协同立法在路上①

在中央的大力推动下，京津冀三地的政府间协作和立法协作有序展开。《京津冀协同发展规划纲要》通过意味着京津冀协作的顶层设计基本完成。三方签订了数十个合作协议，涉及基础设施、环境保护、科技合作等各个领域。同时，国务院设立专门性和权威性的组织机构和协调机制，并从干部考核和收益共享制度构建方面优化了激励机制。2014 年 6 月京津冀协同发展领导小组及其办公室成立，建立了高规格、高权威性和强有力的领导组织机制。同时，设立京津冀协同发展专家咨询委员会，发挥决策咨询和智库的角色作用。其次，京津冀通过干部挂职对接协同发展，挂职干部的考核重点是疏解和对接。

京津冀三省市人大常委会主任会议分别通过两个标志性的文件：《关于加强京津冀人大立法工作协同的若干意见》和《关于京津冀人大立法项目协同办法》。这意味着省级人大层面对协同立法已经达成共识。在接下来的环境保

① 参见熊菁华：《京津冀协同立法在路上》，《北京人大》2017 年第 3 期。

护领域立法中，三地积极探索形式和内容协同的方式和程序，取得了丰硕成果。

（二）京津冀区域立法协作的基本特征

京津冀区域立法协作是配合《京津冀协同发展规划纲要》，引领区域法治建设的一项重要机制[①]。其具有以下基本特征。

第一，由松散型的立法协作转向紧密型的立法协作。紧密型的区域立法协作相对于松散型的区域立法协作模式，主要差异在于区域内各立法机关就信息交流、合作形式、合作内容等确立经常性的机制，对于区域立法事项进行共同的规划，调解和整合立法过程中的矛盾，从而保证区域立法协作的效率和有效性。

2014年之后京津冀地区开始从松散型的立法协作转向紧密型的立法协作。此前，京津冀地区的合作虽然繁荣热闹，签订了一系列的协议，但是具有较大的不确定性和临时性，对于协调的事项以及范围也没有清晰的界定，协调的约束力和强制力不足，后续评估等事项也没有跟进。2014年以来，京津冀三地分别签署了协同立法的工作意见以及立法办法等正式法律文件，同时三地的立法工作会议也逐步常态化，除共同立法项目外，京津冀三地各自的立法项目，涉及区域协同事项的，也会征求另外两地的意见，尽可能做到区域内规则的一致，逐步消除法制障碍，做到区域协同。

第二，立法协作的方式为一事一议。从目前的京津冀地区区域立法协作来看，采取的是一事一议的方式，尚未形成专门的区域立法机构对区域立法事项进行常态化的管理，如编制区域立法规划，并根据区域立法规划协调、引导区域立法行为。

第三，对合作方没有强制性约束力。区域立法协作属于三方自愿性的地方合作，对于是否参与协调、协调的结果等没有强制性，这也同时导致了协调的权威性以及可预测性不足。

第四，中央层面对于京津冀的顶层设计予以更多的关注，一系列文件和

---

① 参见焦洪昌、席志文：《京津冀人大协同立法的路径》，《法学》2016年第3期。

政策的出台以及机构的设置意味着中央对于京津冀一体化发展从国家层面进行制度设计、统一规划给予了更多的关注。

（三）京津冀地区区域立法检视

1. 京津冀区域立法主体组织化、规范化不足

目前京津冀地区的区域立法主体主要存在两个问题。一是京津冀地区不具备真正意义上的区域立法组织，《立法法》没有授权区域机构以及地方人大或政府联合立法的权限，[①] 目前的地方立法协作依靠的是“准区域一体化组织”，规范化、法制化及运行机制不健全。目前京津冀地区的准区域一体化立法协作组织的机构是松散的、柔性的，组织规则对各成员政府没有强制约束力，合作目标难以实现。其中的原因首先是中央层面欠缺对区域组织的规定，无法通过法律的形式赋予区域协作组织有效的权力与责任，对组织机构的设置不明确，便无法承担其组织应有的协调、约束和激励作用，而区域组织与政府之间的权利义务关系不明确的话，则无法保证区域成员为区域共同目标的实现而接受规制、承担责任。二是区域立法主体相对于区域立法实践和组织功能与结构的要求存在较为明显的缺陷。目前的区域协作组织在目标、机构、职能和规则方面不健全。一般是通过联席会议确立长期规划和发展目标，却没有将长期规划落实的现实路径。同时，组织结构的正规化不足，没有正式的规章及办事程序，对组织成员的行为难以产生约束和权威性，而集权度的不足则反映在组织决策过程中的“议而不决、决而不行”的状态，核心在于形式平等的内部成员关系欠缺必要的、具体的分工，又不存在实质性的权力等级。

2. 过于依赖中央协调和调控，对行政手段与方式过度依赖

京津冀地区的区域协作除发展型地方主义、行政性分权和干部晋升“锦标赛”体制等共性的制度环境外，还受到计划经济遗留的历史空间制度结构影响。然而，中央的强力动员、会议推动、政策灌输、组织建设、行政包干和政绩考核等政治动员不具有可持续性。过度依赖中央调控和权力手段，不符合现代治理模式的基本要求。

---

① 参见张瑞萍：《京津冀法制一体化与协同立法》，《北京理工大学学报》2016 年第 7 期。

3. 深层次的理论问题研究有待加强

京津冀地区的区域立法应当对现实需求和法制政策进行充分考量，从整体意义上对法制发现和法制实施两个层面上进行动态、综合的建构，而非单纯的规则制定。

第一，京津冀法律文化的一体化，即法律观念、精神、价值等的一体化，在符合现代宪法主义的价值需求的前提下，在符合京津冀区域内的政策目标下，在涉及价值间的利益衡量时充分考虑区域整体的价值需求，体现区域价值特色。

第二，京津冀法律原则的一体化。法律原则作为法律规范的指导思想，概括并体现着法律制度的基本性质、内容和价值取向，是整个法律制度的指导思想和核心。在遵循一些最基本原则前提下，基于京津冀区域协同发展的需要形成若干具体原则，为法制一体化的形成服务。

第三，京津冀法律规则的一体化。法律规则的一体化包括法律规则的一致性，其首要内容应该是指在京津冀区域内不同行政区的法律规则要具有协调性，通过规则协调来促进区域内一体化价值目标的实现。协调性并不等于一致性，一致性是协调性发展的高级阶段，在各行政区经济社会发展差异明显的情况下，单纯追求规则一致很可能不利于区域内的平衡发展。

除此之外，京津冀区域协同立法方面，欠缺必要的国家立法支持。“在京津冀协同立法的规划和实践方案中，应当围绕有序疏解北京非首都功能”[①]，但是目前我国并没有对首都的功能定位、产业方向等通过法律明确下来。由于没有类似于“首都法”等的顶层支撑，三地协同立法的坐标就不稳固。截至目前，京津冀三地人大常委会主要集中于工作机制、环境领域等，深层次的涉及区域协同发展的问题尚未完全破题。

（四）问题产生的根源

京津冀三地表面看是京津冀三方的关系，实际上是包含了中央政府在内的“三地四方”的关系[②]。中央和地方的核心关系就是财权和事权在不同级

---

① 贺海仁：《我国区域协同立法的实践样态及其法理思考》，《法律适用》2020 年第 21 期。

② 薛维君：《京津冀协同发展为何久难推进》，财新网，http：//special. caixin. com/2014 - 04 - 10/100663103. html。

别的政府之间的分配。而财权和事权的匹配度不仅决定了公共事务的承担及完成情况，更影响到政府部门内部的利益和权力分配，从而制约官员行为，影响官员的绩效考核和升迁，因而对于区域合作而言，就可以阐释不同政府对于区域合作的不同利益诉求以及横向动力机制。我国将安排政府间财权和事权的制度称为财政体制。中央和地方政府对于财权和事权的分配决定了中央和地方关系的基本构架。①

1. 央地财权事权划分下的京津冀区域内部关系

（1）我国当前的中央与地方财政关系

广义而言，财政体制包括政府的预算收入、预算支出以及预算外收支三个大的方面的制度架构；狭义的财政体制则是指预算管理体制，即一般只包括预算内收入和支出在政府间的安排和分配。就中央政府而言，财政体制规定了中央政府的税收和非税收入的范围、规模以及支出方式，还规定了中央和地方政府间如何就财政收入和支出进行分配和分工；就地方政府而言，除了本级的收入和支出，还规定了与下一级政府的财政关系。

在中央和地方关系领域中，财政的“集权”和“分权”是指中央政府在多大程度上将事权和财权下放到地方政府，或者说地方政府在财政收入和从支出到使用上拥有多大程度的自主权。自新中国成立以来，我国财政体制大致经历了三个发展阶段。②

第一阶段：与计划经济体制相对应的高度集权财政体制（1949—1978年）。该财政体制主要特征为高度集中、统一管理。该时期的财政收入主要来源于非税收收入，包括低价收购农产品、低工资基础上的国有企业利润。在该体制下，地方政府财政收入完全归中央政府进行安排，没有对收入的支配权，地方高度依赖中央。对于我国庞大的地域而言，中央一统体制无法解决信息的准确性和及时性问题，因此资源配置过程中的错误在所难免，国家机器的运转同时导致高昂的成本。对地方政府而言，则是积极性和自主性的下降。

① 周飞舟、谭明智：《当代中国的中央地方关系》，中国社会科学出版社2014年版，第3、第6页。

② 参见周飞舟、谭明智：《当代中国的中央地方关系》，中国社会科学出版社2014年版；尹来盛：《政府碎化、都市治理与经济发展——基于机构集体行动的分析框架》，经济科学出版社2016版；周雪光：《中国国家治理的制度逻辑：一个组织学视角》，生活·读书·新知三联书店2017年版。

第二阶段：财政包干阶段（1978—1993 年）。财政包干的做法始自 1977 年的江苏省，即中央和地方按照比例划定各自的份额，地方依照合同上缴完中央的份额后，剩余部分都是地方的。划分收支、分级包干，划分税种、核定收支、分级包干和配合国有企业承包经营责任制实行的多种形式的财政包干。但是过度分权导致了地区间经济增长的不平衡，同时中央财政收入在总收入中的占比不断下滑，中央对地方的控制力和调节能力减弱。

第三阶段：分税制阶段（1994 年至今）。前一个阶段以财政包干为主要内容的放权导致中央财政能力下降的同时，制度外资金急剧攀升。1993 年国务院出台《关于实行分税制财政管理体制的决定》，决定从 1994 年 1 月 1 日起，实行"分税制"的财政体制改革，实现中央和地方从行政性分权到经济性分权的根本变革（见表 5－3）。2013 年党的十八届三中全会提出财政是国家治理的基础和重要支柱。2016 年，国务院发布《关于推进中央与地方财政事权和支出责任划分改革的指导意见》。2018 年，国务院办公厅发布《基本公共服务领域中央与地方共同财政事权和支出责任划分改革方案》。这意味着 1994 年分税制改革后，我国财税体制改革中一直缺位的事权和支出责任划分改革取得了实质性进展。①

表 5－3　中央政府与地方政府财政收入来源划分

中央政府	地方政府	中央和地方共享
消费税（含进口环节海关代征的部分）	城镇土地使用税	增值税：国内增值税中央政府分享 50%，地方政府分享 50%。进口环节由海关代征的增值税和铁路建设基金营业税改征增值税为中央收入
车辆购置税	耕地占用税	企业和个人所得税：除明确划归中央或地方的之外，中央占 60%，地方占 40%
关税	土地增值税	资源税：海洋石油企业缴纳的部分为中央收入，其余部分为地方收入。2016 年 7 月 1 日起，在河北省开展水资源税改革试点工作。水资源税中央政府分享 10%，地方政府分享 90%，河北省在缴纳南水北调工程基金期间，水资源税收入全部留给该省

① 陈伟伟、冯丹萌：《中央和地方财政事权和支出责任划分的逻辑框架——观点综述与简评》，《经济研究参考》2019 年第 9 期。

（续表）

中央政府	地方政府	中央和地方共享
船舶吨税	房产税和契税	城市维护建设税：各银行总行、各保险总公司集中缴纳的部分为中央收入，其余部分为地方收入
海关代征的进口环节增值税等	车船税	印花税：证券交易印花税收入为中央收入，其他印花税收入为地方收入
中央国有企业所得税	地方国有企业上缴利润	
银行、非银行金融机构和保险公司税收（含营业税、所得税和城市建设维护税）	烟叶税	
铁路部门税收	固定资产投资方向调节税	
中央国有企业上缴利润	营业税和城市建设维护税（不含银行、非银行金融机构和保险公司税收和铁路部门）	

由于分税制改革以提高中央财政收入为主要目标，“分税制改革后，中国政府财政汲取能力大大增强，一个市场经济背景下的‘大政府’迅速成长起来”①。但是在不断提高中央收入的情形下没有改变中央与地方的事权关系，也就是地方的支出责任没有相应调整，导致出现巨大的收支缺口，而财政分权又刺激了地方政府之间的竞争。对中央财政转移支付的过度依赖衍生出“跑部钱进”，而地方竞争无序化则导致土地财政以及环境污染等种种问题的出现。

（2）我国当前的中央与地方事权划分

在财政领域，一般将政府提供公共品的职责范围称为政府的事权。其中政府配置、提供公共品和公共服务的职能在中央和地方之间的划分，从理论

① 焦长权：《从分税制到项目制：制度演进和组织机制》，《社会》2019 年第 6 期。

的角度出发可以形成两个简单的判断（见表 5－4）。

表 5－4　中央和地方政府的公共服务①

	公共性强	公共性弱
跨地区	中央政府	私人
地区内	地方政府	私人

公共性较强的服务是政府财政的主要支出责任，公共性较弱的服务可以由私人资本提供。从区域范围来看，跨地区的、覆盖面广的公共服务如国防、水利、自然灾害防治等属于中央政府的支出责任，而地区内的公共服务则属于地方政府的事权范围。

我国宪法第八十九条规定了国务院的职权，第一百零七条规定了地方各级政府的职权，宪法中关于中央和地方职权的规定，原则上确定了中央和地方公共支出的大致范围和方向，但没有对中央和地方的事权进行划分，而且范围是存在重叠的。因此，最重要的规定是 1994 年通过的《中华人民共和国预算法》（以下简称《预算法》）。

作为明确中央和地方财权事权划分的最重要依据，该法 2014 年和 2018 年进行了两次修正，预算法对于中央和地方财政收入安排、税收返还、转移支付、事权划分以及支出责任等进行了划分。但是该划分没有解决如下问题②：一是在事权与支出责任的划分中，地方政府和社会公众参与权有限；二是事权划分的规定相对比较原则、宽泛，事实上并没有明晰事权，反而导致了事权的交叉；三是事权的划分随意性比较大，而且没有统一的规定，以分散的方式存在于不同的规范性文件中。

地方行政区以及官员考核晋升方式与事权划分相匹配，决定了在区域合作的公共事务中，地方的参与意愿、合作动力以及在区域合作协议中的受约束程度，都取决于该行为与地方经济发展和经济利益的关联程度。因此，尽管作为战略政策的区域合作、区域一体化以及作为制度保障的区域立法、地方联合立法等，在意义和重要性上已经形成共识，但是在实质性的推进上步

① 周飞舟、谭明智：《当代中国的中央地方关系》，中国社会科学出版社 2014 年版，第 2 页。

② 白晓峰：《预算法视角下的中央与地方关系——以事权与支出责任分配为视角》，《法商研究》2015 年第 1 期。

伐缓慢。

（3）当前央地财权事权背景下的官员晋升模式

分税制改革后，作为地方政府税收主体的增值税，75%都被集中到中央政府，地方政府的支出压力逐渐增大，即“财权层层上收，事权层层下移”[①]。这在改革开放大背景和GDP考核模式下，直接促使地方政府“八仙过海，各显神通”，通过各种途径拓展地方财政增收的途径，土地财政和经营城市随之而来，而分税制也同时改变了区域之间的关系，在以经济增长作为经济社会主要发展目标时，GDP增长成为官员业绩的主要考核指标，因而为获得政治晋升而开展的经济增长“锦标赛”在各级地方政府间展开。

案例5-8：地方政府晋升锦标赛模式

周黎安开创性地建立了一个规模相等的（同质性）的地方官员晋升锦标赛模式[②]，该模型反映了地方首长考核标准的变化，即由经济绩效取代了政治挂帅[③]。尹来盛在该模型的基础上，考察两个规模不等（异质性）的地方政府的竞争与合作，并纳入空间因素，以揭示城市群的政府碎化程度、个体大小对城市群合作的影响，得出结论如下：在其他变量不变的情况下，城市规模越小或者与之竞争的城市的规模越大，或者与核心城市的距离越远，该城市政府官员要获得晋升所需付出的努力越大。[④]

因此，应当正视以经济绩效为考核指标之下城市之间的恶性竞争关系，以及区域内各地方政府的短视，无法对环境、资源等进行长期的规划和保护，因此，通过晋升激励支撑的对企业的扶持和产权保护肯定不如通过健全的司法保护更透明和更持久[⑤]，应当强调合作和提供利益补偿机制的建立。

---

① 周飞舟、谭明智：《当代中国的中央地方关系》，中国社会科学出版社2014年版，第2页。

② 晋升锦标赛作为一种行政治理的模式，是指上级政府对多个下级政府部门的行政长官设计的一种晋升竞赛，竞赛优胜者将获得晋升，而竞赛标准由上级政府决定，它可以是GDP增长率，也可以是其他可度量的指标。这里涉及的地方官员主要是各级地方政府的行政首长。晋升锦标赛作为一种激励和治理手段绝非改革开放以来的发明，在改革开放前的毛泽东时代就常被使用，如“大跃进”时期各省市竞相就粮食产量大放“卫星”，也可以看作是一种晋升锦标赛的现象。周黎安：《中国地方官员的晋升锦标赛模式研究》，《经济研究》2007年第7期。

③ 周黎安：《中国地方官员的晋升锦标赛模式研究》，《经济研究》2007年第7期。

④ 尹来盛：《政府碎化、都市治理与经济发展——基于机构集体行动的分析框架》，经济科学出版社2016年版，第78—81页。

⑤ 周黎安：《中国地方官员的晋升锦标赛模式研究》，《经济研究》2007年第7期。

2. 京津冀区域内部关系检视

（1）三地政治地位的不平等

北京的政治地位决定了京津冀三地的政治不平等，作为中央政府所在地，京津冀区域合作实际上是四方的博弈与合作，中央的利益高于三者的地方利益。作为首都和独立直辖市的北京集合了政治、经济、社会各方面的权力资源、政策资源以及公共服务资源，既要服务好中央，又有自己的利益诉求和经济发展需求。因此，“在经济和政治资源以及三者地位不对等的情况下，三地之间的关系更多的是单向依赖（即天津和河北需要北京，而北京不需要天津和河北），甚至一些自然要素如水、电、气的天然限制，北京也不需考虑过多”①。

（2）京津冀三地利益之争

京津冀协同发展是国家层面的重大战略，在打造世界级城市群、提升我国国际竞争力，推进全国区域发展、创新区域合作机制，有机整合各地优势、促进区域整体利益等方面都具有重大意义。② 但是京津冀三地作为独立的行政区域，各有自身的内在利益诉求。在行政区经济、GDP 考核以及官员升迁体系下，这种诉求被放大。因而三地对于区域合作和区域一体化的态度也各不相同③。

分税制及以其为代表的一系列中央和地方关系的改革使得地方拥有了自主财权的同时，也拥有了发展地方经济的动力。在发展过程中，地方政府之间的竞争对于我国的市场经济发展、经济制度创新与变迁等都起到了关键性的作用，但地方竞争的无序也呈现出同样明显的负面效应。

而京津冀地区的区域内部关系因为北京的首都地位变得更为复杂。改革开放以来，三地在自然资源、机场、港口以及工业产业等领域进行了多方面的争夺。北京强大的资源汇聚能力以及政策优势，吸附了区域内的资源、资金和人才，而作为事实上的经济中心，北京对区域的辐射效应和外溢效应尚未完全发挥出来，④ 三地不平衡的经济、社会、公共服务现状，也在事实上制

---

① 薄文广、陈飞：《京津冀协同发展：挑战与困境》，《南开学报》（哲学社会科学版）2015 年第 1 期。

② 参见周京奎：《京津冀协同发展的全局战略意义》，《人民论坛・学术前沿》2016 年第 4 期。另参见黎儒国：《京津冀协同发展的战略意义》，中国交建官网，http：//www.ccccltd.cn/zt/ztjy/jcdt/jswt/201907/t20190723 _ 97200.htm。

③ 薄文广、陈飞：《京津冀协同发展：挑战与困境》，《南开学报》（哲学社会科学版）2015 年第 1 期。

④ 参见封世蓝：《京津冀协同发展的制约因素与改革路径》，《天津行政学院学报》2020 年第 5 期。

约着京津冀协调发展。天津作为新中国成立之前仅次于上海的国内第二大工商业城市，在新中国成立之后与北京就谁是北方经济中心曾产生多年争夺，在重工业发展的过程中，与北京和河北也多有竞争，尽管在政策的强力扶持下，天津与北京的竞争处于弱势，但是作为直辖市，在与河北的竞争中却处于强势地位。随着京津两市在分工定位上的逐步明确，二者争夺的领域转向金融、机场、港口等领域。而河北在传统的“等靠要”思想以及服务首都环境和保卫京津发展的光荣使命下，发展战略的选择始终在自主发展和借靠京津之间犹疑，在经济实力、社会发展和公共服务水平上与京津的差距越来越大，逐步丧失了平等的对话资格。

表 5-5　京津冀对区域规划主要内容的关切程度①

地区	产业分工	市场体系一体化建设	城镇体系布局	交通基础设施	生态环境保护	资源开发利用	人才、科技创新	区域协调机制
北京市	++	+	+	+	+++	++	+++	++
天津市	++	+++	+	++	+	++	++	+++
河北省	+++	++	+++	+++	++	+++	+	+++

注：+++表强烈；++表比较强烈；+表一般。

（3）以行政手段解决经济问题传统下的政府和市场缺位

案例 5-9：“大气十条”收官与河北民众之寒

2013 年国务院发布《大气污染防治行动计划》，提出十条措施，明确经过五年努力，全国空气质量总体改善，重污染天气较大幅度减少；京津冀、长三角、珠三角等区域空气质量明显好转。2017 年是“大气十条”通过后的最后一年，实际上也是验收年，为了确保制定之初设定的目标得到实现，2017 年 8 月 18 日，环保部、国家发改委等十部委和六省市再次发布《京津冀及周边地区 2017—2018 年秋冬季大气污染综合治理攻坚行动方案》，其中着重提出：“全面完成以电代煤、以气代煤任务、淘汰燃煤锅炉、部分钢铁行业部分错峰生产、限产等措施。”

在中央和环保部的大力推进下，煤改气（电）在“2+26”城市火速上

① 樊杰：《京津冀都市圈区域综合规划研究》，科学出版社 2008 年版，第 19 页。

马，但因工期太紧，酿成整个华北平原的气荒，老百姓的日常取暖，甚至医院和学校的供暖也无法保障，天然气需求量急剧加大，导致其价格暴涨和供应紧张，甚至有的城市燃气公司要求“错峰做饭”。

据报道，导致燃煤窘境的原因包括以下几点：第一，各层级行政机关不断加码——国家压省里、省压市、市压县，一层层压下来，目标已远远超过政策制定之初的预设。第二，煤改气（电）有补贴，各地方大力推动这项工作的目的并不单纯，也背离了政策初衷，更多是为了补贴，至于推进的效果、方式以及后果等，都欠缺必要的论证和评估。中信建投按照该通知的标准进行测算，相关28个城市每年可获得中央财政奖补158亿元，三年总共474亿元。第三，工作与政绩挂钩，具备一定的政治意味。应该说，这次的事件是行政指令和财政补贴的双重作用所致，一场煤改气（电）大会战，最终因基础设施建设不足，对煤改气（电）预期不足导致气荒，并演变成一场区域性能源危机。

本案例集中反映出京津冀区域合作过程中存在的问题：行政区经济、行政发包制、运动型治理以及强势行政权力主导下的政府与市场缺位。

第一，行政区经济与行政发包制。我国行政中心和经济中心呈现出高度一致，地方政府在经济行为中的介入程度很深，要素的跨域流动阻力相对较大。[①] 2008年周黎安提出中央政府和地方各级政府之间的行政发包制，行政发包制是指政府内部上下级之间的发包关系。“行政发包制在行政权分配、经济激励和内部控制三个维度上呈现相互配合和内在一致的特征，适合概括中国政府间关系和治理模式的长期稳定而鲜明的特征。”[②] 周雪光在行政发包制理论模型的基础上加入委托方、管理者和代理方三者的权威关系和控制权分配等的考量，提出控制权理论模型，并重新描绘行政发包制的政策执行过程，[③] 正适用于对案例5－9进行阐释。

首先，中央政府（委托方）通过“大气十条”设定政策目标，即煤改气

---

① 付承伟：《大都市经济区内政府间竞争与合作研究——以京津冀为例》，东南大学出版社2012版，第33—34页。

② 周黎安：《行政发包制》，《社会》2014年第6期。

③ 周雪光：《中国国家治理的制度逻辑：一个组织学研究》，生活·读书·新知三联书店2017年版，第97—99页。

（电）的完成率或者数量，然后将之“发包”给省一级政府。2017年中央政府行使检查验收权，接受委托的省级政府要将落实情况或者完成情况提交委托方。在案例5－9中我们也可以清楚地看到，在环保部公布的攻坚行动方案中，地方政府对煤改气（电）的户数、节能减排的任务量等层层加码，以至不仅超过了中央预期，也超过了实际的可承受范围。与此相应的是，管理方而非委托方更关心行使激励分配权，确保奖惩配置与代理方的努力程度相吻合。正如案例5－9中所展现的，目前国家对煤改气（电）的巨额补贴与完成中央任务构成对中间政府的双重吸引，共同导致2017年底的区域能源危机。接下来，在委托方的检查验收过程中，管理方和代理方有共同的利益来确保结果能够被委托方接受，因此他们有动力采取各种应对策略来隐瞒问题，使得验收过程不出纰漏，因而周雪光所讨论的基层政府间共谋行为，最可能发生在检查验收阶段。这也很好地解释了地方各级政府在京津冀协作，尤其是环保领域的诸种合作“从协议到协议，从书面到书面”的落实方式，以及在指标层层加码的情况下，实际治理效果仍然欠佳的区域合作现状。而同时，周雪光进一步指出，在实际运行过程中，中央政府并不会把政策执行和激励分配权全部交给下级政府，而是保留了随意干预的权力，从而弱化行政发包制治理模式，甚至迫使转化为其他治理模式。① 因此，案例5－9中，针对居民冬天无法供暖的情况，环保部再次发文要求“以保障群众温暖过冬为第一原则”。

第二，运动型治理方式。周雪光提出并将运动型治理机制理论化（见表5－6），运动型治理机制是不同治理模式间转化的一个重要机制，运动型机制不是任意启动的，而是建立在一整套组织制度上，是现有国家制度的一个有机部分。而其中的随意干涉权和运动型治理有极大的动员能力和突变能力，有助于暂行性地打破地方性壁垒和利益割据。② 运动型治理的发生机理主要是适应形势发展的需要，具有灵活性，“运动型治理是对常规化治理方式的有益补充，在公共政策执行中采取运动型治理方式能够取得较好的治理效果”③。我们看到在案例5－9中，对于京津冀地区的联合治霾，在多年协作却

① 参见周雪光：《项目制：一个“控制权”理论视角》，《开放时代》2015年第2期。

② 参见周雪光：《中国国家治理的制度逻辑：一个组织学研究》，生活·读书·新知三联书店2017年版，第123—56页。

③ 杨光：《公共政策执行中运动型治理的发生机理及转化机制研究》，《环境与社会》2020年第4期。

无实际效果后，中央强势出手，推出史上最严“大气十条”，并采用了传统的五年规划的方式，到收官之年，为达到预期效果，推出攻坚方案，用行政命令的方式，对小锅炉、煤改气（电）等采用一刀切的方式向京津冀地方政府发包行政任务，在政府执行的过程中向下层层加码，严重超出了基础管道的承能力和天然气供应能力，导致能源危机之后，环保部再次出台规定，要求首先解决供暖问题，没有改造完的仍然可以使用原有方式取暖，同时对天然气采用限价的方式首先保证居民取暖需求。我们看到，运动型治理机制再次呈现，在打破京津冀三地的地方性壁垒和各自为战的利益争夺中，显示出了很强的执行力和效果，京津冀三地的空气质量有了极大的改善。但是在此过程中，中央随时可以收回激励权或者打断运动型治理的进程，由此，地方治理能力的逐渐削弱以及政府权威不断丧失。

表 5－6　政府内部控制权分配和相应的治理模式①

控制权	国家治理模式类别			
	高度关联型	发包制	松散关联型	联邦制
目标设定权	委托方	委托方或协商	委托方或协商	管理方
检查验收权	委托方	委托方	管理方	管理方
激励分配权	委托方	管理方	管理方	管理方
行为意义				
中央政府	运动型动员机制	检查验收策略	象征性权威	缺失
中间政府	失去主动性	执行阶段层层加码	委托方角色	委托方角色
	有效治理能力减弱	验收阶段合谋行为		

第三，强势行政权力主导下的市场和社会缺位。因首都及首都周边的特殊地位导致的高度政治性，尚无法形成足够的市场和社会力量，行业协会、中介机构、科研机构等社会组织难以形成与政府和市场的有效互动，从而承担起参与区域治理的职能。

四、余论与反思：区域共同体立法的可能性

需要指出的是，无论是权力机关之间的地方立法协作，还是行政机关之

① 周雪光：《中国国家治理的制度逻辑：一个组织学研究》，生活·读书·新知三联书店 2017 年版，第 103 页。

间的行政立法协作，目前所探讨的区域立法都是政府主导模式下的区域政府间合作，在此过程中，由政府主导而实现的地方立法协作或协议能够在多大程度上反应区域内各利益主体的真实需求，是否能够体现区域整体利益，不仅对于区域立法以及政府间协议的民主性与科学性影响重大，更直接决定了该合作是否能够获得认同并长久持续。根据公共选择理论，政治市场上的各类参与集体通过利益博弈确定集体行动方案，而集体行为本质上被归结为集体的个人行为，个人则是以自利为属性的，① 政府在经济社会管理过程中同时具备自身的利益诉求和价值偏好，因此并非绝对基于公共利益的需要而立场中立，同时政府在进行区域立法的过程中要支付诸多合理或不合理的成本，且从当前的立法程序规定来看，效率难以实现，即使区域立法协作协议得以签署，但囿于协作各主体间的经济社会发展不平衡，执行的积极性和力度也各不相同。

（一）政治一体化的诉求与实践

16 世纪开始，现代化肇始于西欧的社会和经济现代化变迁，政治文化和机构的变迁与社会和经济作为一个整体同时发生。随着历史演进，现代化以一种并不平衡的方式传播到了全世界。② 而政治一体化最早发端于“二战”后的欧洲，法国、德国、意大利、荷兰、比利时和卢森堡等西欧国家进行深度合作成立欧洲共同体，1991 年《马斯特里赫特条约》生效后，欧共体改称欧盟。在此后的发展中，尽管分歧不断，但欧盟的政治一体化在实践中不断发展，为人类社会治理提供新的模式和经验，应该说以下原则的践行至为关键③。

利益原则。必须承认的一点是，国家行为的出发点和根本动力，无论在什么时候都首先是国家利益。即国家作为理性行为体，“各国的合作行为主要取决于自身固有的国家利益”④。欧盟各成员国愿意并能够坚持参与政治一体

---

① 参见赵晶、王文刚：《公共选择理论方法论下俄罗斯图书馆数字化政策探究与启示——以俄罗斯“国家图书馆资源计划”为例》，《图书馆工作与研究》2019 年第 9 期。

② 转引自任晓：《现代化进程中的政治一体化》，《社会科学战线》1991 年第 1 期。

③ 罗志刚：《欧洲政治一体化的原则及与经济一体化的关系》，《武汉大学学报》（哲学社会科学版）2009 年第 2 期。

④ 陈怡：《知识确定性与国家利益：一个国际环境合作的分析框架》，《河海大学学报》2020 年第 6 期。

化，是因为一体化符合各个国家的实际利益，这是根据国家利益作出的判断和追求。利益原则在欧盟的执行基本遵循两点，一是政策制定的关键是要兼顾各成员国的共同利益，尤其是几个主要大国的利益，[①] 二是形成了欧盟整体利益或欧洲利益。共同利益的形成是欧盟政治一体化的强大动力，尽管共同利益与国家利益之间存在各种冲突和不协调之处，其内在矛盾也制约着欧洲一体化的水平和深度，但在推进目标实现的过程中至为关键。

民主原则。民主原则是保证各成员国之间的正常关系，推进政治一体化的发展的基础。欧洲一体化实际上是各成员国自愿协商的过程，任何成员国都是在自愿的情形下加入欧盟，平等协商一切事务、平等享受决策权和让渡主权等。

渐进性原则。循序渐进深刻体现了唯物辩证法的过程论思维，总体上是事物发展从部分到整体、由表层到深层的表现。[②] 循序渐进在欧盟几十年的发展过程中体现得淋漓尽致。可以说欧盟政治一体化所取得的重大成就都是在不断地磋商、磨合以及争议的过程中逐步取得的。政治一体化涉及各主权国家，各成员国对改革措施较为谨慎，因自身利益诉求以及国内发展水平各不一致，一致意见形成困难重重，因而政治一体化进程中的每一个决策和进步都来之不易。

机制原则。该原则主要表现在欧盟政治一体化过程中的一系列机制安排，目的在于达成各成员国的共同利益。尽管这些机制尚存在着某些不足，目前也无法解决一体化进程中的实质矛盾，但该机制能够比较有效地保证欧盟实现自己的主要目标以及欧盟整体利益。更重要的是，该机制在欧盟事实上形成了超越国家的机制，随后使成员国外交政策和对内政策的重大变化，并将自身更深刻地纳入政治一体化进程，推动欧盟各成员国之间合作范围的广度和深度继续向前发展。应该说，没有超国家机制的发展，欧洲的政治一体化将因积极性丧失或主客观条件的变动而陷入停滞。

作为“利益工具”的政治一体化本身也是一个动态的过程。由此反观我

---

① ［德］贝娅特·科勒·科赫主编：《欧盟治理模式》，周泓译，社会科学文献出版社 2008 年版，第 85 页。

② 参见王延隆、余舒欣、龙国存等：《循序渐进：中国卫生与健康政策百年发展演变、特征及其启示》，《中国公共卫生》2021 年第 7 期。

国的区域一体化，目前仅仅停留在经济一体化以及经济一体化推动的政治合作层面，距离政治或者说治理一体化的要求还较远。

第一，不存在统一的治理体系和治理机构，缺少区域治理机制。目前的定期会晤、联席会议等制度缺少宪法和行政组织法上的依据，导致协调缺乏必要的强制力和执行力，松散的合作方式在持续性上也较为随意。考虑到成立统一的立法协调机构对区域发展的重要意义，有学者认为“鉴于我国京津冀协同发展领导小组和办公室的机构建制和运行实际，建议在京津冀协同发展领导小组领导下成立由京津冀三地人员组成的常设性、专门化的立法协调机构——京津冀协同立法工作委员会”[①]。另外，共同的区域治理机制（包括超行政区划的治理原则、治理依据以及治理程序、争端解决机制等）的缺失，导致各区域协同发展地区难以确立共同目标、形成共同利益，也难以推动区域合作向更深层面发展。

第二，目前的区域合作和区域立法协作仅限于政府间的合作，未纳入社会力量和区域内的人民。就区域内的政治一体化而言，人民对政治一体化治理机制的认同以及信任至关重要，也决定了区域治理机构的权威性。因而，调动区域内各方利益主体的充分参与应当作为区域一体化发展的方向和方式。

第三，争端解决机制和利益协调机制的匮乏。目前在中央强力推动下，京津冀、粤港澳大湾区等区域合作如火如荼地开展，但欠缺必要的争端解决机制和利益协调机制的合作，只能是表面上热闹，但实际效果欠佳。

（二）经济一体化对政治一体化的推进极限

欧盟一体化的实践也再一次表明，一体化只能从经济领域开始，且经济领域的一体化进程要明显快于政治领域的一体化。尽管政治一体化进程中分歧不断，但是政治一体化和经济一体化互相作用、相互影响，已经是一个密切关联的不可分割的进程。必须承认，政治一体化促进了经济一体化的发展，尤其是在建立统一市场，确立交易规则以及实现货物、资本、人员等的流通方面成效明显，在协调区域内基础设施建设、环境保护等方面的成就也有目共睹。欧盟政治一体化进程促使成员国意识到欧洲在国际社会中的政治经济

① 孟庆瑜：《论京津冀协同发展的立法保障》，《学习与探索》2017 年第 10 期。

利益最大化有赖于欧盟是否能够作为“集体行动者”发挥作用，同时也取决于欧盟的治理能力。而经济一体化也促使政治一体化不断深入发展，从前期的依赖于经济一体化的推动，到现在具有独立的意义，并被纳入欧盟的基本目标。

从欧盟的经验来看，政治一体化的进程实际上一直没有中断，尽管问题不断出现，但是没有成员国真正否定政治一体化的必要性。当然，欧盟也展现出合法性困境，集中表现如下。

第一，民主赤字/宪政危机。欧盟的民主赤字问题由来已久，欧盟权能增大导致的行政权力扩大以及信息不公开和民主参与的不足，都进一步加剧了欧盟的民主赤字问题和合法性危机。近年来的议会间合作机制的加强，试图通过间接的代议制民主以及加强欧洲议会党团在欧盟范围内的政策协调作用来加强议会权能。但是议会间合作较为松散，缺乏有力量的领导，合作机制缺乏协调和有实质意义的互动，当然制度、技术和成本的限制也始终存在。

第二，欧盟治理模式改革引发的新问题。治理模式改革主要是通过将更多的非正式手段引入决策过程进行的，改革虽然增加了决策的灵活性，但却损害了责任性。同时对于决策决议的遵守也产生消极效果，非正式手段形成的决议缺乏强制性的约束力，是否能够得到遵守完全取决于自愿。因此，改革后形成的新治理模式增加了行政机构的权能和反应能力，但是并未使欧盟政体更加民主。①

第三，“欧盟一体化的历史进程追求的是在‘多样性中实现统一’，成员国的妥协、团结和共识文化是一体化不断推进的根本保证。”② 然而，这种一体化过程中面临多重挑战，欧盟决策权多元分配使得民主监督极其困难，尽管欧盟已经成为超国家机构，但责任性和代表性植根于民族国家，短期内无法以民主的方式超越国家，而在欧盟层面的共同体团结仍然难以实现。

当然，通过观察发现，不同的国家实力决定了国家在国际关系体系中的地位，也决定了其对于一体化进程所起到的作用是不一样的。因此，欧洲政

---

① ［德］贝娅特·科勒·科赫主编：《欧盟治理模式》，周弘译，社会科学文献出版社 2008 年版，第 85 页。

② 金玲：《世界秩序演变中的欧盟一体化前景》，《人民论坛》2020 年第 22 期。

治一体化的进程与前景实际上取决于其核心的几个成员国。核心成员国法国和德国构成欧盟的核心政治结构，并发挥着欧洲政治一体化的关键作用，并在发展过程中形成了稳定欧盟的优势之一。由此，若从京津冀区域协同来讲，在京津冀区域一体化及政治一体化机制构建过程中，北京的绝对实力未必是区域一体化的负面因子，应充分发挥其在引领及稳定政治一体化机制中的核心作用。同时，对于区域合作或者区域立法而言，议会（权力机关）间的合作，对于增强民主性、降低民主赤字是有积极意义的。

（三）权力共享与合作治理的有效性

资本主义和民主之间本来就存在冲突，而自由经济的一体化并不必然导致政治一体化。这实际上涉及合作治理的有效性与合作各主体的权力之间的关系。合作治理方式于 20 世纪 80 年代在全球范围内兴起，因其具有较高的应用价值，成为现代社会治理变革的共识，[①] 合作治理通过扩展和整合资源，有助于解决公共问题，促进信息和知识共享、激励创新以及为解决问题提供更有效、更高效、更灵活的政策，并产生符合不同利益相关者的利益和要求的解决方案。然而，合作治理带来了许多挑战，例如透明度、承诺、责任和效率等问题。这些挑战中的大多数都与合作中的权力不对称有关。

2018 年公共管理类期刊 ARPA（The American Review of Rublic Administration）上发表了美国宾夕法尼亚州立大学公共管理学院的冉冰和漆辉婷合作撰写的论文。[②] 该论文对权力共享与有效合作治理之间关系的探讨十分深入。文章主要观点指出，尽管合作默认是采取了权力共享，也就是说合作治理在利益相关者之间的决策和行动涉及一定程度的责任分担，但权力不对称或权力不平衡依然存在，即利益相关者的权力关系和相互之间存在不同层次的依赖关系。也因为权力不对称，更强大的利益相关者可能操纵合作过程，从而导致合作中的许多挑战，这可能会威胁到合作的有效性。

权力共享被认为是一种应高度提倡的权力关系，因为正式等级制的作用

---

① 参见郑家昊：《合作治理的反思性阐释：合作意涵、发生机理及政府引导》，《社会科学研究》2020 年第 5 期。

② Bing Ran and Huiting Qi, "Contingencies of Power Sharing in Collaborative Governance," *The American Review of Public Administration*, 2018, 48 (8): 836—851, DOI: 10.1177/0275074017745355.

在合作中被削弱了。许多实证研究都支持权力共享对于合作的积极作用，但同时在实现权力共享时，也难免会遇到一系列的挑战。第一，大多数支持合作的权力共享的实证研究一般是基于某个特定领域；第二，权力共享可以带来利益，但如何应对共享权力过程中的挑战，如耗时的谈判、更少的灵活性和无效性等，在很大程度上被忽视了；第三，缺乏系统的框架也导致学者和实践者很难有一个明确的准则来设计参与者之间有效的权力关系；第四，强调合作治理中的权力共享简化了跨不同阶段或跨不同合作的权力关系的复杂性。

根据其结论，可以对包括京津冀地区的区域合作在内的我国区域合作与发展过程提出如下建议。

第一，参与者之间的权力共享和构建权力结构的经验有助于提高他们在区域合作的过程中有效行使权力的能力。拥有丰富的权力共享经验的参与者拥有更多的能力、知识和技能，以促进他们在合作中的权力共享。因此，应当积极鼓励并引导区域内合作，循序渐进。当前中央大力推进区域合作与区域经济共同发展，对于区域合作各方而言，中央的强烈意愿会形成有力的体制环境，不仅可以增强区域合作的主观意愿，也能够增进各方的系统信任度，对于合作能力的培养是有利的。因此，可以从不那么紧迫的任务开始构建更加自愿的合作网络，从而积累权力共享经验。

第二，合作者之间的权力如果存在悬殊差距，会对参与者之间的组织关系产生负面影响。例如北京的主要地位影响了京津冀的区域合作。但是，追求权力配置的绝对平等也是不必要和不现实的，珠三角区域合作发展过程中的广州和深圳之争以及粤港澳大湾区发展过程中的深圳和香港之争，某种程度上则是因为追求权力平等或者城市在合作中的主导地位，而导致了合作治理的僵局以及在诸多合作领域中的无所作为。因此，以区域合作和区域共同治理为导向的区域共同发展，应当提高策略的灵活性，并寻求权力共享与权力不对称之间的平衡点。

第三，应当致力于培育良好的制度环境，一方面可以培育区域合作参与者的制度信心和对彼此的信任，基于对制度的信任而愿意在区域合作的过程中共享权力，同时对共享权力的结果有更多的可预测性和确定性。以欧盟为例，包括欧盟宪法在内的一系列统一立法，已经在很大程度上形成了欧盟制度的“制度惯性”。从保罗·皮尔森的以“路径依赖”和“沉没成本”为核心概念的历史制度主义出发，会发现正是因为改变这种“制度惯性”需要跨越很高的“制度门槛”，这便保证了欧洲一体化很难“开倒车”。[①] 对我国当前的区域合作来讲，尽管实践中已经探索过不同模式，理论界近年来也多有关注。但整体上既有的治理体制和法律制度在权力共享和区域协同治理中都不够理想，一个比较重要的原因就是制度环境和制度支持不足。以京津冀地区的区域合作为例，天津与河北更愿意共享区域内资源，但是北京拥有较多的资源，在区域合作中共享意愿不强。从资源依赖理论角度，在权力不平等的区域合作中，处于权力和资源劣势的主体更有合作意愿，而处于优势地位的主体则合作意愿不强。但是从历史制度主义的角度出发，则会发现因为制度环境不佳，使各方主体对于区域合作的趋势、区域合作对自己的价值以及区域合作过程中的权利义务关系等没有预期，也缺少基本的制度信任，更不用说能够形成制度惯性，并产生制度约束力。因此，通过区域立法来推动区域合作制度的形成，为区域发展与合作提供制度支持和制度保障对区域共同治理具有根本性意义。

① 赵晨：《欧盟政治研究：政治理论史的视角》，《国际政治研究》2016 年第 6 期。

参考文献

［1］刘光华、闵凡祥、舒小昀编著：《运行在国家与超国家之间——欧盟的立法制度》，江西高校出版社 2006 年版。

［2］刘莘主编：《立法法》，北京大学出版社 2008 年版。

［3］喻中：《为市场立法》，法律出版社 2004 年版。

［4］顾昂然：《立法札记——关于我国部分法律制定情况的介绍》，法律出版社 2006 年版。

［5］万其刚：《立法理念与实践》，北京大学出版社 2006 版。

［6］汪全胜：《立法效益研究——以当代中国立法为视角》，中国法制出版社 2003 年版。

［7］于兆波：《立法决策论》，北京大学出版社 2005 年版。

［8］李培传：《论立法》，中国法制出版社 2004 年版。

［9］马怀德主编：《中国立法体制、程序与监督》，中国法制出版社 1999 年版。

［10］白英瑞、康增奎等：《欧盟：经济一体化理论与实践》，经济管理出版社 2002 年版。

［11］陈伯礼：《授权立法研究》，法律出版社 2000 年版。

［12］崔卓兰、于立深：《行政规章研究》，吉林人民出版社 2002 年版。

［13］管跃庆：《地方利益论》，复旦大学出版社 2006 年版。

［14］宫占奎、陈建国、佟家栋：《区域经济组织研究：欧盟、北美自由贸易区、亚太经合组织》，经济科学出版社 2000 年版。

［15］李步云、汪永清：《中国立法的基本理论和制度》，中国法制出版社 1998 年版。

［16］李青等：《政府职能转变过程中的区域经济管理模式》，经济管理出版社 2001 年版。

［17］刘海涛：《地方立法研究》，中国民主法制出版社 2002 年版。

［18］刘隆亨：《中国区域开发的法制理论与实践》，北京大学出版社 2006 年版。

［19］沈荣华、周传铭：《中国地方政府规章研究》，上海三联书店 1999 年版。

［20］汤唯、毕可志等：《地方立法的民主化与科学化构想》，北京大学出版社 2002 年版。

［21］［德］卡尔·拉伦茨：《法学方法论》，陈爱娥译，商务印书馆 2003 年版。

［22］［美］波斯纳：《法律的经济分析》，蒋兆康译，中国大百科全书出版社 2000 年版。

［23］［美］博登海默：《法理学——法律哲学与法律方法》，邓正来译，中国政法大学出版社 2004 年版。

［24］邵新怀：《试论立法时机的选择》，载《法学理论前沿论坛（第一卷）》，科学出版社 2003 年版。

［25］［美］托克维尔：《论美国的民主（上）》，董果良译，商务印书馆 1997 年版。

［26］国家统计局编：《中国统计年鉴 2008》，中国统计出版社 2008 年版。

［27］夏新华、胡旭晟整理：《近代中国宪政历程：史料荟萃》，中国政法大学出版社 2004 年版。

［28］王世杰、钱端升：《比较宪法》，中国政法大学出版社 1997 年版。

［29］王名扬：《美国行政法》，中国法制出版社 1995 年版。

［30］陈金钊：《法律解释的原理》，山东人民出版社 1999 年版。

［31］邓世豹：《授权立法的法理思考》，中国人民公安大学出版社 2002 年版。

［32］高鸿钧：《现代法治的出路》，清华大学出版社 2003 年版。

［33］郭道晖：《当代中国立法》，中国民主法制出版社 1998 年版。

［34］贺卫方：《司法的理念与制度》，中国政法大学出版社 1998 版。

［35］刘世元、孙世彦、张兰图：《欧洲联盟法律制度》，吉林大学出版社1995年版。

［36］苗连营：《立法程序论》，中国检察出版社2001年版。

［37］石生泰：《国外开发借鉴》，甘肃人民出版社2001年版。

［38］张树义：《行政合同》，中国政法大学出版社1994年版。

［39］王家福主编：《中国民法学·民法债权》，法律出版社1991年版。

［40］杨建顺：《日本行政法通论》，中国法制出版社1998年版。

［41］［日］盐野宏：《行政法》，杨建顺译，法律出版社1999年版。

［42］季卫东：《法治秩序的构建》，中国政法大学出版社1999年版。

［43］杨解君主编：《行政契约与政府信息公开——2001年海峡两岸行政法学术研讨会实录》，东南大学出版社2002年版。

［44］马怀德主编：《行政诉讼原理》，法律出版社2003年版。

［45］林纪东：《行政法新论》，台湾三民书局1985年版。

［46］翁岳生主编：《行政法与现代法治国家》，台湾五南出版社1976年版。

［47］城仲模：《宪法体制与依法行政》，台湾三民书局1998年版。

［48］台湾行政法学会主编：《行政契约与新行政法》，台湾元照出版有限公司2002年版。

［49］刘旺洪：《区域立法与区域治理法治化》，法律出版社2016年版。

［50］石佑启、朱最新主编：《区域法治与地方立法研究》，广东教育出版社2015版。

［51］张海文、刘岩等：《渤海区域环境管理立法研究》，海洋出版社2009年版。

［52］何广顺、王晓惠、周怡圃等：《基于区域经济发展的渤海环境立法研究》，海洋出版社2009年版。

［53］刘莘：《行政立法研究》，法律出版社2003年版。

［54］史德保主编：《长三角法学论坛——长三角区域法制协调中的地方立法》，上海人民出版社2008年版。

［55］高恒：《汉简中的债务文书辑证》，载韩延龙主编《法律史论集》第三卷，法律出版社2000年版。

[56] 黄学贤、廖振权：《行政协议法治化若干问题探讨》，《中国法学会行政法学研究会 2008 年年会论文集》。

[57] 钱昊平：《东北三省政府横向立法合作 力图一法通三省》，中国经济网，http：//www. ce. cn/xwzx/gnsz/gdxw/200608/08/t20060808 _ 8051220 _ 1. shtml。

[58] 王太高：《论机关诉讼——完善我国行政组织法的一个思路》，《河北法学》2005 年第 9 期。

[59] 刘兆德等：《长江三角洲地区经济社会一体化初步研究》，《中国软科学》2004 年第 5 期。

[60] 陈延庆：《论我国立法监督的程序和权限》，《中国法学》1995 年第 3 期。

[61] 戴小明、冉艳辉：《区域立法合作的有益探索与思考——基于〈西水河保护条例〉的实证研究》，《中共中央党校学报》2017 第 2 期。

[62] 葛胜亮：《区域立法协作机制浅探》，《人大研究》2016 年第 8 期。

[63] 王韵：《长三角区域大气污染防治立法研究》，硕士学位论文，南京师范大学，2016。

[64] 田存景：《中国—东盟知识产权区域立法动力学研究》，硕士学位论文，昆明理工大学，2015。

[65] 郭朋朋：《京津冀区域立法协调问题研究》，硕士学位论文，天津师范大学，2015。

[66] 罗瑞芳：《区域一体化与区域立法问题探讨》，《理论导刊》2014 第 12 期。

[67] 陈光、梁俊菊：《论我国区域立法委托起草机制》，《中南大学学报》2013 年第 3 期。

[68] 陈光、孙作志：《论我国区域发展中的立法协调机制及其构建》，《中南大学学报》2011 年第 1 期。

[69] 陈光：《论我国区域立法中的省（市）际协议》，《武汉科技大学学报》2010 年第 6 期。

[70] 陈光：《论我国区域立法模式的选择——兼评王春业之〈区域行政立法模式研究〉》，《安徽大学法律评论》2010 年第 1 期。

［71］陈光：《论建构环渤海区域立法协调机制的必要性》，《大连海事大学学报》2010 年第 3 期。

［72］陈光：《论建设山东半岛蓝色经济区中的地方立法协作》，《环渤海经济瞭望》2010 年第 5 期。

［73］陈光：《区域立法与中央和地方立法关系的完善》，《西部法学评论》2009 年第 6 期。

［74］陈光：《论我国区域立法协调的必要性与可行性》，《齐齐哈尔大学学报》2009 年第 5 期。

［75］华国庆：《我国区域立法协调研究》，《学术界》2009 年第 2 期。

［76］陈光：《试析我国区域立法的含义及其意义》，《安徽大学法律评论》2008 年第 2 期。

［77］梁平、律磊：《京津冀协同立法：立法技术、机制构建与模式创新》，《河北大学学报》2019 年第 2 期。

［78］C. M. Doogan，*Commonwealth Administrative Law*（Australian Government Publishing Service Canberra，1984）.

［79］Peter L. Strauss，*An Introduction to Administrative Justice in the United States*（Carolina Academic Press，1989）.

［80］Aristotle，*The Nicomachean Ethics*（Penguin Books，Revised Edition，1976）.

后记

区域一体化既是法学领域的新话题，亦是区域治理的新问题，区域之间的博弈与合作反映出地方政治、经济和社会发展的协同需求，也凸显出通过制度来化解难题的必要性和紧迫性。放在改革开放 40 多年来的历史里来观察，区域法治是个历久弥新的研究题目。2009 年博士论文开题前，我的博士生导师刘莘教授建议我结合行政法、公共管理的研究视角和方法展开研究。十多年间我从齐鲁到京城再南下到羊城，欣喜于四季分明寒暑交替，也适应了季季花开温暖湿润，地理、气候和历史赋予不同地域丰富的风土人情，也使得区域一体化在不同区域体现出不同的特点。幸运的是，从最初对京津冀区域的兴趣，再到参与粤港澳大湾区、长三角地区、海南自由贸易港等的相关研究，又拓展到更为广泛的区域合作的制度化研究。这个书稿正是在博士论文的基础上、结合后续研究经过多次修改完成的。

赵鹏师兄在他的博士论文的后记中只写了一句话："感谢法大给我的十年!"到我此番提笔的时候，觉得所有想说的，都在他的这句话里。感谢赋予我勇气和智慧的过往岁月，更要感谢可敬可爱的师长亲朋们。

感谢董皞教授欣然为本书作序。他不仅在做人上和专业上给我树立了标杆，也给了我在一座全新的城市安身立命的机会。尤其是在我最艰难的那些日子里，给予了我无私宽厚的关照和庇护。

感谢国家行政学院出版社，感谢王莹、马文涛两位编辑的专业精神和辛勤劳动，保证本书高质量出版。

感谢吴小亮、王静两位师姐，赐予我前进的勇气和动力，支持我们的各种学术研究，并把本书纳入"澄观治库文丛"。

感谢师妹薛悟娟博士为出版本书付出的努力，没有她的耐心细致，这个书稿可能还被锁在抽屉里。

感谢何门和“流星雨”刘门，何其荣幸，得以与你们亦师亦友亦家人。

感谢我的家人，若生命是一场旅途，我会与你们一道翻山越岭，相伴同行。

读博期间，每次相聚都能看到我的博士生导师刘莘教授人面桃花相映红。那是我求学生涯中最惬意的时光，生活只有读书、思考和羽毛球。师长关爱，密友相伴，记忆中的空气总有槐花甜丝丝的香味。四季变换，从娇嫩的海棠开始，经过热烈的月季，到金黄的银杏，再相约颐和园的第一场雪……

又是一年陌上花开，繁花似锦中再无她的身影。

英国诗人济慈的墓志铭写道：“此地长眠者，声名水上书。”

生命的逝去固然让一切烟消云散，归于平静，然而静水流深，一切并未真的散去。情感、思考、哪怕是幻想，都如水般灵动跳跃，自由自在、生生不息。

王　轩

2022 年 3 月 27 日广州小谷围岛